Heiko Hamann

Informationsversorgung in Transnationalen Unternehmungen

D1724851

Management International Review

Herausgeber / Editors:

Prof. Dr. Profs. h. c. Dr. h. c. Klaus Macharzina
Universität Hohenheim, Stuttgart

Prof. Dr. Martin K. Welge
Universität Dortmund

Prof. Dr. Michael Kutschker
Universität Eichstätt, Ingolstadt

Prof. Dr. Johann Engelhard
Universität Bamberg

In der mir-Edition werden wichtige Ergebnisse der wissenschaftlichen Forschung sowie Werke erfahrener Praktiker auf dem Gebiet des internationalen Managements veröffentlicht.

The series mir-Edition includes excellent academic contributions and experiential works of distinguished international managers.

Heiko Hamann

Informationsversorgung in Transnationalen Unternehmungen

Konzeptionelle Grundlagen –
Anforderungen – Technologien

GABLER

Bibliografische Information Der Deutschen Bibliothek
Die Deutsche Bibliothek verzeichnet diese Publikation in der Deutschen Nationalbibliografie;
detaillierte bibliografische Daten sind im Internet über <http://dnb.ddb.de> abrufbar.

Bibliographic information published by Die Deutsche Bibliothek
Die Deutsche Bibliothek lists this publication in the Deutsche Nationalbibliografie;
detailed bibliographic data is available in the Internet at <http://dnb.ddb.de>.

Dissertation Universität Dortmund, 2003

Dr. Heiko Hamann ist als Unternehmensberater tätig und hat als externer Doktorand am Lehrstuhl für Unternehmensführung der Universität Dortmund promoviert.

Dr. Heiko Hamann is Management Consultant and has gained his doctorate at the Department of Business Administration, University of Dortmund.

Abonnenten von mir – Management International Review erhalten auf die in der mir-Edition veröffentlichten Bücher 10 % Rabatt.

Subscribers to mir – Management International Review are entitled to a 10 % price reduction on books published in mir-Edition.

1. Auflage März 2004

Alle Rechte vorbehalten
© Betriebswirtschaftlicher Verlag Dr. Th. Gabler/GWV Fachverlage GmbH, Wiesbaden 2004

Lektorat: Susanne Kramer / Renate Schilling

Der Gabler Verlag ist ein Unternehmen von Springer Science+Business Media..
www.gabler.de

Druck und buchbinderische Verarbeitung: Hubert & Co., Göttingen
Gedruckt auf säurefreiem und chlorfrei gebleichtem Papier
Printed in Germany

ISBN 3-409-12464-0

Für Silke

Vorwort der Herausgeber

Die internationale Geschäftstätigkeit ist für Unternehmen, die davon berührten Länder und die Weltwirtschaft zum Schlüsselfaktor des Erfolgs geworden. Die Herausgeber beabsichtigen mit der Schriftenreihe **mir-Edition**, die multidimensionalen Managementanforderungen der internationalen Unternehmenstätigkeit wissenschaftlich zu begleiten. Die **mir-Edition** soll zum einen der empirischen Feststellung und der theoretischen Verarbeitung der in der Praxis des internationalen Managements beobachteten Phänomene dienen. Zum anderen sollen die hierdurch gewonnenen Erkenntnisse in Form von systematisiertem Wissen, Denkanstößen und Handlungsempfehlungen verfügbar gemacht werden.

Diesem angewandten Wissenschaftsverständnis fühlt sich seit nunmehr dreißig Jahren auch die in über 40 Ländern gelesene und jüngst von 1380 US-Professoren als "best rated journal" im internationalen Management platzierte internationale Fachzeitschrift **mir** - Management International Review - verpflichtet. Während dort allerdings nur kurzgefasste Aufsätze publiziert werden, soll hier der breitere Raum der Schriftenreihe den Autoren und Lesern die Möglichkeit zur umfänglichen und vertieften Auseinandersetzung mit dem jeweils behandelten Problem des internationalen Managements eröffnen. Der Herausgeberpolitik von **mir** entsprechend, sollen auch in der Schriftenreihe innovative und dem Erkenntnisfortschritt dienende Beiträge einer kritischen Öffentlichkeit vorgestellt werden. Es ist beabsichtigt, neben Forschungsergebnissen, insbesondere des wissenschaftlichen Nachwuchses, auch einschlägige Werke von Praktikern mit profundem Erfahrungswissen im internationalen Management einzubeziehen.

Das Auswahlverfahren sieht vor, dass die Herausgeber gemeinsam über die Veröffentlichung eines in der Reihe erscheinenden Werkes entscheiden. Sie laden zur Einsendung von Manuskripten in deutscher oder englischer Sprache ein, die bei Auswahl jeweils in der Originalsprache publiziert werden.

Die Herausgeber hoffen, mit dieser Schriftenreihe die fachliche Diskussion und praktische Lösung von Problemen des internationalen Managements zu stimulieren, und wünschen der **mir-Edition** eine positive Aufnahme in den Zielgruppen von Wissenschaft, Praxis und Studium des internationalen Geschäfts.

Klaus Macharzina, Martin K. Welge,
Michael Kutschker, Johann Engelhard

Foreword of the Editors

Recognizing the importance of international business for firms, countries and the global economy at large, the Series aims at covering the managerial requirements, objectives and tools of international business activity from the standpoint of applied research. The goal of **mir-Edition** is to explore and analyze the real world phenomena of international management and to offer on a more general level systematic knowledge and advice in terms of practical recommendations to problem solution.

This basic understanding of research has also guided the editorial policy of **mir** - Management International Review - which has had its readers in more than 40 countries for thirty years. While in the Journal naturally there is only room for relatively short treatment of the respective subject matters the Series opens up the possibility for comprehensive and in-depth study and discussion of international management problems. Similar to the editorial policy of **mir** the volumes of the Series should contribute in an innovative manner to the progress of discovery both in the theoretical and practical dimension. It is therefore intended to include in the Series excellent academic contributions, particularly of the young generation of researchers, but also experiential works of distinguished international managers.

Similar to the high aspiration level which has been achieved in **mir** and which has led to the Journal being ranked number one in International Management by 1380 US professors recently, only contributions of very high quality will be accepted in the Series. The selection decision will be made collectively by the Editors. Manuscripts are invited in English and German; they will be published in the original form.

The Editors sincerely hope to stimulate the discussion and to assist in the solution of problems in the area of international management by way of the Series. They wish that **mir-Edition** will receive a positive welcome among the major target groups which comprise academics, students and managers in international business.

Klaus Macharzina, Martin K. Welge,
Michael Kutschker, Johann Engelhard

Geleitwort

Informationstechnologien sind heute ein elementarer Bestandteil der modernen Wirtschaftswelt. Gerade im internationalen Kontext spielen Sie eine wichtige Rolle: Multinational tätige Unternehmungen setzen Informationstechnologien ein, um Informationen über internationale Märkte und Entwicklungen zu generieren und länderübergreifende Entscheidungen und Aktivitäten zu ermöglichen. Die Verteilung von Wertschöpfungsstufen über den gesamten Globus stellt sehr hohe Anforderungen an die Koordinationsfunktion der Unternehmungsführung und an die der Koordination zugrunde liegende Informationsversorgung. Angesichts der hohen Bedeutung der Informationsversorgung im internationalen Kontext ist es überraschend, dass in der Theorie keine geschlossenen Konzepte für eine umfassende internationale Informationsversorgung vorliegen, gleichzeitig aber der technologische Entwicklungsstand heutiger Informationssysteme eine umfassende Informationsversorgung der Entscheidungsträger zuließe.

Die vorliegende Arbeit greift dieses Defizit auf und widmet sich der Frage, welche Anforderungen sich im internationalen Kontext an die Informationsversorgung ergeben und in welchem Maße moderne Informationstechnologien geeignet sind, diese zu erfüllen. Zur Beantwortung fokussiert sich der Autor auf den transnationalen Strategietyp, der besonders hohe Anforderungen an die Koordination der dezentralen Unternehmungseinheiten und die Informationsversorgung stellt. Dabei verwendet er ein heuristisches, bezugsrahmengestütztes Forschungsdesign, welches stringent und überzeugend aufgebaut ist.

Der Autor beschreitet in vielfältiger Hinsicht Neuland. Das gilt insbesondere für die Kombination bislang unzureichend verknüpfter theoretischer Ansätze (Internationales Management und Ansätze zur Informationsverarbeitung) und die darauf basierende Deduktion einer transnationalen Informationsversorgung sowie die Bewertung ausgewählter Informationstechnologien als Instrumente der Informationsversorgung anhand theoretisch und empirisch ermittelter Anforderungen. Als Ergebnis bietet die Arbeit nicht nur ein umfassendes Modell der Transnationalen Unternehmung und ihrer Anforderungen an die Informationsversorgung, sondern auch eine Analyse moderner Informationstechnologien hinsichtlich ihrer Adaptierbarkeit, Integrierbarkeit und Koordinationsfähigkeit.

Die theoretischen Erkenntnisse werden durchgängig durch die Ergebnisse einer Intensivfallstudie im Hause der Siemens AG ergänzt. Der Autor weist deutliche Parallelen der Siemens AG zum Modell der Transnationalen Unternehmung nach, so dass das Unternehmen als ein für die Studie sehr geeignetes Fallbeispiel angesehen werden kann. Die Fallstudie vermittelt interessante Einsichten in die Informationsversorgung in der Praxis und stellt vertiefend ausgewählte Praxisbeispiele dar.

Mit der vorliegenden Arbeit gelingt dem Autor eine Verzahnung von theoretischen Anforderungen mit praktisch Realisierbarem. Die Integration theoretischer Teildisziplinen, die systematische und zielführende Ableitung von Anforderungen an die Informationsversorgung im Kontext Transnationaler Unternehmungen sowie die praxisrelevante Darstellung und Analyse von Informationstechnologien leistet einen bedeutenden Forschungsbeitrag und eröffnet der Praxis wichtige Erkenntnisse. Die Arbeit verdient daher eine breite Aufmerksamkeit von Lesern aus Wissenschaft und Praxis.

Martin K. Welge

Vorwort

Das Wirtschaftsleben ist heute durch eine zunehmende Globalisierung geprägt: Harmonisierte Märkte werden mit standardisierten Produkten bedient, Produktionsstufen in Länder mit niedrigen Arbeitskosten ausgelagert und strategische Allianzen zur Erschließung des Weltmarktes eingegangen. Ebenso wie die Internationalisierung durchdringt auch der zunehmende Einsatz von Informationstechnologien die Wirtschaft: Geschäftsprozesse werden durch die Möglichkeiten moderner Informationstechnologien neu gestaltet, und die weltweite Vernetzung auf Basis des Internets führt international Kunden, Lieferanten und Produzenten zusammen. Die vorliegende Untersuchung hat das Ziel, diese beiden Perspektiven zusammenzuführen.

Mein besonderer Dank gilt meinem akademischen Lehrer, Herrn Prof. Dr. Martin K. Welge, der mein Vorhaben einer externen Promotion unterstützt und ermöglicht hat. Herrn Prof. Dr. Thomas Reichmann möchte ich herzlich für die Übernahme des Zweitgutachtens danken.

Dank gebührt auch den jetzigen und ehemaligen wissenschaftlichen Mitarbeitern am Lehrstuhl für Unternehmensführung der Universität Dortmund und meinen Promotionskollegen für ihre anregenden und hilfreichen Diskussionsbeiträge. Dies gilt in besonderer Weise für Herrn Dr. Bernhard Amshoff, der mir stets als „Coach" zur Verfügung gestanden und wesentlich fachlichen und motivierenden Input geleistet hat. Danken möchte ich ferner Frau Dipl.-Logist. Emine Bilek, ohne deren Literatur-Logistik und redaktionelle Unterstützung die Realisierung eines solchen Werkes im Rahmen einer externen Promotion kaum möglich gewesen wäre.

Eine empirische Untersuchung ist besonders auf die Unterstützung durch die Praxis angewiesen. Mein Dank gilt daher Herrn Prof. Dr. Michael Mirow, der meine Untersuchung im Hause der Siemens AG ermöglicht hat sowie Herrn Günther Klementz, Herrn Peter Vieser, Frau Birgit Kleiber und Frau Annika Morgenstern, die meine Interviews und zahlreiche Nachfragen beantwortet haben.

Fachlicher Input allein reicht nicht aus, um ein langwieriges Promotionsvorhaben zu realisieren. Meine Frau Silke hat mich trotz eigener Berufstätigkeit entlastet, fehlende Freizeit akzeptiert und meinen Weg nie in Frage gestellt. Das Schlußwort ist daher Ihr, meiner Familie und allen Freunden gewidmet, die mich während meiner Promotion unterstützt und dennoch meine mangelnde Gegenwart sowie die mentalen Metamorphosen eines Doktoranden erduldet haben: Danke!

Datteln, im Dezember 2003   Heiko Hamann

Inhaltsübersicht

Inhaltsverzeichnis

3 Informationsversorgung

Abbildungsverzeichnis

Tabellenverzeichnis

Abkürzungsverzeichnis

A&D	Automation and Drives
Abb.	Abbildung
ADSL	Asynchron Digital Subscriber Line
AG	Aktiengesellschaft
bspw.	beispielsweise
bzw.	beziehungsweise
CD	Corporate Development
CF	Corporate Finance
CI	Coded Information
CIO	Corporate Information and Operations
CKM	Corporate Knowledge Management
CORBA	Common Object Request Broker Architecture
CP	Corporate Personnel
CSCW	Computer Supported Cooperative Work
CT	Corporate Technology
d.h.	das heißt
Diss.	Dissertation
DMS	Dokumentenmanagementsystem
DSS	Decision Support System
DWH	Data Warehouse
E-Business	Electronic Business
ECR	Chief Economist/Corporate Relations
EDV	Elektronische Datenverarbeitung
EIS	Executive Information System
etc.	et cetera
EUS	Entscheidungsunterstützungssystem
f.(ff.)	folgende Seite(n)

FIS	Führungsinformationssystem
GmbH	Gesellschaft mit beschränkter Haftung
GPL	Global Procurement and Logistics
GPRS	General Packet Radio Service
GSM	Global System for Mobile Communication
GWB	Geschäftswertbeitrag
HRSG	Herausgeber
hrsg. v.	herausgegeben von
HTML	Hypertext Markup Language
I&S	Industrial Solutions and Services
i.d.R.	in der Regel
ICM	Information and Communication Mobile
ICN	Information and Communication Networks
IP	Internet Protocol
ISA	Informationssystem-Architektur
IT	Informationstechnologie
Jg.	Jahrgang
KM	Knowledge Management
LAN	Local Area Network
lat.	lateinisch
M-Business	Mobile Business
MCP	Management Consulting Personnel
Med	Medical Solutions
Mio.	Millionen
MIS	Management Information System
MNE	Multinational Enterprise
MSC	Multimedia Super Corridor
MUS	Managementunterstützungssystem
NCI	Non-Coded Information

NNTP	Network News Transfer Protocol
OCR	Optical Character Recognition
p.a.	per annum
PG	Power Generation
PTD	Power Transmission and Distribution
S.	Seite
SBS	Siemens Business Services
SBT	Siemens Building Technologies
SD	Siemens Dematic
SFS	Siemens Financial Services
SRE	Siemens Real Estate
SV	Siemens VDO Automotive AG
Tab.	Tabelle
TCP/IP	Transmission Control Protocol/Internet Protocol
TOC	Total-Cost-of-Ownership
TS	Transportation Systems
Tsd.	Tausend
u.a.	unter anderem
u.ä.	und ähnliche
UMTS	Universal Mobile Telecommunications System
vgl.	vergleiche
WAN	Wide Area Network
WfMC	Workflow Management Coalition
WfMS	Workflow-Managementsystem
XML	Extensible Markup Language
z.B.	zum Beispiel
z.T.	zum Teil

1 Einführung und wissenschaftliche Grundüberlegungen

1.1 Einführung, Problemstellung und Zielsetzung

1.1.1 Einführung

Informationen stellen für Unternehmungen in zunehmendem Maße einen kritischen Erfolgsfaktor dar (vgl. Welge 1988, S.35; Augustin 1990, S.1ff.). Insbesondere für international tätige Unternehmungen ist eine effiziente Informationsversorgung von Bedeutung (vgl. Ehrhardt 1996, S.8ff.; Römer 1997, S.1ff.; Welge/Holtbrügge 2003, S.274ff.): Die **Globalisierung** von **Wertschöpfungsprozessen**, **Märkten** und dem **Wettbewerb** eröffnet im internationalen Umfeld größere Potentiale für den Einsatz moderner Informationstechnologien als im nationalen und stellt gleichzeitig höhere Anforderungen an eine adäquate Informationsversorgung (vgl. Griese 1990, S.138; Redel 1991, S.280; Beck/Rall 1992, S.327ff.; Stahr/Backes 1992, S.386; Amshoff 1997, S.33; Meissner 1999).

Die Globalisierung bedeutet nicht nur eine Ausweitung der Absatzmärkte in eine internationale Dimension. Viel folgenreicher ist die Tatsache, daß die Globalisierung die Optimierung ganzer **Wertschöpfungsprozesse** bewirkt. Nicht nur der Absatz findet an verschiedenen internationalen Standorten statt, sondern auch vorgelagerte Funktionen von der Forschung und Entwicklung bis zur Produktion. Rohstoffe können im Sinne eines „Global

Sourcing" konzentriert in denjenigen Nationen beschafft werden, die zu den günstigsten Preisen anbieten. Die Produktion erfolgt an den Standorten, die – je nach Produkt – über die qualifiziertesten oder günstigsten Arbeitskräfte verfügen. Forschung und Entwicklung können zentral an Standorten mit dem besten technischen Know-how angesiedelt werden. In derart konfigurierten Unternehmungen (vgl. Porter 1989, S. 26f.) verteilen sich die einzelnen Schritte der Wertschöpfungsprozesse über den gesamten Globus: Während die Produktentwicklung an einem Standort zentral für die gesamte Unternehmung erfolgt, werden die Produktkomponenten an ganz anderen Standorten hergestellt oder eingekauft. Die Vermarktung wird durch ein zentrales Marketing oder individuell durch die lokalen Vertriebsorganisationen gesteuert. Diese länderübergreifenden Wertschöpfungsprozesse materialisieren sich in einem regen Austausch von Rohstoffen, Komponenten und Produkten zwischen den einzelnen Standorten der Unternehmung. Parallel zu den materiellen Ressourcentransfers findet jedoch ein reger Austausch von immateriellen Ressourcen statt: Informationen und Know-how sind die Voraussetzung zur Steuerung und Koordination länderübergreifender Wertschöpfungsprozesse (vgl. Porter 1992, S. 223; Welge/Böttcher/Paul 1998).

Neben dem unternehmungsinternen Bedeutungszuwachs gewinnt auch die Außenorientierung der Informationsversorgung zunehmend an Gewicht (Redel 1991, S. 290): Informationen werden im internationalen Wettbewerb zu einem Wettbewerbsvorteil. Informationen über die weltweiten **Märkte** und **Kunden** ermöglichen das Auffinden neuer Absatzmöglichkeiten und die gezielte Ausrichtung der Produktpolitik an den Kundenbedürfnissen. Je besser und schneller international tätige Unternehmungen diese Informationen aufnehmen und verarbeiten, desto größer kann der Informationsvorsprung sein, den sie sich gegenüber dem **Wettbewerb** erarbeiten. Daher müssen die in international tätigen Unternehmungen eingesetzten Informationstechnologien in der Lage sein, große Mengen von internen und externen Informationen zu sammeln, zu verarbeiten und die Unternehmungsführung über strategische relevante Entwicklungen zu informieren.

Die Rolle der Informationstechnologien beschränkt sich im internationalen Kontext nicht nur auf die Unterstützung der weltweiten Geschäftsaktivitäten. Informationstechnologien ermöglichen als **„Enabler"** neue Geschäftsmodelle, die die Position einer Unternehmung im internationalen Wettbewerb beeinflussen können. So können Informationstechnologien eingesetzt werden, um Geschäftspartner in ein Netzwerk zu integrieren und Wertschöpfungsprozesse ohne Medienbrüche elektronisch zu steuern (vgl. Griese 1993, S.88f.). Über die weltweite Infrastruktur des Internet können Unternehmungen internationale Absatzmärkte bedienen, ohne eine lokale Präsenz aufzubauen. Die Potentiale von Informationstechnologien als Enabler sind zum gegenwärtigen Zeitpunkt im internationalen Wettbewerb bei weitem nicht ausgeschöpft.

Betrachtet man hingegen den tatsächlichen Einsatz von Informationstechnologien in den vergangenen fünf Jahren, dann könnte man zu einem ganz anderen Schluß kommen: Informationstechnologien wurden in der Hoffnung eingesetzt, sie würden durch vollkommen neue Geschäftsmodelle die Kosten minimieren und Wettbewerbsvorteile realisieren. Milliarden Euro wurden investiert, ohne Geschäftsverständnis und konkreten Bezug zur Geschäftsstrategie der Unternehmungen (vgl. Österle 2001). Der **E-Business-Boom** hat sich als Blase erwiesen, deren Platzen weltweit zu einem deutlichen Rückgang der IT-Investitionen führte. Diese Sichtweise wird dem Potential moderner Informationstechnologien jedoch ebensowenig gerecht, wie die überzogenen Erwartungen des E-Business-Booms.

Informationstechnologien sind in der Lage, den Erfolg einer Unternehmung positiv zu beeinflussen (McKeen/Smith 1993). Die Voraussetzung dafür ist jedoch, daß ihr Einsatz nicht undifferenziert, sondern in **Übereinstimmung mit der Unternehmungsstrategie** erfolgt (vgl. Griese 1993, S.85; Schober 1996, S.30). Die Informationsversorgung muß demzufolge so gestaltet sein, daß sie sich an den Anforderungen der Unternehmung orientiert. Aus dieser Überlegung leiten sich zwei zentrale Fragen ab, die den Ausgangspunkt der vorliegenden Untersuchung bestimmen:

– Welche Anforderungen stellt eine international tätige Unternehmung an die Informationsversorgung?
– Wie gut erfüllen moderne Informationstechnologien diese Anforderungen?

Mit einer vertiefenden Betrachtung dieser Fragen wird im folgenden Abschnitt die Problemstellung der Untersuchung konkretisiert und die Zielsetzung formuliert.

1.1.2 Problemstellung und Zielsetzung

Um die eingangs formulierte Frage nach den Anforderungen einer international tätigen Unternehmung an die Informationsversorgung beantworten zu können, ist zunächst die internationale Unternehmung als Gegenstand der Überlegungen näher zu beleuchten. International tätige Unternehmungen sehen sich im Zuge der Globalisierung mit gegensätzlichen Anforderungen konfrontiert (vgl. Fayerweather 1975; Prahalad/Doz 1987; Meffert 1986): Einerseits ermöglicht die Globalisierung der Absatzmärkte die Produktion von weltweit standardisierten Produkten, die zu erheblichen Kostendegressionseffekten führen. Diese Kostendegressionseffekte können von international tätigen Unternehmungen als Wettbewerbsvorteile gegenüber anderen Unternehmungen ausgeschöpft werden. Die weltweite **Standardisierung** von Produkten stößt dort auf Grenzen, wo lokale Märkte differenzierte Produkteigenschaften erfordern. Die der Standardisierung entgegengesetzte Anforderung der **Differenzierung** schränkt die Realisierungsmöglichkeiten von Kostendegressionseffekten ein. Sie ist jedoch gleichzeitig eine Quelle für Wettbewerbsvorteile: Unternehmungen, welche die lokalen Märkte und Bedarfe besser kennen und bedienen als ihre Wettbewerber, können dauerhafte Wettbewerbsvorteile generieren.

Im Spannungsfeld der entgegengesetzten Anforderungen Standardisierung und Differenzierung lassen sich vier Strategien unterscheiden, mit denen international tätige Unternehmungen Wettbewerbsvorteile aufbauen können (vgl. Abbildung 1-1):

– Im Rahmen der **internationalen Strategie** werden die Auslandsmärkte nur als Ergänzung des nationalen Marktes betrachtet. Daher werden alle Strukturen, Systeme und Prozesse der Muttergesellschaft weitgehend auf die Auslandsniederlassungen übertragen (Welge/Holtbrügge 2003, S. 128). Unternehmungen, die sich einer internationalen Strategie bedienen, profitieren nur in geringem Maße von Standardisierungs- und Differenzierungsvorteilen. Da sie den internationalen Märkten keine hohe Relevanz beimessen, wird diese Strategie auch als Exportstrategie bezeichnet (vgl. Meffert/Bolz 1998, S. 61).
– Die **multinationale Strategie** ist auf die Realisierung von Differenzierungsvorteilen fokussiert. Die Auslandsniederlassungen einer international tätigen Unternehmung sind bei dieser Strategie an das jeweilige lokale Umfeld angepaßt und bilden ein Konglomerat weitgehend unabhängiger Einheiten. Die Anpassung an lokale Märkte und Umfelder er-

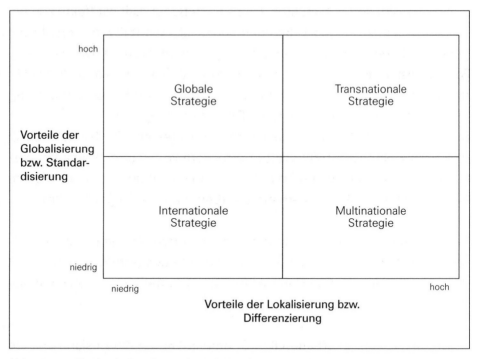

Abb. 1-1   Idealtypisches Strategiespektrum international tätiger Unternehmungen
(Welge/Holtbrügge 2003, S.129)

möglicht die Ausnutzung von Differenzierungsvorteilen an mehreren
Standorten.

– Die **globale Strategie** ist hingegen auf die Umsetzung von Wettbewerbsvorteilen konzentriert, die auf der weltweiten Standardisierung
von Produkten und Prozessen basieren. Hierbei handelt es sich nicht
nur um Kostendegressionseffekte aufgrund hoher Stückzahlen, sondern auch um Verbundvorteile aus einer größeren Einkaufs- und Verhandlungsmacht.

– Unternehmungen, die die gleichzeitige Realisierung von Standardisie-
rungs- und Differenzierungsvorteilen anstreben, verfolgen eine **transnationale Strategie**. Im Rahmen der transnationalen Strategie ist für
jede Auslandsniederlassung, jedes Produkt und jeden Prozeß zu über-
prüfen, ob ein Potential zur Realisierung von Standardisierungs- oder
Differenzierungsvorteilen besteht. Damit wird für jedes Entscheidungs-
objekt eine individuelle Standardisierungs- bzw. Differenzierungsstrate-
gie festgelegt, die zu einer insgesamt optimalen Ausnutzung beider
Vorteilskategorien führt. Zu einer dauerhaften Umsetzung der Wettbewerbsvorteile ist es notwendig, daß die Festlegung individueller Strategien nicht statisch, sondern dynamisch und flexibel erfolgt, d.h. einer
ständigen Überprüfung und Korrektur unterzogen wird.

Die vorliegende Untersuchung ist auf international tätige Unternehmungen fokussiert, welche eine transnationale Strategie verfolgen. Ausschlaggebend für diese Fokussierung sind zwei Gründe: Zum einen ist die transnationale Strategie diejenige Gestaltungsalternative, welche die weitestgehende Ausschöpfung internationaler Wettbewerbsvorteile (Welge/Holt-
brügge 2003, S. 130) ermöglicht. Da die übrigen strategischen Alternativen nur Teilmengen der potentiellen Wettbewerbsvorteile berühren, bietet
die Thematisierung der transnationalen Strategie ein umfassendes Bild internationaler Unternehmungstätigkeit. Die Betrachtung beschränkt sich
hierbei nicht nur auf die Strategie: Um die Anforderungen einer international tätigen Unternehmung an die Informationsversorgung zu untersuchen,
ist es notwendig, diese in all ihren Dimensionen zu beleuchten. Wie in den
nachfolgenden Kapiteln zu zeigen ist, ergibt sich aus dieser Betrachtung
ein **idealtypisches Modell** der **Transnationalen Unternehmung**, welches
sich durch ein spezifische Strategie, Kultur und Organisation auszeichnet.

Der zweite Grund für eine Fokussierung auf die Transnationale Unternehmung ist, daß diese besonders hohe Anforderungen an die Informationsversorgung stellt (vgl. Karimi/Konsynski 1991; Alavi/Young 1992; Lee/Leifer 1992; Egelhoff 1993; Griese 1993; Boudreau/Loch/Robey/Straud 1998):

- Die gleichzeitige Realisierung von Standardisierungs- und Differenzierungsvorteilen impliziert, daß bei der Entscheidungsfindung sowohl lokale wie auch globale Aspekte berücksichtigt werden müssen. Die Informationsversorgung muß dementsprechend globale und lokale Informationen bereitstellen.
- Strategische Planungs- und Entscheidungsprozesse finden flexibel, unter Einbeziehung weltweit verteilter Führungskräfte und unter Berücksichtigung globaler Implikationen statt. Die strategische Planung erfordert somit eine besonders hohe Informationsversorgungskapazität.
- Informationen entstammen den lokalen Einheiten der Transnationalen Unternehmung und werden weltweit genutzt. Die Transnationale Unternehmung erfordert damit eine hohe Portabilität der Informationen.
- Das Know-how und die Entscheidungsträger sind in Transnationalen Unternehmungen weltweit verteilt und agieren in flexiblen Arbeitsprozessen miteinander. Klassische Koordinationsinstrumente verlieren vor diesem Hintergrund an Bedeutung. Informationssysteme sind in der Lage, dieses durch innovative Koordinationsmechanismen auszugleichen.
- Die hohe Flexibilität der Transnationalen Unternehmung erfordert ein „non-routine-reciprocal information-processing" (Egelhoff 1993, S. 206), d.h. eine Informationsversorgung, welche schlecht strukturierte Aufgaben unterstützt. Diese Aufgaben sind kaum planbar und erfordern die Erfahrung und das spezielle Wissen einzelner Mitarbeiter.

Diese unvollständige Auflistung von Anforderungen der Transnationalen Unternehmung an die Informationsversorgung macht bereits die Reichhaltigkeit des idealtypischen Modells für die Beantwortung der eingangs formulierten Fragen deutlich. Sie vermittelt jedoch auch einen Eindruck von der Komplexität der Steuerung einer Transnationalen Unternehmung und den daraus resultierenden Anforderungen an die Informationsversorgung. Informationssysteme sind ein wesentlicher Teil der internationalen Führung, denn Informationen bilden die Grundlage der Steuerung (Beck/Rall 1992, S.326). Um eine adäquate Informationsversorgung zu gewährleisten, muß diese im „Gleichlauf" (Griese 1993, S.85) mit der Unternehmungsstrategie erfolgen (vgl. Alavi/Young 1992, S.501). In der Praxis zeigt sich jedoch, daß gerade durch die rapide Entwicklung neuer Informationstechnologien häufig eine einseitige Konzentration auf operative und technologische Aspekte der Nutzung – wie z. B. die technologische Leistungsfähigkeit, Implementierungsvoraussetzungen oder Schnittstellen – stattfindet und die **Stimmigkeit** zwischen den durch die Unternehmungsstrategie determinierten Anforderungen und den Informationssystemen in den Hintergrund gedrängt wird (vgl. Krcmar 2000, S.9).

Analog läßt sich in der theoretischen Forschung ein Defizit feststellen. Die besondere Anforderung der vorliegenden Fragestellung liegt darin, daß sie unterschiedliche Fachgebiete umfaßt. Die Transnationale Unternehmung ist Gegenstand der Forschung zum Internationalen Management. Die Informationsversorgung wird hingegen von verschiedenen Disziplinen thematisiert, die sich z.T. auf technische Fragestellungen konzentrieren. Eine Verknüpfung der Themen Internationales Management und Informationsversorgung findet sich in der wissenschaftlichen Literatur jedoch kaum (Hasenkamp 1994, S.147). Ausgehend von diesen Überlegungen läßt sich die Problemstellung der vorliegenden Untersuchung konkretisieren:

– Der Einsatz von Informationstechnologien in international tätigen Unternehmungen muß sich an ihren Anforderungen an die Informationsversorgung orientieren. Die notwendige Übereinstimmung von Informationsversorgung und Unternehmungsstrategie wurde in der theoretischen Literatur bislang nur unzureichend thematisiert und in der Praxis häufig vernachlässigt.

– Die Anforderungen einer international tätigen Unternehmung leiten sich aus ihrer Strategie, der Kultur und Organisation ab. Sie sind über technische Aspekte hinaus zu betrachten.

– Zur fundierten Ableitung der Anforderungen an die Informationsversorgung bedarf es eines idealtypischen Modells der international tätigen Unternehmung. Im Fokus der vorliegenden Untersuchung steht das Modell der Transnationalen Unternehmung, welches zahlreiche Ansatzpunkte für die Definition spezifischer Anforderungen bietet.

Aus dieser Problemstellung leitet sich die **Zielsetzung** der vorliegenden Untersuchung ab, welche sich in zwei theoretische und ein pragmatisches Teilziel unterteilen läßt.

Um die Frage einer adäquaten Informationsversorgung Transnationaler Unternehmungen untersuchen zu können, sind zunächst die Untersuchungsobjekte – Transnationale Unternehmung und Informationsversorgung – einer **theoretischen Fundierung** zu unterziehen. Eine zentrale Problematik dieses **ersten theoretischen Teilziels** ist dabei die Tatsache, daß die beiden Untersuchungsobjekte bislang vornehmlich in unterschiedlichen Forschungskreisen behandelt wurden. Während die Transnationale Unternehmung ein Konzept der Teildisziplin „Internationales Management" der Betriebswirtschaftslehre ist, wird der Begriff der Informationsversorgung sowohl in Teildisziplinen der Betriebswirtschaftslehre als auch in ingenieurwissenschaftlichen Teildisziplinen wie der Informatik behandelt. Die Behandlung der Thematik Informationsversorgung im Kontext des Internationalen Management ist dabei ebenso unzureichend wie die des Internationalen Management im Kontext der Forschung zur Informationsversorgung. Kernaspekt der theoretischen Zielsetzung ist damit die Überbrückung von Teildisziplinen anstelle der Konzentration auf eine einzelne (vgl. Albert 1972a, S.6).

Basierend auf der Umsetzung des ersten theoretischen Teilziels lassen sich die **Anforderungen an die Informationsversorgung** ableiten, die sich aus den Merkmalen einer Transnationalen Unternehmung ergeben. Durch die systematische Untersuchung und Analyse der Anforderungen läßt sich ein Sollzustand für die Informationsversorgung bestimmen, der wichtiger Ausgangspunkt für die Formulierung pragmatischer Handlungsempfehlungen ist. Dieses **zweite theoretische Teilziel** der Untersuchung ist damit gleichzeitig Voraussetzung für die Realisierung des pragmatischen Forschungsziels.

Das **pragmatische Teilziel** der Untersuchung soll eine Umsetzung der theoretischen Erkenntnisse in die Praxis ermöglichen. Ziel ist es, den herausgearbeiteten Anforderungen konkrete Informationsinstrumente gegenüberzustellen und diese bzgl. ihrer Problemlösungspotentiale zu analysieren. Im Ergebnis steht ein idealtypisches Portfolio mit Informationsversorgungsinstrumenten zur Verfügung, welches auf die Anforderungen einer Transnationalen Unternehmung abgestimmt ist und somit wichtige Anhaltspunkte zur praktischen Umsetzung transnationaler Unternehmungsstrategien bietet.

Um die Ziele der vorliegenden Untersuchung zu erreichen, bedarf es eines wissenschaftlichen Vorgehens. Daher ist es zunächst erforderlich, einige

Grundüberlegungen zum wissenschaftlichen Vorgehen und der wissenschaftstheoretischen Einordnung vorzunehmen.

1.2 Wissenschaftstheoretische Grundüberlegungen

Die wissenschaftliche Auseinandersetzung mit einer konkreten Problemstellung setzt die Wahl einer angemessenen **wissenschaftstheoretischen Grundhaltung** sowie einer geeigneten **Forschungsmethode** voraus. Zur Fundierung dieser Wahl werden im nachfolgenden Abschnitt grundsätzliche wissenschaftstheoretische Standpunkte und Forschungsprogramme vorgestellt. Hierauf aufbauend, stellen Abschnitt 1.2.2 die wissenschaftstheoretische Grundhaltung und Abschnitt 1.2.3 die gewählte Forschungsmethode dar.

1.2.1 Wissenschaftstheorie als Wissenschaft der Wissenschaft

Die Wissenschaftstheorie als „Wissenschaft der Wissenschaft" dient der Formulierung von Wissenschaftszielen, dem Aufbau von Aussagesystemen und dem Erarbeiten grundlegender Methoden zur systematischen Gewinnung von Erkenntnissen (vgl. Raffée/Abel 1979b, S.1).

Das grundlegende **Ziel** der betriebswirtschaftlichen Forschung ist die Gewinnung von Aussagen zur Lösung von Entscheidungsproblemen in der betrieblichen Praxis, welche über den Einzelfall hinausgehen (vgl. Kubicek 1977, S.5). Dieses Elementarziel läßt sich nach Kosiol (1964, S.745) in ein **theoretisches** und ein **pragmatisches Wissenschaftsziel** unterteilen.

Dem theoretischen Wissenschaftsziel sind deskriptive und explanatorische Aussagensysteme zuzuordnen. Diese **Aussagensysteme** dienen der Beschreibung und Abbildung empirisch wahrnehmbarer Realitätsausschnitte (Deskriptionsfunktion) sowie der Generierung von Erklärungsmodellen für empirische Sachverhalte (Erklärungsfunktion). Das pragmatische Wissenschaftsziel ist darauf aufbauend der praktischen Nutzbarmachung theoretischer Erkenntnisse und somit der Realitätsgestaltung verpflichtet [1].

Wissenschaftliches Arbeiten ist auf das Erreichen der Wissenschaftsziele ausgerichtet und läßt sich als **Forschungsprozeß** auffassen, der in drei Stufen differenziert werden kann (vgl. Schanz 1988, S.165ff.):

– Im Mittelpunkt des ersten Schrittes des Forschungsprozesses steht der **Entdeckungszusammenhang**. Er dient der Abgrenzung des Objektbereiches, der Präzisierung der Problemstellung, der grundlegenden Begriffsbildung sowie der Aufstellung und Systematisierung von Vermutungen und Arbeitshypothesen.
– Der zweite Schritt des Forschungsprozesses dient durch die Überprüfung der im Entdeckungszusammenhang erarbeiteten Vermutungen (Arbeitshypothesen) dem **Begründungszusammenhang**.
– Der dritte Schritt des Forschungsprozesses beantwortet die Frage nach dem Zweck und der Verwendung der gewonnenen Erkenntnisse (**Verwertungszusammenhang**).

Im Zentrum der wissenschaftlichen Diskussion stand bis in die 80er Jahre vor allem der **Begründungszusammenhang** und damit eng verbunden das

---

1   Vergleiche Ulrich/Hill 1979, S.163f.; Chmielewicz 1979, S.17 f.; Schanz 1988, S.6 ff.

Forschungsprogramm des **Kritischen Rationalismus**. Der Kritische Rationalismus geht zurück auf das Fundamentalwerk „Logik der Forschung"
von Karl R. Popper aus dem Jahre 1934 (vgl. Popper 1989). Obwohl sich
das Werk ursprünglich als erkenntnistheoretischer Beitrag auf die Natur-
wissenschaften konzentrierte, war es Ausgangspunkt für umfangreiche
sozialphilosophische Analysen Poppers, die den Kern des Kritischen Rationalismus bilden (vgl. Kretschmann 1990, S. 1). Seine Popularität verdankt
dieses Forschungsprogramm vor allem Hans Albert, der die Ideen Poppers erstmals 1960 skizzierte und dieser bisher namenlosen Philosophie
die Bezeichnung „Kritischer Rationalismus" gab (Kretschmann 1990,
S. 25).

Der Kritische Rationalismus beruht auf zwei **Grundideen** (vgl. Ulrich/Hill
1979, S: 175ff.): Der Idee der **Falsifikation** und der Idee der **Kritik**. Der Kritische Rationalismus negiert die Möglichkeit der Verifikation allgemeiner
Aussagen (Hypothesen) durch wiederholte Einzelbeobachtungen. Die Induktion vom Einzelfall zum generell Gültigen muß unmöglich sein, da das
n-fache Eintreffen einer Behauptung nicht zwingend den Schluß erlaubt,
daß auch bei der n + 1-ten Beobachtung die Behauptung zutrifft. Hypothesen können folglich nicht als wahr bewiesen werden, sondern sind nur solange als wahr anzunehmen, bis sie durch Einzelbeobachtungen intersub-
jektiv nachprüfbar widerlegt, also falsifiziert werden.

Die Falsifikation setzt als Kernelement des Forschungsprozesses die Fähigkeit des Forschers voraus, sich kritisch und selbstkritisch mit den eigenen Forschungsergebnissen und empirischen Beobachtungen sowie denen anderer Wissenschaftler auseinanderzusetzen. Erst durch eine entsprechend geformte Forschungsethik können Wissenschaftler in einem
„in möglichst rationalem Argumentieren geführten Diskurs" (Ulrich/Hill

1979, S.178) zu einem Konsens und damit zu Erkenntnisfortschritten im Forschungsprozeß gelangen.

Die Fokussierung des Kritischen Rationalismus auf den Begründungszu-sammenhang – also die Überprüfung von Hypothesen im Sinne einer Prüf-strategie – wird seit Ende der 70er Jahre von einigen Wissenschaftlern [2] mit zunehmender Skepsis betrachtet. Wesentlicher **Kritikpunkt** ist der, daß durch die Konzentration auf die Prüfstrategie die Bildung und Modifi-kation von Hypothesen vernachlässigt werden: Zum einen drängt die Funktion der Erkenntnissicherung, die dem Forschungsprozeß im Rah-men des kritischen Rationalismus zukommt, den Entdeckungszusammen-hang, und damit die Formulierung von Hypothesen, in den Hintergrund. Zum anderen konzentriert sich die Methodologie des Kritischen Rationa-lismus auf die formalen Anforderungen an die zu prüfenden Hypothesen sowie die Prüfverfahren und -bedingungen. Methodische Anleitungen zur Erarbeitung von Hypothesen oder zur Umformulierung von Hypothesen für den Fall der Falsifikation werden hingegen nicht betrachtet (vgl. Kubi-cek 1977, S.6; Wollnik 1977, S.40f.).

Ausgehend von diesen Defiziten des Kritischen Rationalismus, widmet sich die **explorative Forschung** stärker der Phase des **Entdeckungszu-sammenhangs**. Die explorative Forschung bzw. der „aufgeklärte konstruk-tive Empirismus" faßt die empirische Forschung nicht als Instrument zur Überprüfung von Theorien auf, sondern zur Konstruktion und Weiterent-wicklung „erfahrungsgestützter Theorien" (vgl. Kubicek 1977, Kirsch 1981, S.193ff.). Empirisch generiertes Erfahrungswissen wird dabei nicht zur Überprüfung von Hypothesen verwendet, sondern als Ausgangspunkt zur

---

2   Vergleiche dazu Kosiol 1964; Kosiol/Szyperski/Chmielewicz 1965; Kubicek
    1975 und 1977; Wollnik 1977; Grochla 1978; Raffée/Abel 1979b; Welge 1980;
    Kirsch 1981

Konstruktion theoretischer Aussagen. Derart entstandene Aussagen haben einen engen Bezug zur Realität und treffen bei Praktikern eher auf Verständnis. Das Vorgehen der explorativen Forschung hat somit größere Chancen zur Erreichung des pragmatischen Wissenschaftsziels (Kubicek 1977, S. 13). An die Stelle der klassischen Prüfstrategie tritt die **Konstruktionsstrategie der empirischen Forschung**, deren Ziel es ist, die Strukturlosigkeit des Entdeckungszusammenhangs aufzuheben – oder zumindest zu mildern – und ihn unter methodische Regeln zu fassen (vgl. Wollnik 1977, S. 43; Welge 1980, S. 63f.). Eine zentrale Stellung in diesem Forschungsprogramm nimmt die Entwicklung eines **gedanklichen Bezugsrahmens** ein. Nach einer Definition von Grochla (1978, S. 65) ist ein gedanklicher Bezugsrahmen ein Ordnungsschema für erkenntnis- und handlungsbezogene Vorstellungen über die Realität.

Der gedankliche Bezugsrahmen der explorativen Forschung systematisiert und dokumentiert die Merkmale des Untersuchungsgegenstandes und ihre Verknüpfungen untereinander (Welge 1980, S. 61f.; Rößl 1990, S. 99ff.; Ulrich/Hill 1979, S. 165f.). Er wird damit dem Ziel einer stärkeren Strukturierung gerecht und dient dem Forscher als forschungsleitendes Schema (Grochla 1978, S. 65). Der Bezugsrahmen visualisiert die eigene Konzeption des Forschers und ermöglicht ihm, einzelne Forschungsresultate in einen übergeordneten Zusammenhang einzuordnen und bislang unerforschte Bereiche – d. h. den Forschungsbedarf – festzustellen. Die iterative Einordnung einzelner Forschungsresultate ermöglicht die Konkretisierung des Bezugsrahmens und stellt den eigentlichen Forschungsprozeß dar. Dieser kann somit als „kontinuierliche Entwicklung von gedanklichen Bezugsrahmen und ihre permanente empirische Präzisierung und Modifikation" (Kubicek 1975, S. 46) verstanden werden. Bezugsrahmen leisten keine vollständige Erklärung der betrachteten Phänomene (Kirsch 1981, S. 198f.). Sie bieten jedoch Erklärungsskizzen, die zum

Verständnis von Zusammenhängen beitragen und es dem Experten – und damit auch dem Praktiker – ermöglichen, auf Basis des Bezugsrahmens Problemlösungen zu entwickeln.

Vor dem Hintergrund dieser gegensätzlichen Forschungsansätze ist im folgenden zunächst zu klären, wie die vorliegende Thematik wissenschaftstheoretisch einzuordnen ist.

1.2.2 Wissenschaftstheoretische Einordnung der Untersuchung

Die Einordnung der Untersuchung in einen wissenschaftstheoretischen Kontext muß sich an ihrer grundlegenden Zielsetzung orientieren. Im Mittelpunkt dieser **Zielsetzung** steht die Frage der adäquaten Informationsversorgung Transnationaler Unternehmungen. Betrachtet man die in Abschnitt 1.1.2 dargestellten theoretischen und pragmatischen Teilziele, dann liegt eine Einordnung der Untersuchung in den ersten Schritt des Forschungsprozesses nahe:

– Das erste theoretische Teilziel dient der **Konkretisierung** der Begriffe „Transnationale Unternehmung" und „Informationsversorgung". Diese Konkretisierung ist insofern notwendig, daß ein einheitliches Verständnis der Transnationalen Unternehmung in der Literatur nicht nachzuweisen ist. Darüber hinaus hat eine hinreichende Betrachtung des Aspektes der Informationsversorgung in Transnationalen Unternehmungen bislang nicht stattgefunden.
– Das zweite theoretische Teilziel besteht in der Ableitung von Anforderungen Transnationaler Unternehmungen an die Informationsversorgung. In diesem Schritt der Untersuchung werden demzufolge **Hypo-**

thesen über die Anforderungen einer Transnationalen Unternehmung an die Informationsversorgung aufgestellt.

– Das pragmatische Teilziel ist die Gegenüberstellung praktisch relevanter Informationsversorgungsinstrumente mit den theoretisch hergeleiteten Anforderungen Transnationaler Unternehmungen.

Die formulierten Ziele konzentrieren sich auf die **Konkretisierung** der Forschungsobjekte und die **Formulierung von Hypothesen**. Die vorliegende Untersuchung widmet sich damit – der Philosophie der explorativen Forschung folgend – dem **Entdeckungszusammenhang** und baut auf der **Konstruktionsstrategie der empirischen Forschung** auf. Zentrales Element der Konstruktionsstrategie ist, wie bereits eingangs erläutert, die **Generierung und Konkretisierung eines Bezugsrahmens**, welcher die Merkmale des Untersuchungsgegenstandes und ihre Verknüpfungen untereinander systematisiert und dokumentiert (Rößl 1990, S. 99ff.). Zur Beantwortung der Frage nach einer adäquaten Informationsversorgung Transnationaler Unternehmungen bedarf es **dreier Konstrukte**, welche den Bezugsrahmen determinieren:

– das Konstrukt „Transnationale Unternehmung"
– das Konstrukt „Transnationale Informationsversorgung"
– das Konstrukt „Informationstechnologien als Instrumente der Transnationalen Informationsversorgung"

Diese drei Konstrukte bilden den **Ausgangsbezugsrahmen** der vorliegenden Untersuchung (Abbildung 1-2). Der theoretische Beitrag des konstruierten Bezugsrahmens besteht zum einen in der Systematisierung und Dokumentation des Untersuchungsgegenstandes. Die vorliegende Ausgangssituation ist dadurch gekennzeichnet, daß kein allgemeines Theorieverständnis für die zentrale Problemstellung existiert, sondern eine Viel-

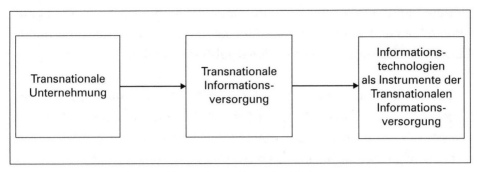

Abb. 1-2   Ausgangsbezugsrahmen der vorliegenden Untersuchung

zahl empirischer und präskriptiver Partialansätze. Der Bezugsrahmen als „Integrationsinstrument mit Hypothesencharakter" (Rößl 1990, S. 91) führt die Einzelergebnisse theoretischer Partialansätze aus ihren individuellen Forschungskontexten zusammen. Der dargestellte Bezugsrahmen beinhaltet ein **heuristisches Potential**, welches auf den einfließenden Partialansätzen, dem Vorverständnis des Forschers bei der Integration dieser (Rößl 1990, S. 91) und auf der intersubjektiven Transparenz des Integrationsprozesses basiert. Die Induktion von den Einzelhypothesen der Partialansätze auf die allgemeinen Konstrukte des Bezugsrahmens hat ein heuristisches Potential im Sinne einer **retardierenden Induktions-Deduktions-Spirale** (Rößl 1990, S. 109): Die Induktion vorhandener Ansätze des Internationalen Management führt zur Konkretisierung des Konstruktes „Transnationale Unternehmung", welches wiederum Ausgangspunkt der Deduktion von Merkmalen einer Transnationalen Informationsversorgung ist.

Neben dem theoretischen Ziel der Verdeutlichung des Untersuchungsgegenstandes und seiner immanenten Zusammenhänge, lassen sich auf der Ebene der Konstrukte konkrete **Teilergebnisse** ableiten:

– Das konkretisierte Konstrukt der Transnationalen Unternehmung beschreibt dieses Unternehmungsmodell in seinen relevanten Dimensionen. Bisherige Ansätze zur Transnationalen Unternehmung haben sich ausschließlich mit Teilaspekten beschäftigt und bieten daher kein ausreichendes Gesamtbild.
– Die Informationsversorgung wird im Kontext Transnationaler Unternehmungen verdeutlicht.
– Auf Basis der deduzierten Anforderungen wird eine systematische Analyse realer Informationstechnologien als Instrumente der Informationsversorgung ermöglicht.

Die vorliegende Untersuchung soll darüber hinaus auch dadurch einen theoretischen Beitrag leisten, daß die Integration der Forschungsperspektiven des Internationalen Management und der Informationsversorgung unterschiedliche Fachbereiche miteinander verknüpft. Die Anwendung von Problemlösungen, die im Bereich der angewandten Informatik wurzeln, auf eine Problemsituation der Betriebswirtschaftslehre, nutzt den **Pluralismus theoretischer Gesichtspunkte**. Die vorliegende Untersuchung widmet sich damit auch der Überbrückung von Fachbereichsgrenzen zur Förderung des Erkenntnisfortschritts (vgl. Albert 1972a, S.6).

Die Überbrückung von Fachbereichsgrenzen ist insbesondere im Hinblick auf die **praktische Relevanz** der Thematik von Bedeutung, denn gerade in der Praxis läßt sich oftmals ein mangelnder „Fit" zwischen Strategie und Informationsmanagement feststellen. Gleichwohl ist die Gestaltung einer anforderungsgerechten Informationsversorgung im internationalen Kontext von entscheidender Bedeutung (vgl. Alavi/Young 1992, S.501; Hasen-kamp 1994, S.147ff.). Der praktische Beitrag der vorliegenden Untersuchung ist hier in einem verbesserten Problemverständnis zu sehen, welches dem Praktiker vermittelt wird.

1.2.3 Forschungsmethode und empirisches Forschungsdesign

Im vorhergehenden Abschnitt wurde als Forschungsmethode der vorliegenden Untersuchung die Konstruktionsstrategie der empirischen Forschung festgelegt. Da ein Hauptanliegen der explorativen Forschung die methodisch fundierte Ableitung von Hypothesen ist, soll dieses methodische Vorgehen im folgenden näher beleuchtet werden.

Die **grundlegende Methodik** der Konstruktionsstrategie besteht in der Konkretisierung des Ausgangsbezugsrahmens bzw. seiner Konstrukte. Die Konstruktionsstrategie im Sinne der explorativen Forschung beschränkt sich hierbei nicht auf die theoretische Betrachtung in einem Forschungsbereich, sondern läßt sich als „[...] informationale Ausschöpfung von systematisch gewonnenem Erfahrungswissen [...]" (Wollnik 1977, S.44) auffassen. Wesentlicher Bestandteil der Konstruktionsstrategie ist damit die bewußte Datenerhebung. Diese erfolgt systematisch, indem sie auf die konzeptionellen Vorarbeiten, d.h. den Ausgangsbezugsrahmen, aufbaut. Die informationale Ausschöpfung des gewonnenen Erfahrungswissens umfaßt zwei Stufen. In der ersten Stufe findet zunächst eine Verknüpfung und Verdichtung der gesammelten Informationen statt, um ein Abbild des betrachteten Realitätsausschnittes in Form eines generalisierten, deskriptiven Musters zu generieren (vgl. Wollnik 1977, S.45). Im Kontext der vorliegenden Untersuchung wird dieser Schritt durch die Abschnitte 2.2.2 und 3.3 repräsentiert. Dieses generalisierte Muster stellt die Ausgangsbasis für den zweiten Schritt dar. In diesem erfolgt eine Ausschöpfung der erhobenen Informationen im Sinne einer erfahrungsvermittelten Spekulation, die den Ausgangsbezugsrahmen bewußt überschreitet und möglicherweise in einem Theorieentwurf mündet (vgl. Wollnik 1977, S. 46; Kubicek 1977, S. 16). Dieser als **Transzendenz des ursprünglichen Bezugsrahmens** bezeichnete Vorgang kann sich in Form einer Komplexitätserweiterung, Rekonzeptionalisierung, Abstraktion oder eines Perspektivenwechsels darstellen. Erst an dieser Stelle kann sich das explorative Potential systematischen Erfahrungswissens voll entfalten.

In der vorliegenden Untersuchung umfaßt der Ausgangsbezugsrahmen die in Abbildung 1-2 dargestellten Konstrukte „Transnationale Unternehmung", „Transnationale Informationsversorgung" und „Informationstechnologien als Instrumente der Transnationalen Informationsversorgung".

Das Konstrukt **„Transnationale Unternehmung"** ist ein idealtypisches Modell der Theorie des Internationalen Management. Eine Konkretisierung kann hier im wesentlichen durch die Systematisierung und Integration theoretischer Ansätze erfolgen.

Zur Konkretisierung der **„Transnationalen Informationsversorgung"** ist es zunächst erforderlich, die Anforderungen einer Transnationalen Unternehmung an die Informationsversorgung herzuleiten. Diese Anforderungen lassen sich zum Teil aus den Merkmalen der konkretisierten Transnationalen Unternehmung deduzieren. Das Konstrukt der Transnationalen Informationsversorgung bietet ein erhebliches empirisches Potential: Es impliziert die Frage, welche Anforderungen reale Transnationale Unternehmungen an die Informationsversorgung haben. Die Überlegungen zur Forschungsmethodik sind demzufolge auf ein empirisches Forschungsdesign auszudehnen, mit dessen Hilfe die Erhebung und Integration empirischer Daten ermöglicht wird. Die theoretisch und empirisch generierte Liste von Anforderungen läßt sich im Zuge einer **„gedanklichen Faktorenanalyse"** zu übergeordneten Anforderungsbegriffen zusammenfassen. Durch die Reinterpretation dieser Anforderungen als Merkmale der Informationsversorgung wird abschließend das Konstrukt der Transnationalen Informationsversorgung konkretisiert.

Im letzten Schritt ist das Konstrukt **„Informationstechnologie als Instrumente der Transnationalen Informationsversorgung"** näher zu bestimmen, d.h. es ist zu untersuchen, inwiefern moderne Informationstechnologien den formulierten Anforderungen gerecht werden können. Dazu werden reale Instrumente den abgeleiteten Anforderungen gegenübergestellt. Auch in diesem Schritt wird die Konkretisierung dadurch empirisch fundiert, daß Ergebnisse aus der Praxis in die Betrachtung mit einbezogen werden.

Nach dieser Darstellung des grundlegenden methodischen Vorgehens stellt sich abschließend die Frage nach einem geeigneten **empirischen Forschungsdesign**. Dieses läßt sich unterteilen in ein **globales** und ein **detaillierten** Forschungsdesign.

1.2.3.1 Das globale Forschungsdesign der Studie

Bei der Auswahl eines geeigneten empirischen Forschungsdesigns lassen sich **vier grundlegende Vorgehensweisen** unterscheiden (vgl. Friedrichs 1990, S. 155ff.; Atteslander 1995, S. 80ff.): Experiment, Längsschnittuntersuchung, Querschnittuntersuchung und Fallstudie.

Das **Experiment** als Forschungsinstrument, bei welchem gezielt und reproduzierbar einzelne Variablen beeinflußt werden, ist hinsichtlich der Komplexität Transnationaler Unternehmungen und der Dynamik internationaler Märkte praktisch auszuschließen. **Längsschnittuntersuchungen** erlauben die Analyse des Wandels von Organisationen und Prozessen. Diese dynamische Perspektive ist für die vorliegende Thematik nicht von vorrangigem Interesse – der Erkenntnisbeitrag dieses Vorgehens wäre demzufolge gering. Die **Querschnittuntersuchung** ist auf eine hohe Repräsentativität der Ergebnisse ausgerichtet. Eine Grundvoraussetzung für diese Repräsentativität ist die für statistische Auswertungen ausreichende Anzahl an betrachteten Untersuchungsobjekten – eine Voraussetzung die in der Praxis angesichts der relativ jungen Diskussion Transnationaler Unternehmungen kaum erfüllt werden kann. Auch erscheint das niedrige Detaillierungsniveau einer Querschnittuntersuchung dem Thema nicht angemessen. Die Detailtiefe ist hingegen eine wesentliche Stärke des Fallstudienansatzes.

Die **Fallstudie** ist ein Forschungsdesign, das sich auf die Sammlung und Auswertung von Daten in einer einzelnen Unternehmung bezieht (Kubicek 1975, S. 58). Untersuchungsobjekte einer Fallstudie sind ausgewählte Teilbereiche der Unternehmung (bspw. Organisationseinheiten oder Mitarbeiter) und ihre Beziehungen zueinander. Die Datenerhebung erfolgt durch Beobachtung der Untersuchungsobjekte, durch Befragung ausgewählter Individuen (Interview) oder die Analyse bestehender Dokumente (Dokumentenanalyse). Durch die intensive Beschäftigung mit der Realität, den Handelnden und ihrem Erfahrungswissen liegt die größte Stärke der Fallstudie in ihrem **explorativen Potential** (vgl. Kubicek 1975, S: 59f.).

Fallstudien sind das ideale Instrument der empirischen Konstruktionsstrategie (Kubicek 1977, S. 25) und dienen nicht einer Hypothesenprüfung im

Sinne des Kritischen Rationalismus (vgl. Kubicek 1975, S. 38ff. und 58ff.). Sie dienen im Rahmen der Konstruktionsstrategie der **Aufstellung von Hypothesen** und sind damit dem **Entdeckungszusammenhang** verpflichtet. Die Fallstudie ist daher das optimale Instrument, um einen sinnvollen Beitrag zur Konkretisierung des Ausgangsbezugsrahmens zu leisten. Ziel der Fallstudie im Kontext der vorliegenden Untersuchung ist es, detailreiche Informationen aus der Praxis sowie Erfahrungswissen von Experten zu sammeln, um ein realistischeres Abbild der Forschungsthematik zu ermöglichen. Wie dieses Ziel erreicht werden soll, ist durch das detaillierte Forschungsdesign festzulegen.

1.2.3.2 Das detaillierte Forschungsdesign der Studie

Nachdem im vorhergehenden Abschnitt das globale Forschungsdesign festgelegt wurde, ist dieses im nun folgenden Schritt durch das detaillierten Forschungsdesign zu konkretisieren. Es werden daher

– Datenerhebungsmethode,
– Datenerhebungsinstrument und
– Forschungsobjekt

nun näher bestimmt und die Durchführung der Datenerhebung erläutert.

1.2.3.2.1 Bestimmung der Datenerhebungsmethode

Zur Erhebung empirischer Daten lassen sich drei grundlegende Methoden unterscheiden: Beobachtung, Dokumentenanalyse und Befragung. Diese

Methoden werden im folgenden kurz vorgestellt, so daß die Auswahl einer geeigneten Vorgehensweise ermöglicht wird.

Die **Beobachtung** als wissenschaftliches Verfahren der Datenerhebung unterscheidet sie sich von der Alltagsbeobachtung dadurch, daß sie theorigeleitet ist, systematisch geplant und aufgezeichnet wird und hinsichtlich ihrer Gültigkeit und Zuverlässigkeit geprüft wird (vgl. Schnell 1999, S.355f.). Durch die Beobachtung können für die empirische Zielsetzung relevante Realitätsausschnitte und das Verhalten der Handelnden erfaßt werden. Sind Beobachter und Forscher eine Person [3], dann erfolgt die Datenerhebung unmittelbar und ohne Informationsfilterung. Diesem methodologischen Vorteil stehen aber mehrere Beschränkungen gegenüber [4]. So stellt der Beobachter selbst eine Fehlerquelle dar, da durch subjektive Einflüsse (Bias) verzerrte Beobachtungen möglich sind (z.B. durch selektive Wahrnehmung). Zudem setzt diese Datenerhebungsmethode voraus, daß der zu untersuchende Forschungsgegenstand überhaupt einer Beobachtung zugänglich ist. Insbesondere der letzte Aspekt läßt die Beobachtung als ungeeignet für das vorliegende Forschungsvorhaben erscheinen. Zwar ließen sich Daten zur Informationsversorgung in einer Transnationalen Unternehmung prinzipiell durch Beobachtung erheben. Angesichts der Komplexität einer Transnationalen Unternehmung wäre dieses Vorgehen aber nur sinnvoll, wenn die Datenerhebung über einen längeren Zeitraum und an verschiedenen weltweiten Standorten erfolgte. Ein solches Vorgehen ist jedoch schon aus forschungsökonomischer Perspektive nicht realisierbar.

3 Friedrichs (1990, S.274) progagiert hingegen eine strikte Trennung von Beobachter und Forscher, um die Kovariation der Merkmale des Beobachters und der beobachteten Ergebnisse zu kontrollieren. Eine Trennung von Beobachter und Forscher ermöglicht darüber hinaus umfangreichere Beobachtungen.
4 Vergleiche ausführlich Friedrich 1990, S.287ff. sowie Schnell/Hill/Esser 1999, S.366ff.

Die **Dokumentenanalyse** (auch als Inhaltsanalyse bezeichnet) generiert empirischen Daten, indem existierende Dokumente einer quantifizierenden Analyse unterzogen werden. Dabei kann es sich um interne und externe Dokumentationen, Geschäftsbriefe, Aktennotizen, Sitzungsprotokolle, interne Richtlinien, Zeitungsartikel, Geschäftsberichte oder ähnliche Quellen handeln. Der wesentliche Nachteil der Beobachtung – das Bias des Forschers im Prozeß der Datensammlung – ist bei der Dokumentenanalyse nicht gegeben (vgl. Schnell/Hill/Esser 1999, S.374). Der Vorteil bei diesem Verfahren ist insbesondere die Vielfalt der zur Verfügung stehenden Quellen. Als primäre Datenerhebungsmethode für das vorliegende Forschungsvorhaben erscheint jedoch auch die Dokumentenanalyse ungeeignet: Einerseits ist nicht davon auszugehen, daß hinreichendes Material verfügbar bzw. zugänglich ist, das der Komplexität der Themenstellung gerecht wird. Andererseits würde eine Konzentration auf „stumme" Dokumente das heuristische Potential einer Fallstudie stark einschränken. Auch wenn die Analyse von verfügbaren Dokumenten nicht als primäre Forschungsmethode Anwendung in der vorliegenden Untersuchung finden wird, so sollen vorhandene Dokumente doch als Ergänzung zur Konkretisierung des Bezugsrahmens herangezogen werden.

Zielgerichteter erscheint das am häufigsten angewandte Verfahren in der empirischen Sozialforschung: die **Befragung**. Die Befragung kann in schriftlicher oder mündlicher bzw. telefonischer Form erfolgen. Befragungen in schriftlicher Form basieren auf einem Fragebogen, der dem Respondenten meist postalisch zugesandt oder in anderer Form verfügbar gemacht wird. Mündliche Befragungen finden im persönlichen Kontakt statt und werden als Interview bezeichnet. Die schriftliche Datenerhebung eignet sich vor allem zur Datenerhebung im Rahmen größerer Stichproben, vor allem also in Querschnittanalysen. Zwar bietet die schriftliche Befragung auf Basis eines standardisierten Fragebogens den Vorteil, daß der

Respondent die Fragen innerhalb einer gesetzten Frist zu einem ihm angenehmen Zeitpunkt beantworten kann. Dadurch besteht jedoch weder die Möglichkeit, Fragen zu erläutern, noch die Reaktionen des Respondenten sowie sein Erfahrungswissen, das über den Fragebogen hinaus geht, aufzunehmen und zu interpretieren. Gerade diese persönlichen Erfahrungen des Respondenten beinhalten jedoch ein großes heuritisches Potential im Sinne der explorativen Forschung. Die Eignung einer schriftlichen Befragung in einer größeren Stichprobe ist im Kontext einer Fallstudie daher als zweifelhaft anzusehen.

Im Kontext des vorliegenden Forschungsvorhaben erscheint daher das **Interview** als die am besten geeignete Methode der Datenerhebung: Das Interview läßt jederzeit die Erläuterung der gestellten Fragen zu, und ermöglicht es dem Forscher im persönlichen Kontakt mit dem Gesprächspartner dessen Meinung und seine Erfahrungen aufzunehmen. Von Vorteil ist darüber hinaus auch, daß der Interviewer bei bestimmten Themen vertiefend nachfragen und sich flexibel auf den Gesprächspartner einstellen kann. Gerade durch den persönlichen Dialog schafft das Interview ein hohes heuristisches Potential. Das Gespräch zwischen Forscher und Praktiker kann dabei auch Quelle neuer Anregungen (vgl. Kubicek 1975, S. 57) für die iterative Konkretisierung des Bezugsrahmens sein. Kubicek (1977, S. 25) bezeichnet das Interview daher zu Recht als „Königsweg" der explorativen Forschung.

Doch auch die Nachteile des persönlichen Interviews müssen berücksichtigt werden (vgl. Friedrich 1990, S. 215ff. und S. 235f.; Schnell/Hill/Esser 1999, S. 330ff.):

– Ein wesentliches, praktisches Problem besteht bereits vor Beginn des Interviews: Für die Befragung müssen geeignete Schlüsselpersonen identifiziert und zur Teilnahme an der Untersuchung bewegt werden.

- Die ausgewählten Gesprächspartner repräsentieren entweder einen zu untersuchenden Personenkreis oder sie sollen als Informationsquellen für nicht beobachtbare Sachverhalte dienen.
- Die ausgewählten Schlüsselpersonen werden entweder als Repräsentanten des zu untersuchenden Personenkreises oder als Informationsquellen für nicht direkt beobachtbare Sachverhalte befragt (vgl. Kubicek 1975, S.64f.). Als problematisch erscheint hierbei, daß die Gesprächspartner einerseits nicht hinreichend über die zu erhebenden Sachverhalte informiert sein könnten oder andererseits ihre Wahrnehmung der Sachverhalte subjektiv geprägt ist (Perzeptionsproblem).
- Auch der Interviewer selbst kann das Ergebnis der Befragung negativ beeinflussen: Der Interviewer kann bewußt oder unbewußt die Antwortneigung des Gesprächspartners beeinflussen und dadurch zu Antwortverzerrungen beitragen (vgl. Schnell/Hill/Esser 1999, S.330ff.).

Um die genannten Problemquellen bei der Datenerhebung weitgehend zu minimieren, wurde das Interview in Vorgesprächen mit den Gesprächspartnern vorbereitet und das Forschungsvorhaben vorgestellt. Während der Interviews war der Verfasser selbst darum bemüht, sich sachlich und neutral zu verhalten.

Ein generelles Problem vieler Fallstudien ist die mangelnde Nachvollziehbarkeit ihrer Ergebnisse. Diese ist meist darauf zurückzuführen, daß die Gespräche ohne formalisierte Erhebungsinstrumente erfolgen und eine Systematisierung erst nachträglich vorgenommen wird (Kubicek 1975, S.60). Durch die Verwendung von Erhebungsplänen, Fragebögen oder Beobachtungsprogrammen kann die Transparenz und Nachvollziehbarkeit empirischer Befunde erhöht werden. Für die vorliegende Untersuchung ist den Interviews daher ein formalisiertes Erhebungsinstrument zugrunde zu

legen, das die Nachvollziehbarkeit der empirischen Ergebnisse gewährleistet (Abschnitt 1.2.3.2.2). Damit eng verbunden ist die Frage des **Struktu-
rierungsgrades** des Interviews. Dem Forscher bietet sich hier eine Band-
breite von wenig strukturierten bis stark strukturierten Interviews. Ein wenig strukturiertes Interview kann zu der oben genannten Problematik einer
mangelnden Nachvollziehbarkeit führen. Ein zu stark strukturiertes Interview, in dem z.B. die Antwortmöglichkeiten fest vorgegeben sind,
schränkt die Möglichkeiten ein, das heuristische Potential des Expertenge-
sprächs voll auszunutzen. Für das vorliegende Forschungsvorhaben kann
es daher nur sinnvoll sein, einen Strukturierungsgrad zu wählen, der zwischen diesen beiden Polen liegt. In einem derartigen **teilstrukturierten Interview** (Atteslander 2000, S.140ff.) sind die Formulierung der Fragen fest
vorgegeben, so daß sich für alle Befragten eine vergleichbare Interviewsi-
tuation und ein einheitliches Verständnis der Fragen gewährleisten läßt.
Die Antwort wird jedoch offen ermöglicht, so daß das Erfahrungswissen
der Gesprächspartner möglichst detailliert expliziert werden kann. Dieses
Vorgehen ermöglicht es, bei interessanten Sachverhalten vertiefend nach-
zufragen oder die Reihenfolge der Fragen flexibel der Gesprächssituation
anzupassen. Das teilstrukturierte Interview erscheint damit als der geeignete Weg der Datenerhebung im Kontext des vorliegenden Forschungsprojektes.

1.2.3.2.2 Erstellung des Datenerhebungsinstrumentes

Als Datenerhebungsinstrument soll dem teilstrukturierten Interview ein
standardisierter Fragebogen zugrunde gelegt werden. Durch den Einsatz
eines Fragebogens werden mehrere Ziele verfolgt:

– Die Datenerhebung erfolgt systematisch und nachvollziehbar. Die Transparenz des empirischen Beitrags wird damit erhöht.
– Der Fragebogen dient als Leitfaden und ermöglicht einen strukturierten Ablauf des Gespräches und die Vertiefung einzelner Sachverhalte ohne Vernachlässigung des übrigen Fagenkomplexes.
– Die Standardisierung der Fragen reduziert die Gefahr von Antwortverzerrungen durch den Interviewer.

Zur Erstellung des Fragebogens sind zwei Fragen zu klären: Wie ist der Fragebogen aufgebaut und in welcher Form sollen die Antworten erfolgen? Der **Fragebogenaufbau** orientiert sich am Ausgangsbezugsrahmen des vorliegenden Forschungsprojektes. Demzufolge gliedern sich die Fragen in die folgenden Komplexe (vgl. ausführlich den Fragebogen im Anhang):

– Allgemeine Unternehmungsinformationen
– Charakterisierung des Unternehmungsmodells
– Anforderungen an die Informationsversorgung
– Instrumente der Informationsversorgung
– Beurteilung von Instrumenten aus Praxissicht

Der Komplex **„Allgemeine Unternehmungsinformationen"** umfaßt drei Fragen, die der Erfassung vorwiegend deskriptiver Daten zur Unternehmung, der Abteilung und der befragten Person dienen. Insgesamt elf Fragen zur **„Charakterisierung des Unternehmungsmodells"** erheben Daten zur Geschäftsstrategie der Unternehmung und sollen Parallelen zum Modell der Transnationalen Unternehmung identifizieren. Dieser Fragenkomplex dient weniger der Konkretisierung des ersten Konstruktes des Ausgangsbezugsrahmens als dem Vergleich des theoretischen Idealmodells mit der realen Unternehmung. Die nachfolgenden vier Fragen beschäftigen sich mit den **„Anforderungen an die Informationsversorgung"**. Durch diese Fragen sollen die Anforderungen, die sich aus der praktischen Erfahrung ergeben, ermittelt werden und damit der Konkretisierung des zweiten Konstruktes des Ausgangsbezugsrahmens zur Verfügung stehen. Die letzten beiden Fragenkomplexe thematisieren die Instrumente der Informationsversorgung und damit das dritte Konstrukt des Ausgangsbezugsrahmens. Während sich der Komplex **„Instrumente der Informationsversorgung"** mit vier Fragen zunächst mit den real in der Unternehmung eingesetzten Instrumenten beschäftigt, wird im letzten Fragenkomplex, der **„Beurteilung von Instrumenten aus der Praxissicht"**, in insgesamt zwölf Fragen das Expertenurteil zur Eignung der in der vorliegenden Untersuchung behandelten Instrumente der Informationsversorgung erhoben.

Nachdem die grundlegende Struktur des Fragebogens – und damit der beabsichtigte Gesprächsablauf – feststeht, ist neben der Formulierung der Fragen die Struktur ihrer Beantwortung zu klären. Bei der **Formulierung** wurde insbesondere auf die Verständlichkeit und Klarheit der Fragen Wert gelegt. So wurde bspw. im Fragenkomplex zu den Instrumenten der Informationsversorgung jeweils eine kurze Erläuterung formuliert, die das gleiche Verständnis des betrachteten Instrumentes bei Befragtem und Interviewer sicherstellt. Hinsichtlich der **Antwortmöglichkeiten** des Gesprächspartners ist zwischen zwei Strukturtypen von Fragen zu unterscheiden: „offene Fragen" und „geschlossene Fragen" (vgl. Schnell/Hill/Esser 1999, S.308ff.). Bei offenen Fragen wird keine Antwortmöglichkeit vorgeschlagen. Der Gesprächspartner beantwortet die Frage also in seinen eigenen Worten. Im Falle von geschlossenen Fragen wird dem Gesprächspartner eine Anzahl von Antwortalternativen vorgegeben, aus denen er eine oder mehrere auswählen kann. Ein wesentlicher Vorteil offener Fragen besteht darin, daß der Gesprächspartner in seinem eigenen Referenzsystem antworten kann, ohne durch Vorgaben in eine bestimmte

Richtung gelenkt zu werden. Offene Fragen erfassen daher besser das tatsächliche Erfahrungswissen und die Einstellungen des Gesprächspartners als geschlossene Fragen. Insbesondere aus diesem Grund werden im Fragebogen des vorliegenden Forschungsprojektes **offene Fragen** verwendet. Offene Fragen sind jedoch auch mit Nachteilen behaftet, die geschlossenen Fragen nicht anhängen. So ist die Auswertung offener Fragen aufwendiger und das Fehlen quantitativer Antworten, die bei geschlossenen Fragen z. B. durch Rating- oder Lickertskalen erreicht werden, schränkt die statistischen Auswertungs- und Vergleichsmöglichkeiten insgesamt ein. Zudem ist die Gefahr von Antwortverzerrungen durch den Interviewer schon dadurch höher, daß dieser die Antworten notieren und editieren muß.

Dem letztgenannten Nachteil wurde dadurch abgeholfen, daß die Interviews mit einem Diktaphon aufgenommen wurden und der Interviewer sich während des Gespräches ganz auf den Gesprächspartner konzentrieren konnte. Der damit verbundene Auswertungsaufwand läßt sich im Kontext der empirischen Zielsetzung, möglichst detailliertes Erfahrungswissen zu gewinnen, rechtfertigen. Auch die mangelnde statistische Auswertbarkeit offener Fragen ist im Kontext der Konstruktionsstrategie der vorliegenden Untersuchung eher zu vernachlässigen, da es nicht um die statistische Überprüfung von Hypothesen geht, sondern um die Konkretisierung eines Bezugsrahmens. Die mangelnde Vergleichbarkeit ist im Kontext einer Einzelfallstudie ebenfalls von untergeordneter Bedeutung. Im Rahmen des vorliegenden Forschungsprojektes überwiegen daher die Vorteile eines **standardisierten Fragebogens mit offenen Fragen**.

Die Verwendung von offenen Fragen hat sich auch in der praktischen Datenerhebung bewährt. Die Möglichkeit, neben dem eigenen Wissen auch die persönliche Meinung zu artikulieren wurde von den Gesprächspartnern als angenehm empfunden und ausdrücklich positiv hervorgehoben. Dem Interviewer erschien die Gesprächsatmosphäre wesentlich gelöster und produktiver als im Fall eines checklistenartigen Abhakens geschlossener Fragestellungen.

1.2.3.2.3 Bestimmung der Erhebungs- und Untersuchungseinheit

Zur Durchführung der Datenerhebung ist ferner zu klären, in welcher **Erhebungseinheit**, d.h. in welcher Unternehmung, diese erfolgen soll. Im Vordergrund der Auswahl einer geeigneten Erhebungseinheit steht – im Gegensatz zur Querschnittuntersuchung – nicht die Repräsentativität, sondern der Beispielcharakter der Fallstudie. Dieser Beispielcharakter ist im vorliegenden Kontext dadurch zu erreichen, daß die ausgewählte Erhebungseinheit dem idealtypischen Modell der Transnationalen Unternehmung möglichst nahe kommt.

Für die vorliegende Studie wurde die **Siemens AG** als Einzelfallstudie ausgewählt. Diese Auswahl läßt sich hinsichtlich der Parallelen zwischen der Erhebungseinheit und dem idealtypischen, theoretischen Modell begründen (vgl. Abschnitt 1.1.2) [5]:

- Die Siemens AG ist **international tätig** und erfüllt damit eine Grundvoraussetzung für die vorliegende Studie.
- Die breite Produktpalette der Siemens AG impliziert, daß eine einheitliche Strategie über alle Geschäftsbereiche hinweg eher unwahrschein-

---

5   Eine detaillierte Betrachtung der Siemens AG und Vertiefung dieser Parallelen findet in Abschnitt 2.2.2 statt.

lich ist. Vielmehr ist davon auszugehen, daß die einzelnen Geschäftsbereiche **individuelle Strategien** entwickeln.

- Die Siemens AG betreibt kein reines Exportgeschäft, d.h. Produktion und Wertschöpfung finden in weltweit verstreuten Prozessen statt. Damit bestehen enge **Leistungsverflechtungen** zwischen den international verstreuten Unternehmungseinheiten.

- Durch ihre weltweite Tätigkeit ist die Siemens AG in der Lage, **globale Integrationsvorteile** zu nutzen. Die Produktpalette umfaßt jedoch Güter, die eine lokale Anpassung oder gar einen lokalen Wertschöpfungsbeitrag („local content") erfordern. Die Siemens AG sieht sich daher auch mit der Komplexität der **lokalen Anpassung** konfrontiert.

- Die Siemens AG ist in Form einer **Matrixstruktur** organisiert. Diese Organisationsform weist ähnliche Merkmale auf, wie die **Vernetzung** der Unternehmungseinheiten in einer Transnationalen Unternehmung.

- Da die Siemens AG selbst als Anbieter von Informationstechnologien auftritt, ist davon auszugehen, daß die Thematik „Informationsversorgung" von hoher Bedeutung für die Siemens AG ist. Dieses spiegelt sich in der Tatsache wider, daß Siemens seit dem Jahr 2000 seine Geschäftsprozesse zunehmend elektronisch abwickelt und sich als „E-driven Company" bezeichnet.

Die dargestellten Aspekte legen den Schluß nahe, daß eine Fallstudie in dieser Unternehmung ein reichhaltiges heuristisches Potential für die vorliegende Untersuchung beinhaltet. Für die tatsächliche Datenerhebung ist abschließend die Frage nach der **Untersuchungseinheit** zu beantworten. Darunter werden die Einheiten verstanden, auf die sich die Untersuchung bezieht. In der vorliegenden Fallstudie ist dies nicht die gesamte Unternehmung, sondern eine Teileinheit. Aus forschungsökonomischen Gründen ist es wünschenswert, die Datenerhebung regional einzuschränken. Eine internationale Datenerhebung in Form persönlicher Interviews ist nicht nur aus ökonomischer Sicht unpraktikabel, sondern auch in der gegenwärtigen Forschungsphase wenig erfolgversprechend. Sinnvoller erscheint hingegen die Auswahl einer Unternehmungseinheit, die eine zentrale Rolle in der Informationsversorgung wahrnimmt, international tätig ist und gut über die Informationsversorgung innerhalb der weltweiten Organisation informiert ist. Eine solche Unternehmungseinheit konnte mit der Zentralstelle „Corporate Information and Operations" (CIO) identifiziert werden.

Die Zentralstelle „CIO" ist verantwortlich für die Gestaltung einer unternehmungsweiten Informations- und Kommunikationslandschaft, welche folgende Unternehmungsziele unterstützen soll:

- durchgängige Geschäftsprozesse für bereichs- und regionenübergreifende Prozeßketten
- Einbindung externer Geschäftspartner
- organisatorische Flexibilität
- flächendeckende Kommunikation
- wissensbasierte Unternehmung

Ein wesentlicher Bestandteil von CIO ist das „Siemens Corporate Knowledge Management Office" (CKM Office). Das CKM Office wurde 1999 gegründet mit der Zielsetzung, der Vielzahl weltweit laufender Projekte zum Thema Wissensnutzung und -transfer eine formale Plattform zu geben. CKM unterstützt die Organisationseinheiten bei der Entwicklung eigener Wissensmanagementsysteme und fördert die Weiterverbreitung besonders erfolgreicher Systeme. Parallel entwickelt CKM ein weltweit verfügbares Informationssystem zum Austausch von Wissen und Informationen. Die Auswahl des CKM Office wurde bewußt getroffen, um den Fokus weniger auf technische Aspekte als auf inhaltliche zu lenken: Das CKM Office ist sich der Probleme der Kooperation und Koordination in einem globalen

Netzwerk bewußt und ist bestrebt, inhaltliche und technische Lösungen zu entwickeln. Gleichwohl ist eine hohe technische Kompetenz vorhanden, so daß die Interviews als Expertengespräche charakterisiert werden können. Die konkrete Durchführung der Datenerhebung soll im nun folgenden Abschnitt erläutert werden.

1.2.3.2.4 Erläuterungen zur Durchführung der Datenerhebung

Wie in den vorhergehenden Abschnitten dargestellt, erfolgte die Datenerhebung in Form persönlicher Interviews. Um die Interviews in einem moderaten Zeitrahmen durchführen zu können (ca. 60-90 Minuten), wurde der Fragebogen nicht komplett, sondern in zwei Teilen bearbeitet. Die ersten vier Fragenkomplexe erfolgten in der ersten Interviewrunde, der letzte Fragenkomplex in einer zweiten Runde. Die Interviews wurden zwischen Juni 2001 und Juni 2002 durchgeführt. Die Interviewpartner wurden über den Vorstand „Corporate Development" identifiziert und zunächst schriftlich und telefonisch kontaktiert. Als Gesprächspartner standen mit dem Chief Information Manager Knowledge Management und dem Programm Manager für Strukturen, Tools und Anwendungen kompetente Experten zur Verfügung.

Die durchgeführten Gespräche wurden auf Tonband aufgenommen, so daß eine systematische und intensive Auswertung ex post möglich war. Durch die nachträgliche Bearbeitung konnte ansatzweise dem subjektiven Perzeptionsproblem begegnet werden, da die gewonnenen Informationen noch einmal kritisch reflektiert werden konnten. Ergänzende Fragen konnten im nachhinein telefonisch oder per E-Mail geklärt werden.

1.3 Vorgehen und Aufbau der Untersuchung

Der Aufbau der Untersuchung orientiert sich primär an ihrem Bezugsrahmen: Die Kapitel 2, 3 und 4 konkretisieren die drei Konstrukte des Ausgangsbezugsrahmens und werden eingerahmt von einem einleitenden Kapitel und einem Abschlußkapitel (vgl. Abbildung 1-3).

Nachdem in **Kapitel 1** grundlegende Überlegungen zur Problemstellung, der wissenschaftstheoretischen Fundierung und dem Vorgehen angestellt wurden, wird in **Kapitel 2** die Transnationale Unternehmung als erstes Konstrukt des Ausgangsbezugsrahmens konkretisiert. Hierzu werden zunächst die Ansätze des Internationalen Management beleuchtet und die Entwicklung der Transnationalen Unternehmung in der theoretischen Lite-

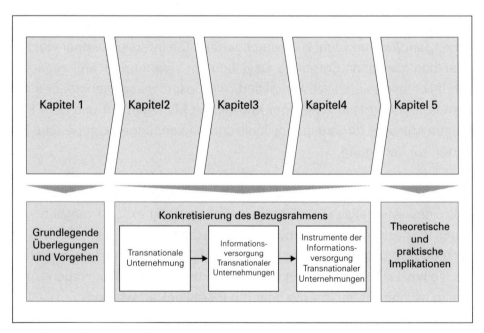

Abb. 1-3   Aufbau und Vorgehen der Untersuchung

ratur diskutiert. Aufbauend auf diesen Ausführungen werden die Dimensionen einer Transnationalen Unternehmung abgeleitet, so daß das Konstrukt „Transnationale Unternehmung" näher bestimmt wird.

Kapitel 3 dient der Konkretisierung der „Transnationalen Informationsversorgung". Das Kapitel stellt zunächst einige grundlegende theoretische Überlegung zum Begriff der Informationsversorgung dar und führt mit der Fallstudie der Siemens AG den empirischen Teil der Untersuchung ein. Aufbauend auf die Ergebnisse des Kapitel 2 und der empirischen Untersuchung werden die Anforderungen und Besonderheiten der Informationsversorgung in Transnationalen Unternehmungen hergeleitet. Durch die Reinterpretation dieser Anforderungen als Dimensionen einer Transnationalen Informationsversorgung, wird die Konkretisierung dieses Konstruktes abgeschlossen.

Nachdem die Anforderungen einer Transnationalen Informationsversorgung in Kapitel 3 bestimmt wurden, erfolgt in **Kapitel 4** die Analyse moderner Informationstechnologien (IT). Dazu werden IT-Instrumente aus theoretischer und praktischer Sicht den Anforderungen einer Transnationalen Informationsversorgung gegenübergestellt. Hierdurch kann ein idealtypisches Instrumentenprofil der Informationsversorgung in Transnationalen Unternehmungen abgeleitet werden. Mit diesem letzten Schritt liegt der konkretisierte Bezugsrahmen der Untersuchung vor. Zum Abschluß werden in **Kapitel 5** theoretische und praktische Implikationen aus den Ergebnissen der Untersuchung abgeleitet.

2 Die Transnationale Unternehmung als Idealtypus internationaler Unternehmungstätigkeit

Wie in Kapitel 1 einleitend dargestellt wurde, ist zunächst das Konstrukt der Transnationalen Unternehmung zu konkretisieren. Ziel des folgenden Kapitel 2 ist daher die Entwicklung eines idealtypischen Modells der Transnationalen Unternehmung. Diese Entwicklung findet in Abschnitt 2.1 auf Grundlage theoretischer Ansätze des Internationalen Management statt. Als Ergebnis steht für die weiteren Überlegungen ein idealtypisches Modell zur Verfügung, welches die Transnationale Unternehmung in ihren einzelnen Dimensionen beschreibt. Abschnitt 2.2 stellt die Siemens AG als Gegenstand der empirischen Untersuchung vor und hebt die Parallelen mit dem in Abschnitt 2.1 erarbeiteten Modell der Transnationalen Unternehmung hervor.

2.1 Die Transnationale Unternehmung in der Theorie

Ziel dieses Abschnittes ist es, ein idealtypisches Modell der Transnationalen Unternehmung theoretisch zu fundieren und im Detail darzustellen. Im folgenden Abschnitt 2.1.1 werden zunächst grundlegende Überlegungen zum Internationalen Management angestellt. Diese umfassen einen synoptischen Überblick über das Internationale Management, die Betrachtung im Hinblick auf die vorliegende Fragestellung ausgewählter Ansätze, sowie die Ableitung von Implikationen für das weitere Vorgehen. Auf Basis dieser Überlegungen wird in Abschnitt 2.1.2 das Modell der Transnationalen Unternehmung eingehend diskutiert.

2.1.1 Vorüberlegungen zum Internationalen Management

Das Modell der Transnationalen Unternehmung läßt sich nicht als isolierter theoretischer Ansatz auffassen. Vielmehr integriert es Aspekte unterschiedlicher Ansätze des Internationalen Management und erklärt so das Potential, ein möglichst breites Spektrum internationaler Wettbewerbsvorteile zu realisieren. Aus diesem Grund wird im folgenden Abschnitt 2.1.1.1 zunächst ein kurzer Überblick über das Internationale Management gegeben. Der sich anschließende Abschnitt 2.1.1.2 stellt eine Auswahl von theoretischen Ansätzen vor, die sich mit der Bedeutung von Informationen im internationalen Kontext auseinandersetzen. Abschnitt 2.1.1.3 faßt diese Überlegungen zusammen und leitet Implikationen für das weitere Vorgehen ab.

2.1.1.1 Synoptische Einführung in das Internationale Management

Der Fachbereich „Internationales Management" ist ein Themengebiet der Betriebswirtschaftslehre, welches zunehmend an Aufmerksamkeit gewinnt. Die Vielzahl der wissenschaftlichen Beiträge aus dem angelsächsischen – und seit den 80er Jahren zunehmend auch dem deutschen – Sprachraum sind ein deutliches Anzeichen dieser Entwicklung (vgl. Welge 1990a S. VII; Perlitz 2000, S. 21ff.; Meffert/Bolz 1998, S. 29f.). Von einer konsistenten Entwicklung des Internationalen Management zu einem einheitlichen Theorieverständnis kann jedoch keine Rede sein (vgl. Engelhard/ Dähn 1994). Vielmehr lassen sich **drei Stufen** identifizieren, in denen sich die Entwicklung des Internationalen Management vollzogen hat (vgl. Abbildung 2-1).

Konstituierendes Merkmal dieser Stufen ist der Fokus, mit dem die Wissenschaftler an die Thematik grenzüberschreitender Unternehmungstätigkeiten herangegangen sind: Beschäftigte man sich bis zu den 70er Jahren noch – wie Adam Smith bereits 1776 – mit der Frage des Ursachenzusammenhangs **internationaler bzw. binationaler Unternehmungstätigkeit**, so lag der Schwerpunkt in den 1980er Jahren auf dem **strategischen Management Multinationaler Unternehmungen** und der weltweiten Generierung von Wettbewerbsvorteilen. Seit dem Ende der 80er Jahre läßt sich nunmehr eine Konzentration auf **integrierte Unternehmungsformen** und transnationale Strategieansätze feststellen. Da die **Transnationale Unternehmung** als **Idealtypus** Teilaspekte vieler Ansätze des Internationalen Management integriert, soll im folgenden ein kurzer Überblick über die einzelnen Entwicklungsstufen gegeben werden [1].

2.1.1.1.1 Internationalisierungstheorien als Erklärungsansätze internationaler Unternehmungstätigkeit

Internationalisierungstheorien untersuchen die Ursachen für das Zustandekommen länderübergreifender Unternehmungstätigkeiten. Sie lassen

---

1 Die nachfolgende Darstellung von Beiträgen des Internationalen Management erhebt keinesfalls den Anspruch auf Vollständigkeit. Ein Eindruck der theoretischen Breite des Internationalen Management ergibt sich in Welge/Holtbrügge 2003; Perlitz 2000; Dülfer 2001;Schoppe 1998; Macharzina/Österle 1997b.

Forschungs- schwerpunkte	Isolierte Betrachtung		Integrierte Betrachtung
	bis Ende der 70er Jahre	80er Jahre	seit den 90er Jahren
Umsetzung der Globalisierung			MNC als integrierte Netzwerke/ Heterarchien
Globalisierungs- strategien		Ausgestaltung globaler (Marketing-) Strategien	Globale Wettbe- werbsstrategien
Bestimmungs- faktoren der Globalisierung	Theorien der Internationalen Unternehmung	Determination der Integration und Differenzierung	Wettbewerbsvorteile durch: - Effizienz - Risikohandhabung und Flexibilität - Weltweites Lernen
	"Warum ?"	"Was ?"	"Wie ?"

Abb. 2-1   Entwicklung der Internationalen Managementdiskussion
(Meffert/Bolz 1998, S. 30)

sich unterscheiden in **Außenhandelstheorien** und **Direktinvestitionstheorien**.

Außenhandelstheorien befassen sich mit den Ursachen grenzüberschrei-
tenden Handels. Fundamentaler Ansatz der Außenhandelstheorien ist die
Theorie der absoluten Kostenvorteil von Adam Smith (1776). Sie erklärt

den Außenhandel dadurch, daß Länder über verschiedene Faktorausstattungen und damit Kostenstrukturen verfügen, welche im internationalen Kontext Produktspezialisierung und -austausch begründen. Dieser zunächst sehr simple Erklärungsansatz wurde vielfach weiterentwickelt, so daß durch eine detaillierte Unterscheidung der Produktionsfaktoren in Kapital, Arbeit und Humankapital der Außenhandel hinreichend begründet werden kann [2].

Während die Außenhandelstheorien die Ursachen des internationalen Handels erklären, konzentrierte sich das Forschungsinteresse Mitte der sechziger Jahre bis zum Ende der siebziger Jahre auf die Frage, warum es zu Direktinvestitionen [3] im Ausland und damit zum Entstehen multinationaler Unternehmungen kommt. Zur Beantwortung dieser Frage wurde eine Vielzahl von **Direktinvestitionstheorien** entwickelt, die jedoch keiner einheitlichen Forschungsrichtung folgen:

- Vernon (1966, S. 190ff.) stellte in seinem **Produktlebenszyklusmodell** einen Zusammenhang zwischen den Entwicklungsstadien, die ein Produkt seiner Ansicht nach durchläuft, und der Internationalisierung der Unternehmung her. So ist es bspw. in der Reifephase eines Produktes naheliegend, die Produktion in das kostengünstigere Ausland zu verlagern.
- Fayerweather (1969; 1975) begründete in seinem **ressourcentransferorientierten Bezugsrahmen des internationalen Management** Direktinvestitionen mit der Möglichkeit länderübergreifender Ressourcentrans-

2 Vergleiche Ricardo (1817); Heckscher (1919); Ohlin (1931); Leontief (1956).
3 Bei Direktinvestitionen handelt es sich um Kapitaltransfers ins Ausland, die „vom Investor in der Absicht vorgenommen werden, einen unmittelbaren Einfluß auf die Geschäftstätigkeit des kapitalnehmenden Unternehmens zu gewinnen [...]" (Deutsche Bundesbank 1965, S. 19).

fers innerhalb multinationaler Untenehmungen. Durch diese Ressourcentransfers können Auslandsniederlassungen einer multinationalen Unternehmung Wettbewerbsvorteile gegenüber rein national tätigen Unternehmung erzielen.

- Die **monopolistische Vorteilstheorie** von Hymer (1976) [4] und Kindleberger (1972), welche der **Industrial Organization Theory** zuzuordnen ist [5], [6], begründet Direktinvestitionen mit zwei Hauptursachen: Die erste besteht in dem Motiv, durch Ausschaltung des Wettbewerbs im Gastland eine internationale Monopolstellung zu erlangen. Der zweite Grund wird darin gesehen, daß multinationale Unternehmungen über spezifische Vorteile (Wissensvorsprung, Kostenvorsprünge bei der Produktion, etc.) verfügen, die ihnen den Eintritt in internationale Märkte und somit die Kontrolle über diese Vorteile ermöglichen.

- Die **Theorie des oligopolistischen Parallelverhaltens** von Knickerbocker (1973) stellt einen weiteren Ansatz der Industrial Organization Theory dar. Knickerbocker stellt wie bereits Hymer und Kindleberger fest, daß viele multinationale Unternehmungen in oligopolistisch strukturierten Märkten tätig sind, in welchen zwei typische Verhaltensweisen zu Direktinvestitionen führen: Eine Unternehmung folgt einem Konkurrenten in ausländische Märkte („Follow-the-Leader-Strategie") oder das Eindringen eines ausländischen Konkurrenten in den heimischen Markt wird mit einer Direktinvestition in dessen lokalen Markt beantwortet („Cross-Investment-Strategie").

- Buckley und Casson (1976) bauen ihre **Internalisierungstheorie** auf den Transaktionskostenansatz von Coase (1937) und Williamson (1975) auf,

---

4   Hymer brachte bereits 1960 seine Dissertation zu diesem Thema zum Abschluß. Die Veröffentlichung erfolgte hingegen erst 1976.
5   Weiterentwicklungen des Ansatzes von Hymer und Kindleberger finden sich in Johnson (1970), Caves (1971) und Teece (1981).
6   Weitere Ansätze der Industrial Organization Theory werden in den Beiträgen von Jahrreiß (1984, S. 189ff.) und Stein (1998, S. 53ff.) dargestellt.

um das Entstehen von Direktinvestitionen zu erklären. Multinationale Unternehmungen beruhen auf der länderübergreifenden Internalisierung von Märkten (Buckley/Casson 1976, S.45) zur Reduktion von Transaktionskosten. Eine besondere Relevanz hat dabei die Verwertung von unternehmungsspezifischem Know-how. Die Verwertung von Know-how über den Markt – bspw. durch Lizenzvergabe – ist mit hohen Transaktionskosten für die Preisfindung und vor allem für die Eigentumssicherung verbunden. Daher ist die unternehmungsinterne Verwertung durch ein eigenes Engagement im Ausland ökonomisch sinnvoller.

- **Behavioristische Ansätze** widmen sich den komplexen Entscheidungsprozessen, welche zu Direktinvestitionen führen. Sie beschreiben die Auswirkungen der Organisationsstruktur, der Entscheidungsprozesse und der Position der Entscheidungsträger in der Unternehmung auf die unternehmungsinterne und -externe Ressourcenallokation (Jahrreiß 1984, S.253f.). Die behavioristischen Ansätze werden aufgrund ihres Erklärungsbeitrages in Abschnitt 2.1.1.3 ausführlich behandelt.
- Während die bisher dargestellten Ansätze die Internationalisierung lediglich partialanalytisch behandeln (vgl. Stein 1998, S.140f.), hat Dunning Aspekte der monopolistischen Vorteilstheorie, der Internalisierungstheorie und der Standorttheorie [7] in seine **eklektische Theorie der internationalen Produktion** integriert. Dunning arbeitet drei Faktoren heraus, die er als **Vorteilskategorien** bezeichnet (Dunning 1979, S.276). Durch die Verknüpfung dieser Vorteilskategorien ist Dunnings Ansatz in der Lage, die unterschiedlichen Internationalisierungsformen zu erklären (vgl. Tabelle 2-1).

---

7   Zur Standorttheorie siehe insbesondere Tesch 1980; Jahrreiß 1984; Welge/
    Holtbrügge 2003, S.55f.

		Vorteilskategorien		
		Eigentums-vorteil	Internalisie-rungsvorteil	Standortvorteil
Internationalisierungsform	Vertraglicher Ressourcen-transfer	Ja	Nein	Nein
	Export	Ja	Ja	Nein
	Direkt-investition	Ja	Ja	Ja

Tab. 2-1 Der Zusammenhang von Vorteilskategorien und Internationalisierungsform
(in Anlehnung an Perlitz 2000, S.128)

Die eingangs erläuterten Außenhandelstheorien haben vor allem zur theoretischen Modellbildung des Internationalen Management beigetragen. Ihre **praktische Relevanz** ist hingegen sehr begrenzt. Direktinvestitionstheorien konzentrieren sich auf die Frage nach der Intention und den Motiven von Auslandsaktivitäten. Ihre Ansätze zur Erklärung von Internationalisierungsentscheidungen und -prozessen haben für die praktische Betriebswirtschaft eine wesentlich höhere Relevanz. Die Beschränkung dieser Ansätze besteht allerdings in ihrer eindimensionalen Betrachtungsweise: Entweder konzentrieren sie sich auf einzelne Internationalisierungsphasen oder auf einen zwei-Länder-Fall. Die Realität internationaler Unternehmungstätigkeit stellt sich hingegen wesentlich komplexer dar und bedarf einer mehrdimensionalen Betrachtung bzgl. der Dimensionen Zeit und regionale Dispersion. Die zeitliche Dimension umfaßt den Internationalisierungsprozeß und die Entwicklung multinationaler Unternehmungen anstelle der isolierten Betrachtung einzelner Internationalisierungsentscheidungen oder -phasen. Durch die regionale Dispersion internationaler Niederlassungen ergeben sich Anforderungen an die Strukturen und die Strategien multinationaler Unternehmungen sowie Synergiepotentiale aus der weltweiten Kooperation der Niederlassungen. Erst in diesem Kontext zeigt sich die **Bedeutung der Informationsversorgung** in multinationalen Unternehmungen. In den dargestellten Direktinvestitionstheorien spielt die Informationsversorgung eine eher untergeordnete Rolle. Durch den Informationsbedarf von Investitionsentscheidungen kommt ihr zwar implizit eine Bedeutung zu, doch gehen lediglich die noch zu diskutierenden behavioristischen Ansätze explizit auf die Relevanz von Wissen und Informationen ein. Aufgrund der Erklärungslücken der Direktinvestitionstheorien hat sich das Forschungsinteresse zu einer multinationalen Betrachtungsweise verschoben. Diese Perspektive wird im folgenden Abschnitt zur Theorie der Multinationalen Unternehmung beleuchtet. Tabelle 2-2 stellt abschließend eine Auswahl der wichtigsten Internationalisierungstheorien dar.

2.1.1.1.2 Theorien der Multinationalen Unternehmung als Erklärungsansätze weltweit generierter Wettbewerbsvorteile

In den 80er Jahren verschob sich das Interesse im Forschungsfeld des internationalen Management von der Frage nach den Motiven der Internationalisierung zu der Frage nach dem erfolgreichen Management internationaler Unternehmungstätigkeit. Die Kernfrage lautete nicht mehr „warum?", sondern „wie?". Anlaß hierzu war der in zunehmendem Maße fest-

Theorie	Analyse-ebene	Erklärungs-faktoren	Management-implikationen
Produktlebenszyklus-theorie	Produkte	Stellung eines Produktes i. Pro-duktlebenszyklus	lebenszyklusorientierte Wahl der Internationali-sierungsform
Ressourcenorientier-ter Bezugsrahmen des internationalen Mana-gement von Fayerweather (binatio-nale Dimension)	Unterneh-mungen und Länder	Fähigkeit des Ressourcentrans-fers	Identifikation komparati-ver Ressourcenvorteile und deren Kombination zu international über-tragbaren Ressourcen-bündeln
Verhaltensorientierte Theorie der Internatio-nalisierung von Aharoni	Entscheidungs-prozesse in Un-ternehmungen	eingeschränkt rationales Verhal-ten zentraler Ent-scheidungsträger	Verbesserung der Infor-mationsversorgung der zentralen Entscheidungsträger
Lerntheorie der Inter-nationalisierung von Johanson/Vahlne	Entscheidungs-prozesse in Un-ternehmungen	Marktbindung und Marktwissen	Förderung von organisa-torischen Lernprozessen
„Diamant"-Ansatz der Internationalisierung von Porter	Branchen und Länder	Standortvorteile	Nutzung komparativer Standortvorteile des Heimatlandes
Standorttheorie der Internationalisierung	Länder	Standortvorteile	Nutzung komparativer Standortvorteile ausländischer Märkte
Monopolistische Vor-teilstheorie von Hymer und Kindleberger	Unterneh-mungen	Eigentums-vorteile	Aufbau und Sicherung unternehmungs-spezifischer Vorteile
Internalisierung-theorie von Buckley/Casson	Unterneh-mungen	Internalisierungs-vorteile	Wahl der Internalisie-rungsform in Abhängig-keit von Transaktions- und Koordinations-kosten
Eklektische Theorie der internationalen Produktion von Dunning	Unterneh-mungen	Eigentums-, Standort- und In-ternalisierungs-vorteile	Wahl der Internationali-sierungsform in Abhän-gigkeit von spezifischen Vorteilskategorien

Tab. 2-2   Synoptische Darstellung alternativer Theorien der internationalen Direktinvestition (Welge/Holtbrügge 2003, S. 75)

stellbare Trend zur Globalisierung und die Beobachtung, daß multinational operierende Unternehmungen in der Lage sind, Wettbewerbsvorteile zu generieren, über die national operierende Unternehmungen nicht verfügen.

Unter dem Begriff der **Globalisierung** wurden in den 80er Jahren die weltwirtschaftlichen Veränderungen und deren Auswirkungen auf nationaler Ebene diskutiert [8]. Einhergehend mit der Homogenisierung von Konsumentenpräferenzen, dem Abbau internationaler Handelshemmnisse und dem technischen Fortschritt in Informations-, Kommunikations- und Transporttechnologien eröffneten sich international tätigen Unternehmungen vollkommen neue Potentiale. Die Bedienung eines Weltmarktes anstelle einzelner, nationaler Exportmärkte ermöglicht – um nur ein Beispiel zu nennen – Kostensenkungspotentiale durch Größendegressionseffekte, die einen Wettbewerbsvorteil nationalen Unternehmungen gegenüber darstellen. Unternehmungen, die in einem derartigen Wettbewerb stehen, unterliegen damit einem **Globalisierungsdruck**: Sie müssen ebenfalls Kostensenkungen realisieren, um die Wettbewerbsvorteile der Mitbewerber zu kompensieren. Die Phänomene der Globalisierung bedingen sich damit gegenseitig und tragen zu einer **Eigendynamik** des Globalisierungsprozesses der Weltwirtschaft bei.

International tätige Unternehmungen unterliegen in den Zielländern ihrer Auslandsaktivitäten jedoch noch immer nationalen Einflüssen. Den nationalen Eigenarten einzelner Auslandsmärkte muß daher durch eine differenzierte Bearbeitung des Marktes Rechnung getragen werden. Für multinational agierende Unternehmungen ergibt sich hieraus ein Zielkonflikt

---

8   Eine ausführliche Diskussion des Globalisierungsbegriffes findet sich in Meffert 1993.

zwischen globaler Integration und lokaler Differenzierung. Die frühen Ansätze zum Management multinationaler Unternehmungen werden daher von einer **dichotomen Betrachtungsweise** dominiert (vgl. Kutschker 1995, S.654):

- Die **multinationale Dimension** des **ressourcentransferorientierten Bezugsrahmens des internationalen Management** von Fayerweather (vgl. Fayerweather 1975, S.181ff.) [9] beschreibt diese Dichotomie mit **unifizierenden** und **fragmentierenden Einflüssen**. Die unifizierenden Einflüsse führen zu einer weltweiten Standardisierung, welche Wettbewerbsvorteile durch multinationale Ressourcentransfers sowie Lern-, Kostendegressions- und Verbundvorteile ermöglichen. Dieser Standardisierung stehen die fragmentierenden Einflüsse entgegen, die eine Anpassung an lokale Gegebenheiten und Erfordernisse notwendig machen (vgl. Abbildung 2-2).
- Der **Integration-Responsiveness-Bezugsrahmen** von Prahalad/Doz (1987) basiert auf einem Portfolio-Konzept und spannt eine Matrix zur Herleitung von Strategietypologien auf [10] (vgl. Abbildung 2-3). In die Vierfelder-Matrix können beliebige Teilaspekte eines Problemfeldes wie z.B. Produkte, Branchen, Strategien, Organisationsformen und Sachfunktionen der Leistungserstellung in bezug auf den zugrundeliegenden Zielkonflikt eingeordnet werden.

Der positive Beitrag der dichotomen Ansätze zum Management multinationaler Unternehmungen besteht vor allem darin, den Zielkonflikt zwi-

---

9 Weitere Ansätze einer dichotomen Betrachtungsweise finden sich in Henzler/ Rall (1985), Leontiades (1985), Meffert (1986) sowie Yip (1992).

10 Die Herleitung idealtypischer Strategien der Globalisierung auf Basis von Portfolio-Konzepten ist kennzeichnend für diese Phase der Forschungsdiskussion (vgl. Paul 1998, S.33).

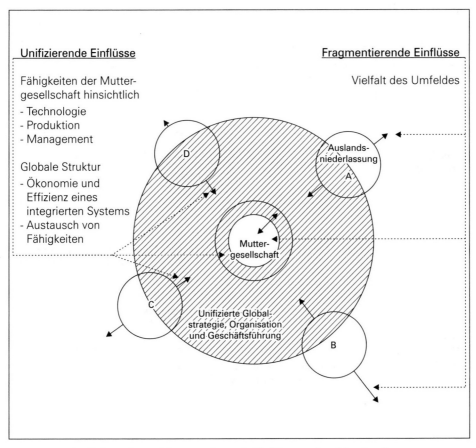

Unifizierende Einflüsse

Fähigkeiten der Mutter-
gesellschaft hinsichtlich
- Technologie
- Produktion
- Management

Globale Struktur
- Ökonomie und
  Effizienz eines
  integrierten Systems
- Austausch von
  Fähigkeiten

Fragmentierende Einflüsse

Vielfalt des Umfeldes

D

Auslands-
niederlassung
A

Mutter-
gesellschaft

C

Unifizierte Global-
strategie, Organisation
und Geschäftsführung

B

Abb. 2-2   Unifizierende und fragmentierende Einflüsse auf multinationale
            Unternehmungen
            (Fayerweather 1982, S. 7 (übersetzt))

schen globaler Integration und lokaler Differenzierung herausgestellt und
strategische Implikationen für das Management hergeleitet zu haben. Die
Beschränkung auf diese dichotomen Dimensionen verhindert jedoch ein

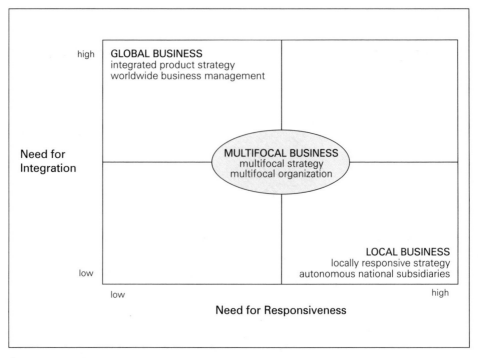

Abb. 2-3   Der Integration-Responsiveness-Bezugsrahmen von Prahalad/Doz
(in Anlehnung an Prahalad/Doz 1987, S.25)

tiefergehendes Verständnis des Problemfeldes (vgl. Paul 1998, S.37), so
daß weiterführende Ansätze von dieser Dichotomie losgelöst sind:

– Mit seiner **Theorie des globalen Wettbewerbs** vertritt Porter die Ansicht, daß die Branchenstruktur erheblichen Einfluß auf die Internatio-
nalisierungsstrategie von Unternehmungen hat. Für Unternehmungen,
die in globalen Branchen tätig sind, besteht die zwingende Notwendigkeit einer erfolgreichen Internationalisierung: Um dem Wettbewerbs-

druck standzuhalten, dürfen Auslandsaktivitäten nicht mehr als „ein Konglomerat aus unabhängigen Investitionen auf verschiedenen Märkten" verstanden werden (Porter 1989, S. 21). Vielmehr müssen die Integrationspotentiale aller Aktivitäten untersucht werden, so daß individuell festgelegt werden kann, an welchen Standorten diese Aktivitäten mit welchem Integrationsgrad realisiert werden. Diese weltweite Strukturierung der Wertaktivitäten bezeichnet Porter als **Konfiguration** (Porter 1989, S. 26f.). Sie führt zu Unternehmungsstrukturen mit einem hohen Grad an Verknüpfungen innerhalb der Unternehmung (vgl. Abbildung 2-4), die extensiver Koordinationssysteme bedürfen (Porter 1989, S. 27; Porter 1992, S. 471).

- Die **ressourcenorientierte Theorie der multinationalen Unternehmung** begründet die Wettbewerbsvorteile multinationaler Unternehmungen mit internen Faktoren. Unternehmungen werden als ein historisch gewachsenes Bündel materieller und immaterieller Ressourcen definiert, welches die Grundlage zur Erzielung von Wettbewerbsvorteilen ist. Abschnitt 2.1.1.3 stellt diesen Ansatz detaillierter vor.

- Kogut betrachtet in seiner **Theorie der operationalen Flexibilität** multinationale Unternehmungen als Netzwerk, wodurch er verstärkt innerorganisatorische Aspekte thematisiert (Roxin 1992, S. 142). Entscheidendes Merkmal internationaler Unternehmungstätigkeit ist nach Kogut nicht die mit der Internationalisierung wachsende Marktgröße, sondern die steigende Umweltvarianz (Kogut 1983, S. 47; 1989, S. 388). Um dieser erfolgreich begegnen zu können, müssen multinationale Unternehmungen ihre operationale Flexibilität erhöhen und Arbitragevorteile, d. h. Wettbewerbsvorteile durch die Ausnutzung nationaler Unterschiede, sowie auf Markt- und Verhandlungsmacht basierende Hebelwirkungsvorteile realisieren. Da diese Überlegungen im Kontext der vorliegenden Untersuchung von besonderer Bedeutung sind, werden sie in Abschnitt 2.1.1.3 eingehender beleuchtet.

– Die **Postmoderne Theorie des Internationalen Management** basiert auf Überlegungen der Philosophie und stellt eine zunehmende Komplexität und Widersprüchlichkeit der Umweltbedingungen im globalen Wettbewerb fest. Zur Erklärung multinationaler Wettbewerbsvorteile bedarf es daher einer pluralistischen Herangehensweise, die jedoch durch einen hohen Abstraktionsgrad geprägt ist. Die Postmoderne Theorie liefert daher eher Denkanstöße für innovative Ideen als theoretisch fundierte Handlungsempfehlungen (Welge/Holtbrügge 2003, S. 84ff.).

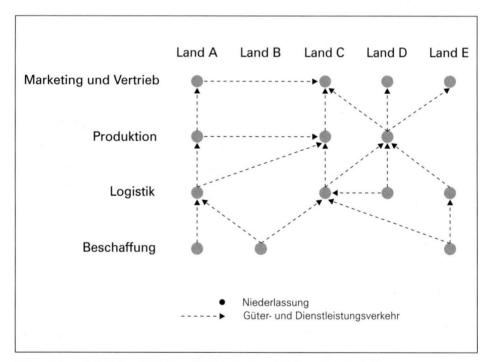

Abb. 2-4   Beispielstruktur einer Unternehmungskonfiguration nach Porter

Die Theorien der multinationalen Unternehmung zeigen, daß **Wettbe-werbsvorteile** im Kontext internationaler Unternehmungstätigkeit nicht nur auf den in Abschnitt 2.1.1.1.1 beschriebenen Merkmalen grenzüber-schreitender Aktivitäten basieren. Wettbewerbsvorteile resultieren vor al-lem aus dem Engagement multinationaler Unternehmungen **in mehreren Ländern**. Quellen dieser Wettbewerbsvorteile bestehen sowohl unterneh-mungsextern (z.B. Kostensenkungspotentiale durch die Zentralisierung der Produktion in Niedriglohnländern) wie auch unternehmungsintern (z.B. Nutzung weltweit generierter immaterieller Ressourcen). Sie kommen nicht nur gegenüber national tätigen Wettbewerbern zum Tragen, sondern sind auch für den Wettbewerb der multinationalen Unternehmungen un-tereinander relevant. Die in den theoretischen Ansätzen diskutierten Wett-bewerbsvorteile lassen sich zu vier **Kategorien** zusammenfassen:

- **Differenzierungsvorteile** entstehen durch die Ausnutzung national un-terschiedlicher Ressourcenausstattungen, Faktorkostenunterschiede und unterschiedlicher Technologieniveaus sowie der individuellen Be-arbeitung nationaler Märkte. Eine optimale Umsetzung dieser Vorteile setzt eine hohe lokale Anpassung voraus.
- **Skaleneffekte** basieren auf sinkenden Produktionskosten durch stei-gende Absatzzahlen auf den internationalen Märkten. Skaleneffekte setzen ein hohes Maß an Standardisierung voraus.
- Durch das konspirative Handeln international verstreuter Unterneh-mungseinheiten – z.B. durch die Bündelung von Beschaffungsaktivitä-ten – werden **Verbundvorteile** [11] ermöglicht.
- **Synergieeffekte** entstehen durch die Koordination von Unterneh-mungseinheiten. Koordinierte Entscheidungsprozesse und Informati-onsströme führen zu weltweiten, organisationalen Lernprozessen, die zur Innovation von Produkten, Prozessen und Strukturen sowie Kosten-

senkungspotentialen führen können (vgl. Welge/Holtbrügge 1998, S. 86).

Mit dieser Darstellung ist ein hinreichender Überblick über die theoretischen Ansätze zur Erklärung der Wettbewerbsvorteile multinationaler Unternehmungen, sowie die Arten relevanter Wettbewerbsvorteile gegeben. Tabelle 2-3 faßt die wichtigsten Theorien der Multinationalen Unternehmung zusammen.

2.1.1.1.3 Strategisches Management international tätiger Unternehmungen

Nachdem sich die bislang diskutierten Ansätze mit den Fragen beschäftigt haben, warum es zu internationaler Unternehmungstätigkeit kommt und über welche Wettbewerbsvorteile multinationale Unternehmungen verfügen, stand in den 1990er Jahren im Fokus des Forschungsinteresses die Frage, wie eine multinationale Unternehmung ausgestaltet werden kann (vgl. Abbildung 2-1). Die Ausgestaltung einer Unternehmung ist Gegenstand des strategischen Management[12]: Macharzina (1999, S. 489ff.) faßt

---

11 Ein einheitliches Begriffsverständnis und damit eine klare terminologische Trennung der Begriffe Skaleneffekte (bzw. economies of scale), Verbundvorteile (bzw. economies of scope) und Synergieeffekte läßt sich in der Literatur – insbesondere der zum Internationalen Management – nicht feststellen (vgl. Macharzina 1999, S. 251f.). Skaleneffekte können als reine Größendegressionseffekte aufgefaßt werden. Die Schwierigkeit der Trennung von Verbundvorteilen und Synergieeffekten zeigt sich hingegen bereits bei Ghoshal (1987, S. 434f.): Dieser faßt beide als Dimensionen einer einzigen Vorteilskategorie auf („internal" und „external economies of scope"). Im folgenden werden diese Vorteilskategorien als eigenständige Kategorien betrachtet werden, um ihrer Bedeutung gerecht zu werden.

12 Für einen Überblick über den aktuellen Stand der Strategieforschung siehe Al-Laham 1997; Welge/Al-Laham/Kajüter 2000b; Welge/Al-Laham 2001, S. 72ff.

Theorie	Analyse-ebene	Erklärungs-faktoren	Management-implikationen
Bezugsrahmen des internationalen Management von Fayerweather	Unternehmung	Unifikationsvorteile	globale Rationalisierung von Strukturen, Systemen und Prozessen
Theorie des globalen Wettbewerbs von Porter	Branche	Globalisierungs- und Lokalisierungsvorteile	Konfiguration und Koordination der Wertaktivitäten nach weltweiten Gesichtspunkten
Ressourcenorientierte Theorie der Multinationalen Unternehmung	Unternehmung	unternehmungsinterne Ressourcen und Kernkompetenzen	Förderung weltweiter organisatorischer Lernprozesse
Theorie der operationalen Flexibilität von Kogut	Unternehmung	Arbitrage- und Hebelwirkungsvorteile	Erhöhung der operationalen Flexibilität durch Aufbau von Netzwerkstrukturen
Postmoderne Theorie des Internationalen Management	Unternehmungen und Unternehmungsumwelt	Aufhebung des Raums, Verdichtung der Zeit und Individualisierung von Referenzen	simultane Verfolgung unterschiedlicher strategischer Ausrichtungen in verschiedenen Unternehmungsbereichen, Geschäftsfeldern, Regionen und Internationalisierungsstadien

Tab.   2-3   Synoptische Darstellung alternativer Theorien der multinationalen
Unternehmung
(Welge/Holtbrügge 2003, S. 87)

das strategische Management als **Gestaltungskonzept** [13] der Unternehmungsführung auf, in dessen Rahmen dargelegt wird, „wie die Führung der Unternehmung vollzogen werden sollte." (Macharzina 1999, S.489).

Dabei werden „aus einer konzeptionellen Gesamtsicht heraus die Planung, Steuerung und Koordination der Unternehmungsentwicklung" angestrebt (Welge/Al-Laham 1992, S. 15).

Im Kontext des Internationalen Management sind insbesondere zwei Führungs- bzw. Gestaltungskonzeptionen hervorzuheben die einen wesentlichen Erklärungsbeitrag zum strategischen Management in multinationalen Unternehmungen geleistet haben: der **EPG-Ansatz** von Perlmutter (1965; 1969; 1992) sowie das **idealtypische Strategiespektrum Multinationaler Unternehmungen** nach Bartlett/Ghoshal (Bartlett 1989; Bartlett/Ghoshal 1990).

Perlmutter untersuchte die Unterschiede multinationaler Unternehmungen auf der Ebene der Führungskräfte und konnte verschiedene Klassen der Führungsmentalität identifizieren. Die Mentalität der Führungskräfte ist Bestandteil der Unternehmungskultur und wirkt sich damit in allen Dimensionen der Unternehmung aus. Perlmutter unterschied zunächst drei Führungskonzepte:

– Die **ethnozentrische** Führungsmentalität wird durch die Kultur des Heimatlandes dominiert. Strukturen, Prozesse und Systeme werden vom Heimatland in die Auslandsniederlassungen übertragen. Die Auslandsniederlassungen werden als „Anhängsel" der Zentrale im Stammland betrachtet.
– Ziel der **polyzentrischen** Führungsmentalität ist die Anpassung der Prozesse, Strukturen und Systeme an die lokalen Anforderungen im Ausland. Die Auslandsniederlassungen sind weitgehend autark und bilden

---

13 Der Begriff des Gestaltungskonzeptes ist synonym zu Führungsmodell, Führungskonzept, Führungssystem oder Rahmenkonzept zu betrachten (Macharzina 1999, S. 489).

somit ein Konglomerat unabhängiger Investitionen (vgl. Porter 1989, S. 21).

– Die **geozentrische** Führungsmentalität basiert auf der Annahme weltweit universeller kultureller Standards (Welge/Holtbrügge 2001, S. 192). Die ausländischen Märkte werden mit standardisierten Produkten, Prozessen und Systemen bedient.

Der Ansatz von Perlmutter impliziert, daß multinationale Unternehmungen durch ihre spezifische Führungsmentalität bestimmte Kategorien von Wettbewerbsvorteilen unterschiedlich gut umsetzen können. So ist bspw. die polyzentrische Führungsmentalität insbesondere zur Realisierung von Differenzierungsvorteilen geeignet. Während Perlmutter vor allem die kulturelle Ebene in den Vordergrund seiner Überlegungen stellt, setzen **Bartlett/Ghoshal** auf der Ebene der Strategie an. Sie unterscheiden vier **Strategien**, welche als Grundlage von idealtypischen Unternehmungsmodellen interpretiert werden können [14]:

– Die **internationale Unternehmungsstrategie** faßt die internationalen Märkte lediglich als Anhängsel des nationalen Marktes auf. Sie werden weniger gezielt bearbeitet, als zum Abbau von Überproduktionen oder zur Kompensierung schrumpfender nationaler Nachfrage genutzt. Das mit dieser Strategie korrespondierende **Organisationsmodell** ist die **koordinierte Föderation** (Bartlett/Ghoshal 1990, S. 75). Die Auslandsniederlassungen dieses Organisationsmodells nehmen entsprechend

---

14   Die Modelle sind in der Realität selten in ihrer idealtypischen Form anzutreffen, sondern können nach Produkt, Funktion und Region variieren (vgl. Welge 1992, S. 572; Welge/Holtbrügge 2001, S. 132). Die grundlegende Gestalt der Typologie konnte jedoch in empirischen Untersuchungen belegt werden (Leong/Tan 1993; Harzing 2000).

den vorgenannten Ausführungen eine untergeordnete Rolle ein (vgl. Abbildung 2-5).

– Im Zentrum der **multinationalen Strategie** steht das Ziel, eigenständige Auslandsniederlassungen mit nationalem Image zu etablieren. Die Auslandsniederlassungen nehmen im Kontext der Gesamtunternehmung die Rolle autonomer Unternehmungen in einem Gesamtportfolio wahr, die eigenständig lokale Marktchancen erkennen und nutzen. Strategische Entscheidungen fallen daher nicht zentral, sondern de-

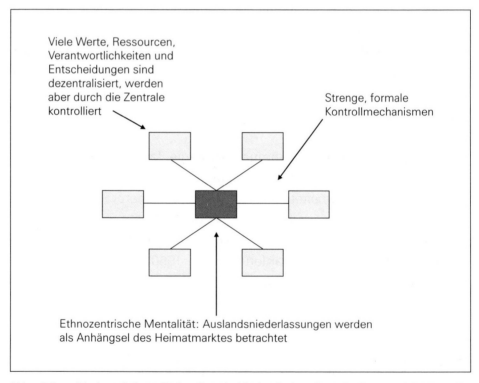

Abb. 2-5   Die koordinierte Föderation als idealtypisches Organisationsmodell internatio- naler Unternehmungen
(in Anlehnung an Bartlett/Ghoshal 1990, S. 76)

zentral in den Auslandsniederlassungen. Das multinationale **Organisationsmodell** ist eine **dezentralisierte Föderation** (vgl. Abbildung 2-6). Die weitgehende Autonomie der Auslandsniederlassungen führt dazu, daß die Zentrale eine untergeordnete Rolle spielt.

– Ziel einer **globalen Strategie** ist die rationelle Bearbeitung eines homogenen Weltmarktes. Die Auslandsniederlassungen stellen somit lediglich Kanäle zur Belieferung eines einheitlichen Weltmarktes dar. Zur einheitlichen Bedienung des Weltmarktes findet eine weltweite Formali-

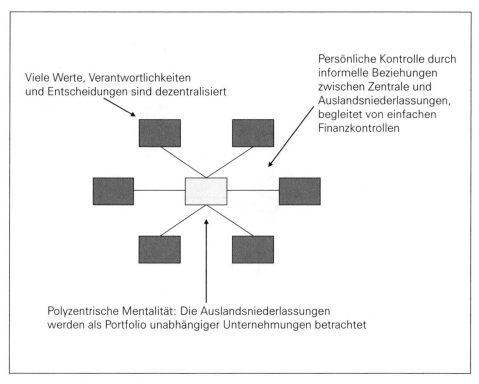

Abb. 2-6   Die dezentralisierte Föderation als idealtypisches Organisationsmodell multinationaler Unternehmungen
(in Anlehnung an Bartlett/Ghoshal 1990, S.74)

sierung und Standardisierung von Strukturen, Prozessen und Systemen statt. Auch das globale **Organisationsmodell** ist durch die Dominanz der Zentrale geprägt. Es läßt sich daher als **zentralisierte Knotenpunktstruktur** (vgl. Abbildung 2-7) charakterisieren.

– Eine **transnationale Strategie** wird weder durch den nationalen Heimatmarkt dominiert, noch ist sie auf einen der Pole des Spannungsfeldes zwischen Differenzierung und Integration beschränkt. Sie ist im Gegensatz zu den bisher genannten Strategietypen darauf ausgerich-

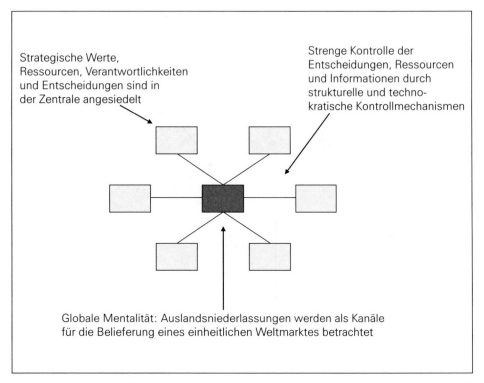

Strategische Werte, Ressourcen, Verantwortlichkeiten und Entscheidungen sind in der Zentrale angesiedelt

Strenge Kontrolle der Entscheidungen, Ressourcen und Informationen durch strukturelle und technokratische Kontrollmechanismen

Globale Mentalität: Auslandsniederlassungen werden als Kanäle für die Belieferung eines einheitlichen Weltmarktes betrachtet

Abb. 2-7   Die zentralisierte Knotenpunktstruktur als idealtypisches Organisationsmodell globaler Unternehmungen
(in Anlehnung an Bartlett/Ghoshal 1990, S.77)

tet, nationale Unterschiede, Skaleneffekte und Verbundvorteile **gleich-zeitig** zu nutzen. In Konsequenz sind die Rollen der einzelnen Unterneh-mungseinheiten nicht starr vorbestimmt, sondern werden individuell festgelegt. Die strategisch komplexe Zielsetzung erfordert eine Abkehr von den bisher dargestellten klassischen **Organisationsmodellen** und den Aufbau **integrierter Netzwerkstrukturen** (vgl. Bartlett/Ghoshal 1990, S.81ff.). Innerhalb einer Netzwerkstruktur nehmen die Auslands-niederlassungen im Kontext der differenzierten Rollenverteilung eine

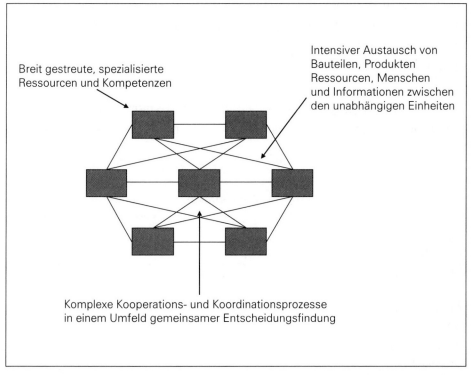

Abb. 2-8   Die integrierte Netzwerkstruktur als idealtypisches Organisationsmodell Transnationaler Unternehmungen
(in Anlehnung an Bartlett/Ghoshal 1990, S.119)

individuelle Funktion wahr. Ressourcen und Aufgaben werden weltweit dort positioniert und ggf. konzentriert, wo sie am effektivsten ein- bzw. umgesetzt werden können. Dabei können die Wertaktivitäten eines einzelnen Geschäftsprozesses über weltweit verstreute Unternehmungseinheiten abgewickelt werden.

Die Transnationale Unternehmung ist somit die ideale Gestaltungsalternative zur gleichzeitigen Realisierung der in den Abschnitten 2.1.1.1.1 und 2.1.1.1.2 diskutierten Wettbewerbsvorteile international tätiger Unternehmungen (Tabelle 2-4; vgl. Welge 2000, S.170). Vergleicht man die organisatorischen Interdependenzen innerhalb der unterschiedlichen Unternehmungsmodelle (vgl. Abbildungen 2-5 bis 2-8), dann liegt die Vermutung nahe, daß das Modell der Transnationalen Unternehmung höhere Anforderungen an die Informationsversorgung stellt als die übrigen.

Mit dieser Darstellung des strategischen Management multinationaler Unternehmungen ist der synoptische Überblick über das Internationale Ma-

	Differenzie-rungsvorteile	Skaleneffekte	Verbund-vorteile	Synergie-effekte
Internationale Strategie	–	–	–	–
Multinationale Strategie	+	–	–	–
Globale Strategie	–	+	+	–
Transnationale Strategie	+	+	+	+

Tab. 2-4   Eignung der dargestellten Unternehmungsmodelle zur Umsetzung grundlegender Wettbewerbsvorteile

nagement abgeschlossen. Diese einleitende und eher breit angelegte Betrachtungsweise soll im folgenden Abschnitt durch eine tiefergehende Diskussion ausgewählter Ansätze des Internationalen Management ergänzt werden. Dabei umfaßt die Auswahl solche Ansätze, die einen konkreten Erkenntnisbeitrag zum fokalen Thema „Informationsversorgung" leisten.

2.1.1.2 Informationsversorgung im Kontext ausgewählter Ansätze des Internationalen Management

In Abschnitt 1.1.2 wurde bereits dargelegt, daß eine Verknüpfung der Themen Internationales Management und Informationsversorgung in der wissenschaftlichen Literatur kaum festzustellen ist (Hasenkamp 1994, S. 147). Nur wenige Ansätze thematisieren explizit oder implizit die Bedeutung von Informationen bzw. der Informationsversorgung. Im folgenden wird daher auf drei theoretische Ansätze des Internationalen Management näher eingegangen, die einen Erkenntnisbeitrag zum Thema Informationsversorgung in multinationalen Unternehmungen leisten können:

- **Behavioristische Theorien** der internationalen Direktinvestitionen betrachten den Internationalisierungsprozeß weniger als rein rationalen Entscheidungsprozeß, sondern als dynamischen Anpassungsprozeß an die Umwelt, der auf Informationen und Wissen basiert.
- Die **ressourcenorientierte Theorie** der multinationalen Unternehmung faßt Informationen als immaterielle Ressource und damit als potentielle Quelle von Wettbewerbsvorteilen auf.

– Kogut beschreibt in seiner Theorie der **operationalen Flexibilität** die multinationale Unternehmung als Netzwerk, in welchem Informationsflüsse die Grundlage von Wettbewerbsvorteilen bilden können.

2.1.1.2.1 Behavioristische Theorien der internationalen Direktinvestition

Die behavioristischen Theorien der internationalen Direktinvestition sind, wie auch die in Abschnitt 2.1.1.1.1 angeschnittenen Transaktionskostenbzw. Internalisierungsansätze, der **Theorie der Firma** zuzuordnen. Als wesentlicher Kritikpunkt hinsichtlich der Transaktionskosten- und Internalisierungsansätze wird angeführt, daß diese den Entscheidungsprozeß, welcher zu einer Direktinvestition führt, auf nur ein Motiv zurückführen (vgl. Welge/Holtbrügge 2003, S. 71). Dieser Entscheidungsprozeß ist jedoch wesentlich komplexer, als daß eine Erklärung ausschließlich über Transaktionskosten möglich wäre. Eine Berücksichtigung dieser Komplexität findet durch die **behavioristischen Theorien** zur Erklärung von Direktinvestitionen statt. Diese beschreiben die Auswirkungen der Organisationsstruktur, der Entscheidungsprozesse und der Position der Entscheidungsträger in der Unternehmung auf die unternehmungsinterne und -externe Ressourcenallokation (Jahrreiß 1984, S. 253f.). Zu diesen Ansätzen zählen insbesondere die **verhaltensorientierte Theorie der Internationalisierung** von Aharoni (1966) und die **Lerntheorie der Internationalisierung** von Johanson/Vahlne (1977 und 1990).

Aharoni (1966) setzt nicht bei der Frage nach den Ursachen von Direktinvestitionen an, sondern untersucht, warum es trotz hoher Gewinnpotentiale eines internationalen Engagements **nicht** zu Direktinvestitionen kommt. Ausgangspunkt der Überlegungen ist, daß Unternehmungen soziale Systeme von Individuen mit eigenen Wertvorstellungen und Präferenzen sind. Diese Individuen handeln nicht im Sinne des „homo oeconomicus" nach rein rationalen Maßstäben, sondern werden von ihren eigenen Präferenzen und den sozialen Prozessen in der Unternehmung beeinflußt. Der Entscheidungsprozeß, der einer Direktinvestition vorausgeht, ist daher keine Abfolge logischer Schritte, sondern ein **sozialer Prozeß** (Aharoni 1966, S. 17). Aharonis Beobachtungen haben gezeigt, daß sich die Entscheidungsträger in diesem Prozeß tendenziell risikoavers verhalten: Entscheidungsträger stehen gewinnversprechenden Direktinvestitionen eher negativ gegenüber, da sie sich mit **unvollkommenen Informationen** konfrontiert sehen. Entweder fehlt ihnen die Motivation, die für eine Investitionsentscheidung relevante Informationsbasis zu erarbeiten oder sie sehen sich mangels internationaler Erfahrung nicht in der Lage, die Informationen adäquat zu interpretieren. Darüber hinaus ist die **Informationsverarbeitungs- und Problemlösungskapazität** der Entscheidungsträger begrenzt.

Zur Klärung der Frage, warum es dennoch zu Direktinvestitionen kommt, hat Aharoni ein **Modell des Investitionsentscheidungsprozesses** entwickelt, welches die folgenden vier Phasen umfaßt:

- Initialphase
- Bewertungsphase
- Entscheidungs- bzw. Investitionsphase
- Nachprüfungs- bzw. Verhandlungsphase

Besonders sei hier lediglich die **Initialphase** erwähnt, die den wesentlichen Beitrag von Aharonis Ansatz zur Erklärung von Direktinvestitionen darstellt. Aharoni hat in seiner Untersuchung festgestellt, daß in dieser Phase zumeist eine oder mehrere Führungskräfte als Promotoren einer Direktinvestition agieren, die von persönlichen Motiven – z. B. Prestigedenken, Auslandserfahrungen, Reiselust etc. – angetrieben werden. Als **Initialkräfte** dieser Phase identifiziert Aharoni vier Faktoren:

- Vorschläge externer Quellen (z. B. Unternehmensberater, ausländische Geschäftskontakte)
- Befürchtungen, ausländische Märkte zu verlieren
- Mitläufer-Effekte [15]
- Direktinvestitionen im Markt ausländischer Wettbewerber, die den lokalen Markt bedrohen [16]

Während die verhaltensorientierten Annahmen von Aharonis Ansatz z. T. nur schwer operationalisierbar sind, konnten die Mitläufer-Effekte und Kreuzinvestitionsstrategien durch die Untersuchungen zur Theorie des oligopolistischen Parallelverhaltens bestätigt werden (Knickerbocker 1973, Graham 1978; vgl. Abschnitt 2.1.1.1.1). Kritisch sei angemerkt, daß die Unsicherheit und Risikoaversion der Entscheidungsträger mit zunehmender internationaler Erfahrung abnehmen und sich der Erklärungsgehalt von Aharonis Ansatz daher vorwiegend auf Unternehmungen beschränkt, die sich in einem frühen Stadium der eigenen Internationalisierung befinden (Stehn 1992, S. 40; Bäurle 1996, S. 57). Aharoni kommt im Rahmen der Direktinvestitionstheorien vor allem das Verdienst zu, verhaltenswissenschaftliche Erkenntnisse einbezogen zu haben (Welge/Holtbrügge 2003, S. 62).

---

15 Vergleiche hierzu die Ausführungen zur Theorie des oligopolistischen Parallelverhaltens in Abschnitt 2.1.1.1.1 bzgl. der Follow-the-Leader-Strategie.
16 Vergleiche obenstehende Ausführungen zur Theorie des oligopolistischen Parallelverhaltens in Abschnitt 2.1.1.1.1 bzgl. der Cross-Investment-Strategie.

Im Kontext der vorliegenden Untersuchung ist hervorzuheben, daß durch die Untersuchung Aharonis zunächst die **Bedeutung der Informationsversorgung** für das internationale Management deutlich wird: Eine adäquate Informationsaufbereitung und -vermittlung erscheint vor dem Hintergrund der begrenzten Informationsverarbeitungs- und Problemlösungskapazitäten der Entscheidungsträger als unumgänglich, wenn internationale Investitionsentscheidungen auf einer möglichst rationalen Grundlage entstehen sollen.

Basierend auf dem behavioristischen Ansatz von Aharoni sowie den Untersuchungen von Cyert/March (1963) und Penrose (1959) haben Johanson und Vahlne 1977 die auch unter dem Namen „Uppsala-Modell" bekannte **Lerntheorie der Internationalisierung** entwickelt. Ausgangspunkt des Ansatzes waren empirische Studien der Internationalisierungsprozesse schwedischer Unternehmungen. Johanson/Vahlne stellten fest, daß es sich bei der Internationalisierung um einen graduellen Prozeß handelt, in welchem zum einen das Engagement in ausländischen Märkten und zum anderen die Distanz der Märkte vom Heimatland sukzessive zunehmen. Hierbei ließen sich zwei Typen von Internationalisierungsprozessen unterscheiden. Der erste **Internationalisierungsprozeß** umfaßt die konkreten Aktivitäten in einem Auslandsmarkt, die Johanson/Vahlne in vier Stufen unterteilen:

– keine Exportaktivitäten
– Export über unabhängige Vertreter
– Vertrieb über eigene Verkaufsniederlassung
– Auslandsproduktion

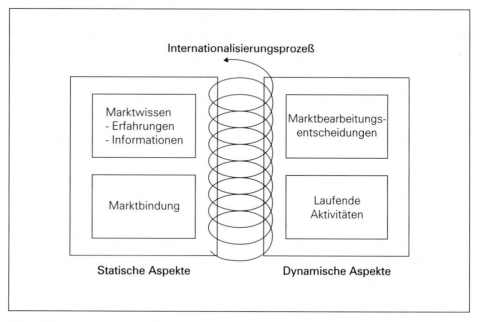

Abb. 2-9   Der Internationalisierungsprozeß nach Johanson/Vahlne
(in Anlehnung an Johanson/Vahlne 1977, S.26 und Bäurle 1996, S.69)

Mit Realisierung der einzelnen Stufen dieses von Johanson/Vahlne als „establishment chain" bezeichneten Prozesses wächst schrittweise das Engagement der Unternehmung im Ausland. Gleichzeitig wachsen jedoch auch die Auslandserfahrungen der Unternehmung. Der zweite Prozeß repräsentiert die **Reihenfolge der Länder,** in denen die Unternehmung nacheinander tätig wird. Hierbei zeigte sich, daß in frühen Phasen des Internationalisierungsprozesses zunächst Märkte in Ländern mit geringer psychischer Distanz [17] – also dem Heimatland nahe gelegene, vertraute Länder – bearbeitet werden, während entferntere Regionen erst später angegangen werden. Im Verlauf dieses Prozesses wächst demzufolge das **Wissen** der Unternehmung über ausländische Märkte, so daß sukzessive immer größere Distanzen zum Heimatmarkt gewagt werden.

Wie auch Aharoni, sehen Johanson/Vahlne den Internationalisierungsprozeß weniger auf rein rationalen Erwägungen fundiert. Vielmehr sehen sie ihn als einen dynamischen Prozeß der Anpassung an Veränderungen in der Umwelt. Das Erklärungsmodell von Johanson/Vahlne (vgl. Abbildung 2-9) umfaßt statische und dynamische Aspekte. Statische Aspekte sind das in einer Situation verfügbare **Marktwissen** in Form von Auslandserfahrungen der Unternehmung und vorhandenen objektiven Informationen über Auslandsmärkte sowie das tatsächliche Engagement in ausländischen Märkten (**Marktbindung**). Entscheidungen für eine Marktbindung werden auf Basis des vorhandenen Marktwissens getroffen. Sie beeinflussen direkt die dynamischen Aspekte des Modells, indem sie die **laufenden Aktivitäten** determinieren und zusammen mit diesen die Grundlage für weitere **Marktbearbeitungsentscheidungen** – also die nächsten Internationalisierungsschritte – bilden.

Weil durch entsprechende Marktbearbeitungsentscheidungen neue Auslandsmärkte erschlossen werden, führen diese Entscheidungen auch zu einem Anstieg des Marktwissens und damit zu neuen Möglichkeiten der Marktbindung. Zwischen den einzelnen Aspekten des Modells besteht demzufolge ein „interdependenter und zirkulärer Wirkungszusammenhang" (Welge/Holtbrügge 2003, S. 63), den man als **organisatorischen Lernprozeß** interpretieren kann. Wie auch der Ansatz von Aharoni, verdeutlicht die Lerntheorie der Internationalisierung von Johanson/Vahlne die **Bedeutung von Informationen und Wissen** im internationalen Kontext.

17 Das Konzept der psychischen Distanz geht zurück auf Beckermann (1956).

Die positive Korrelation von Internationalisierungsaktivitäten und Wissen läßt darüber hinaus den Schluß zu, daß die Internationalisierungsaktivitäten dadurch unterstützt und gefördert werden können, daß Gewinnung und Verarbeitung von Wissen durch geeignete Informationsversorgungssysteme optimiert werden. Neben diesem Erkenntnisbeitrag hinsichtlich der Bedeutung der Informationsversorgung werden durch die Lerntheorie der Internationalisierung auch die **Informationsarten**, die im internationalen Kontext relevant sind, ansatzweise diskutiert:

- Das **Marktwissen** wird unterschieden in Informationen und Erfahrungen. **Informationen** sind objektive Fakten, die übertragbar und somit lern- und lehrbar sind (vgl. Perlitz 2000, S. 131f.). **Erfahrungen** werden hingegen durch eigene Aktivitäten gewonnen und sind nicht unmittelbar übertragbar.
- Das Modell der psychischen Distanz, welches die geographische Reihenfolge des Eintritts in ausländische Märkte bestimmt, impliziert, daß auch **kulturelles Wissen** für die Internationalisierungsaktivitäten einer Unternehmung relevant ist.

Die Lerntheorie der Internationalisierung konnte in zahlreichen empirischen Untersuchungen in einer Vielzahl von Ländern nachgewiesen werden (vgl. Bäurle 1996, S. 71). Analog zu Aharoni muß jedoch auch bei Johanson/Vahlne kritisch [18] festgehalten werden, daß sich der Erklärungsbeitrag des Ansatzes vorwiegend auf die Anfangsphasen des Internationalisierungsprozesses beschränkt. Gerade in den frühen Phasen stellen mangelndes Wissen und unzureichende Auslandserfahrungen die kritischen Hürden für das Auslandsengagement dar (vgl. Welge/Holtbrügge

---

18 Für eine umfassende Darstellung der Kritik an der Lerntheorie der Internationalisierung siehe Bäurle 1996, S. 71ff.

2003, S.64). Kritisch zu würdigen ist auch der deterministische Charakter des Ansatzes, der sich bspw. in der Annahme zeigt, der dargestellte Internationalisierungsprozeß würde – einmal angestoßen – eine Eigendynamik entwickeln und unabhängig von strategischen Entscheidungen weiter ablaufen (Johanson/Vahlne 1990, S.12). Darüber hinaus stehen neuere empirische Untersuchungen im Widerspruch zu den Aussagen des Modells. So wurden Internationalisierungsprozesse beobachtet, in denen einzelne Stufen der „establishment chain" übersprungen werden (vgl. Bäurle 1996, S.71f.) oder die einzelnen Schritte nicht sequentiell sondern parallel ablaufen (vgl. Welge/Holtbrügge 2003, S.64 und S.147f.) [19].

2.1.1.2.2 Die ressourcenorientierte Theorie der multinationalen Unternehmung

Die Grundlage der ressourcenorientierten Perspektive geht zurück auf Penrose (1959, S.24ff.) und wurde insbesondere von Rumelt (1986), Wernerfelt (1984), Barney (1986) und Grant (1991) weiterentwickelt. Die Betrachtung multinationaler Unternehmungen aus einem ressourcenorientierten Blickwinkel basiert auf den Beiträgen von Tallman (1991) und Collis (1991). Ausgangspunkt der ressourcenorientierten Theorie ist die Kritik ihrer Vertreter an der Industrial-Organization-Theory. Diese wurde als unzureichend eingeschätzt, da sie die Unternehmungen in einzelnen Gruppen bzw. Branchen als homogene Einheiten betrachtet. **Wettbewerbsvorteile** implizieren jedoch, daß einige Unternehmungen in einer Gruppe erfolgrei-

---

19 Der dargestellten Kritik sowie dem Vorwurf der Vernachlässigung weiterer Internationalisierungsformen wie Joint Ventures, Lizenzierung, Franchising oder Akquisitionen begegnete die Uppsala-Schule mit einer Reihe von Ergänzungen des ursprünglichen Modells von 1977, die im Rahmen der vorliegenden Untersuchung nicht weiter diskutiert werden sollen. Für eine ausführliche Darstellung dieser Erweiterungen siehe Bäurle 1996, S.74ff.

cher sind als andere. Da alle Unternehmungen der Gruppe mit demselben Umfeld konfrontiert sind, können Wettbewerbsvorteile einzelner Unternehmungen nicht allein dadurch erklärt werden, daß diese sich besser an ihr Umfeld anpassen (vgl. Barney 1986, S. 1239). Die ressourcenorientierten Ansätze gehen vielmehr davon aus, daß die Ausnutzung **spezifischer Ressourcen** der Unternehmung wesentlich zur Generierung von Wettbewerbsvorteilen beiträgt.

Unternehmungen werden somit definiert als ein **historisch gewachsenes Bündel** materieller und immaterieller Ressourcen, welches die Grundlage zur Erzielung von Wettbewerbsvorteilen ist. Dabei lassen sich vier **Ressourcenklassen** unterscheiden (Bamberger/Wrona 1996, S. 386f.):

- **Materielle** (bzw. tangible) Ressourcen umfassen die physische Ausstattung, Anlagen und den Zugang zu Rohstoffen einer Unternehmung
- **Immaterielle** (bzw. intangible) Ressourcen sind Patente, Markenrechte, Image, spezielle Fähigkeiten sowie das Know-how der Unternehmung
- **Finanzielle** Ressourcen lassen sich in interne (freie Liquidität oder nicht ausgeschöpfte Fremdkapitalkapazität) und externe (Einlagen oder Risikokapital) untergliedern
- **Organisatorische** Ressourcen umfassen die Managementsysteme einer Unternehmung (Planungs- und Kontrollsystem, Informationssystem, etc.) sowie die Organisationsstruktur und -kultur

Die Nachhaltigkeit der auf einem firmenspezifischen Ressourcenbündel basierenden Wettbewerbsvorteile hängt davon ab, wie einzigartig, transferierbar, imitierbar und substituierbar diese Ressourcen sind (Bamberger/ Wrona 1996, S. 387f.). Eine besondere Bedeutung kommt in diesem Zusammenhang den **immateriellen bzw. intangiblen Ressourcen** zu (vgl. Welge/Holtbrügge 2003, S. 81). Neben dem expliziten Know-how einer Unternehmung, welches sich bspw. in Patenten oder Produktionsverfahren ausdrückt, stellt vor allem das Wissen der Mitarbeiter eine Ressource dar, die in der aktuellen Literatur mit zunehmendem Interesse betrachtet wird. Dieses implizite Wissen (vgl. Nonaka 1990, S.80) der Unternehmung ist einzigartig und nicht imitier- oder substituierbar. Multinational tätige Unternehmungen sind hier gegenüber rein national tätigen Unternehmungen im Vorteil: Durch ihr Engagement in unterschiedlichen Umfeldern können sie intangible Ressourcen dezentral entwickeln und kombinieren. Der Austausch und die Kombination von Wissen fördern **weltweite Lernprozesse** und sind damit Grundlage nachhaltiger Wettbewerbsvorteile (vgl. Collis 1991, S.50; Bamberger/Wrona 1995, S.390; Welge/Holtbrügge 2003, S.81f.).

Das Verdienst der ressourcenorientierten Ansätze besteht darin, die unternehmungsinterne Perspektive stärker in den Vordergrund der theoretischen Diskussion zu rücken. Die Fokussierung auf unternehmungsinterne Potentiale (Ressourcen, Fähigkeiten, Kompetenzen) bietet damit einen wesentlichen Beitrag zur Erklärung der Generierung von Wettbewerbsvorteilen (vgl. Rasche/Wolfrum 1994, S.510f.; Bamberger/Wrona 1996, S.390). Der Beitrag ressourcenorientierter Ansätze im Kontext des internationalen Management hebt die **Bedeutung von Informationen** durch die explizite Betonung immaterieller Ressourcen als Quelle möglicher Wettbewerbsvorteile hervor. Informationen werden nicht nur als Steuerungsgrößen für Ressourcentransfers betrachtet, sondern sie bilden die Grundlage für den Aufbau von Wissen und Know-how und damit spezifischer Wettbewerbsvorteile. Die **Informationsversorgung** muß der Bedeutung von Informationen gerecht werden und in der Lage sein, Aufbau und Nutzung dieser Ressource zu fördern.

Der zentrale Begriff des Ansatzes – die Ressource – ist gleichzeitig jedoch auch der zentrale Kritikpunkt der ressourcenorientierten Ansätze. Der Ressourcenbegriff wird nicht klar abgegrenzt (vgl. Rasche/Wolfrum 1994, S.511), und die Entwicklung, Verwertung sowie der Schutz von Erfolgspotentialen wird nur unzureichend erklärt (vgl. Bamberger/Wrona 1996, S.391; Link 1997, S.66ff.). Letztlich trifft auf den Ansatz eine Kritik zu, die analog zu der ist, welche die Vertreter der ressourcenorientierten Sichtweise den Industrial-Organization-Ansätzen vorgeworfen haben: Sind letztere rein unternehmungsextern ausgerichtet, beschränken sich die ressourcenorientierten Ansätze auf eine unternehmungsinterne Perspektive. Die Beschränkung auf diese eindimensionale Perspektive führt – wie schon im Fall der Industrial-Organization-Theory – zu der Vernachlässigung wichtiger Erklärungsfaktoren (vgl. Rasche/Wolfrum 1994, S.513).

2.1.1.2.3 Die Theorie der operationalen Flexibilität

Kogut betrachtet in seiner Theorie der operationalen Flexibilität multinationale Unternehmungen als Netzwerk und thematisiert damit verstärkt innerorganisatorische Aspekte (Roxin 1992, S.142). Entscheidendes Merkmal internationaler Unternehmungstätigkeit ist nach Kogut nicht die mit der Internationalisierung wachsende Marktgröße, sondern die steigende **Umweltvarianz** (Kogut 1983, S.47; 1989, S.388). Diese resultiert aus Wechselkursschwankungen, politischen Risiken und Interventionen, Marktverhalten multinationaler Wettbewerber etc. Um der steigenden Umweltvarianz erfolgreich begegnen zu können, müssen multinationale Unternehmungen ihre **operationale Flexibilität** erhöhen. Hierzu erfordert es einer Abkehr von zentralistischen und hierarchischen Organisationsmodellen und den Aufbau eines **multinationalen Netzwerkes** (vgl. Kogut 1989, S.384; Welge/Holtbrügge 2003, S.83).

Durch die operationale Flexibilität multinationaler Netzwerke können Wettbewerbsvorteile generiert werden, welche Kogut in zwei Gruppen unterteilt (Kogut 1985, S. 32ff.; Roxin 1992, S. 147ff.; Welge/Holtbrügge 2003, S. 83f.). **Arbitragevorteile** beruhen auf der Ausnutzung nationaler Unterschiede:

- Die **Faktormarktarbitrage** beruht auf einer Ausnutzung national unterschiedlicher Produktivitäten, Faktorausstattungen und -preise durch eine globale Beschaffungspolitik oder internationale Produktionsverlagerungen.
- Die **Steuerarbitrage** dient der Steuerminimierung durch Transferpreisgestaltung.
- Durch die Ausnutzung national unterschiedlicher Zinsniveaus und staatlicher Fördermaßnahmen ergibt sich die **Finanzmarktarbitrage**.
- Die **Informationsarbitrage** ist die Ursache dafür, daß einige multinationale Unternehmungen stärker wachsen und erfolgreicher sind als andere: Die Vielfalt der Umwelten, in denen multinationale Unternehmungen tätig sind, stellt ein enormes Potential an Wissen und Erfahrungen dar. Unternehmungen, die dieses Potential durch globale Lerneffekte zu nutzen wissen, erzielen einen wesentlichen Wettbewerbsvorteil (vgl. Ghoshal 1987, S. 431).

Hebelwirkungsvorteile basieren auf der größeren Markt- und Verhandlungsmacht multinationaler Unternehmungen:

- Durch **internationale Quersubventionierung (cross-subsidizing)** [20] können Überschüsse einzelner Länderengagements in anderen Märkten genutzt werden, um nationalen oder weniger flexibel agierenden internationalen Wettbewerbern empfindlich zu schaden.
- Analog kann im Rahmen einer **internationalen Preisdifferenzierung** bspw. der Preis in einem Markt, der für einen multinationalen Wettbewerber des Netzwerkes strategisch wichtig ist, gesenkt werden. Zur Unterstützung dieser Strategie können Mittel aus der internationalen Quersubventionierung eingesetzt werden.
- Der Netzwerkverbund fördert zudem die Möglichkeit der **Machtausübung** gegenüber lokalen Institutionen und Marktpartnern, da der Wert und die Stellung der lokalen Niederlassung von den Ressourcenströmen im Netzwerk abhängt.

Der wichtigste **Beitrag** von Koguts Ansatz ist seine Betrachtungsweise des Management multinationaler Unternehmungen. Sie ist losgelöst von der zuvor dominierenden Dichotomie zwischen Unifikation und Fragmentierung und begründet den höheren Erklärungsgehalt des Ansatzes. Im Kontext der vorliegenden Untersuchung sind zwei weitere Aspekte von besonderer Bedeutung:

- Kogut faßt multinationale Unternehmungen nicht mehr als Summe disperser Auslandsgeschäfte auf, sondern sieht sie als ein Netzwerk mit engen Verknüpfungen und Ressourcentransfers. Es ist zu erwarten, daß mit dem Anstieg von Netzwerkverknüpfungen und Ressourcen-

---

20 Vergleiche obenstehende Ausführungen mit der Theorie des oligopolistischen Parallelverhaltens (Cross-Investment-Strategie) in Abschnitt 2.1.1.1.1 sowie den Initialkräften in Aharonis verhaltensorientierter Theorie der Internationalisierung (Abschnitt 2.1.1.2.1)

transfers auch der Austausch von Informationen zur **Koordination und Kontrolle** zunimmt.

- Informationstransfers dienen nicht nur der Unterstützung von Netzwerkverknüpfungen und Ressourcentransfers, sondern Informationen sind eine immaterielle Ressource und damit selbst Quelle für **Wettbewerbsvorteile** durch Informationsarbitrage. Globale Lernprozesse, die dem Aufbau und der Nutzung dieser Ressource dienen, sind daher von strategischer Bedeutung.
- Die Realisierung von Hebelwirkungsvorteilen, d.h. der **Kollaboration** von Netzwerkeinheiten, setzt eine rege Kommunikation und den Austausch von Informationen voraus.

Die Theorie der operationalen Flexibilität wird in der Literatur jedoch auch kritisch diskutiert. Die Kritik bezieht sich dabei auf zwei wesentliche Schwächen. Zum einen ist die Ausgangsthese – entscheidendes Merkmal der Internationalisierung sei die steigende Umweltvarianz – nicht unumstritten. In einigen Bereichen (z.B. Arbeitskosten im Bereich moderner Fertigungsmethoden) schwinden nationale Differenzen und Unsicherheiten; die Umweltvarianz ist demzufolge zumindest in Teilen abnehmend (vgl. Roxin 1992, S.159f.). Zum anderen grenzt die rein unternehmungsinterne Betrachtungsweise externe Interdependenzen wie strategische Allianzen, Kooperationen und inter-organisatorische Netzwerke aus (vgl. Welge/Holtbrügge 2003, S.84; Roxin 1992, S.159ff.).

2.1.1.3 Zusammenfassende Betrachtung und Implikationen für das weitere Vorgehen

Die im vorhergehenden Abschnitt dargelegten Ansätze des Internationalen Management haben bereits die Bedeutung der Informationsversorgung im internationalen Kontext skizziert. Auch die Transnationale Unternehmung wurde mit den Ausführungen zum strategischen Management multinationaler Unternehmungen (Abschnitt 2.1.1.1.3) einleitend vorgestellt. Um die zentrale Fragestellung der vorliegenden Untersuchung nach den Anforderungen einer Transnationalen Unternehmung an die Informationsversorgung eingehend behandeln zu können, ist eine tiefergehende Betrachtung notwendig. Dieses erfordert, zunächst festzustellen, welche besonderen **Merkmale** eine Transnationale Unternehmung determinieren und damit ihre spezifischen Anforderungen begründen.

Ausgehend von dem Ansatz von **Bartlett/Ghoshal** (vgl. Abschnitt 2.1.1.1.3) lassen sich bereits zwei spezifische Merkmale einer Transnationalen Unternehmung feststellen: die Strategie und die Organisation. Die **Strategie** einer Transnationalen Unternehmung ist nicht auf einzelne Wettbewerbsvorteile fokussiert, sondern darauf ausgerichtet, alle in Abschnitt 2.1.1.1.2 erläuterten Vorteilskategorien (Differenzierungsvorteile, Skaleneffekte, Verbundvorteile und Synergieeffekte) gleichzeitig zu realisieren. Dieses Globalziel impliziert, daß die Teilziele und Teilstrategien nicht mehr homogen durch Differenzierung und Integration geprägt sind, sondern heterogen und damit wesentlich komplexer als in anderen Unternehmungsformen sind. Es ist anzunehmen, daß sich dieses auch in den Anforderungen der Transnationalen Unternehmung an die Informationsversorgung widerspiegelt.

Diese Komplexität schlägt sich auch in der **Organisation** der Transnationalen Unternehmung nieder: Vor dem Hintergrund der transnationalen Unternehmungsstrategie erscheint nur ein **integriertes Netzwerk** als geeignete Organisationsform (vgl. Welge/Holtbrügge 2003, S. 171f.). Die Netzwerkorganisation ermöglicht individuelle Teilstrategien und Rollen, d.h. analog zu Porters Überlegungen (vgl. Abschnitt 2.1.1.1.2) erfolgt eine weltweite Konfiguration der Wertaktivitäten. Bestimmte Aktivitäten werden integriert an einem oder wenigen Standorten realisiert, während andere differenziert vor Ort erfolgen. Das Netzwerk ist im Kontext des Ansatzes von Kogut (Abschnitt 2.1.1.2.3) Grundlage der **operationalen Flexibilität**, d.h. es ermöglicht die Generierung von Wettbewerbsvorteilen durch Arbitrage- und Hebelvorteile. Auch hinsichtlich der Organisation der Transnationalen Unternehmung sind somit spezifische Anforderungen an die Informationsversorgung zu erwarten: Informationen sind sowohl Steuerungsgrößen in einem weltweiten Netzwerk, als auch Ressourcen für die Generierung von Wettbewerbsvorteilen.

Während sich die bisherigen Überlegungen auf die Strategie und Organisation beschränken, implizieren die **behavioristischen Ansätze**, daß auch auf der Ebene des Individuums spezifische Merkmale in einer Transnationalen Unternehmung zu erwarten sind. Internationalisierungsentscheidungen und -aktivitäten hängen weniger von objektiven Analysen ab, sondern sie sind wissensbasierte, soziale Prozesse. In diesem Kontext kommt der **Führungsmentalität** nach Perlmutter (vgl. Abschnitt 2.1.1.1.3) eine besondere Bedeutung zu, denn sie bestimmt die individuelle Grundlage von Entscheidungsprozessen. Da die transnationale Strategie eine Fokussierung auf die Differenzierung ausschließt, liegt zunächst nahe, von einer weltweit einheitlichen Führungsmentalität in Transnationalen Unternehmungen auszugehen. Der von Perlmutter geprägte Begriff der geozentrischen Führungsmentalität ist jedoch in diesem Kontext unzureichend: Zwar sind

Führungskräfte geozentrisch eingestellter Unternehmungen am Nutzen der gesamten Unternehmung orientiert, doch werden durch die rein globale Perspektive lokale Besonderheiten vernachlässigt. Perlmutter hat diese Inflexibilität erkannt und das Konzept der geozentrischen Führungsmentalität zu einer **integrativ-geozentrischen** Sichtweise erweitert (Heenan/Perlmutter 1979, S. 66ff.), die stärker auch die individuellen Verhältnisse heterogener, internationaler Märkte berücksichtigt. Ethno-, poly- und geozentrische Führungsmentalitäten sind demzufolge zu einer **synergetischen** Führungsmentalität weiterzuentwickeln (vgl. Welge/Holtbrügge 2003, S. 189; Meffert 1990, S. 106f.; Schreyögg 1990, S. 389). Überträgt man diese Terminologie von der individuellen Ebene auf die Ebene der Unternehmung, dann kann für diese eine **synergetische Unternehmungskultur** [21] konstatiert werden, welche kulturelle Unterschiede der einzelnen Unternehmungseinheiten ermöglicht und damit die unterschiedlichen Prägungen der Führungskräfte als weltweite Ressource nutzbar macht (Welge/Holtbrügge 2003, S. 189f.). Die transnationale Unternehmungskultur ist somit einerseits wichtige Grundlage zum Aufbau **immaterieller Ressourcen** und andererseits selbst eine solche Ressource. Vor dem Hintergrund der **ressourcenorientierten Theorie** der multinationalen Unternehmung erscheint daher auch die Kultur als ein wichtiges Merkmal Transnationaler

---

21 Schmid (1996, S. 31ff.) merkt zu dem Verhältnis der Ansätze von Bartlett/ Ghoshal und Perlmutter kritisch an, daß in der Literatur häufig eine ungerechtfertigte Gleichsetzung der Ansätze festzustellen sei. Die ähnlich erscheinenden Klassifikationen von Bartlett/Ghoshal und Perlmutter seien jedoch nicht ineinander überführbar, da die Ansätze unterschiedliche Schwerpunkte setzten. Bartlett/Ghoshal betrachten die Branchenanforderungen, Perlmutter hingegen die Einstellung des Management als entscheidend. Trotz dieser – berechtigten – Kritik lassen sich nach Auffassung des Verfassers beide Ansätze zur Darstellung internationaler Unternehmungsmodelle heranziehen: Die Kultur einer multinationalen Unternehmung wird wesentlich geprägt durch die Mentalität ihrer Führungskräfte. Die Übertragung der Terminologie Perlmutters auf den Aspekt der Unternehmungskultur ist demzufolge durchaus legitim.

Unternehmungen. In den folgenden Überlegungen ist zu berücksichtigen, inwieweit sich aus der Kultur der Transnationalen Unternehmung Anforderungen an die Informationsversorgung ergeben und welche Bedeutung die Informationsversorgung für den Aufbau einer synergetischen Unternehmungskultur hat.

Die Transnationale Unternehmung ist somit determiniert durch die spezifische Ausprägung ihrer

– Strategie,
– Kultur und
– Organisation.

Diese spezifischen Merkmale lassen sich als **Dimensionen** eines **idealtypischen Modells der Transnationalen Unternehmung** interpretieren. Zur Konkretisierung des Konstruktes Transnationale Unternehmung werden diese im nun folgenden Abschnitt 2.1.2 eingehend diskutiert.

2.1.2 Dimensionen Transnationaler Unternehmungen

Die bisher angestellten Vorüberlegungen zum Internationalen Management dienten der theoretischen Fundierung sowie der Entwicklung einer geeigneten Systematik zur weiteren Betrachtung der Transnationalen Unternehmung. Diese Systematik führt – wie in Abschnitt 2.1.2.4 erläutert – zu einer Differenzierung der Merkmale einer Transnationalen Unternehmung in die Dimensionen Strategie, Kultur und Organisation. Basierend auf diesen Dimensionen wird in den folgenden Abschnitten das idealtypische Modell der Transnationalen Unternehmung im Detail untersucht und somit das erste Konstrukt des Ausgangsbezugsrahmens konkretisiert.

2.1.2.1 Strategie Transnationaler Unternehmungen

Strategien umfassen als Ergebnis des strategischen Planungsprozesses die Entwicklung konkreter Handlungsziele sowie die Festlegung von Aktivitäten und Ressourcenallokationen, um einen möglichst hohen Erreichungsgrad der fundamentalen Unternehmungsziele zu gewährleisten (Schreyögg 1984). Internationale Unternehmungsstrategien streben die Realisierung dieser Ziele durch eine Ausweitung des Spektrums auf unterschiedliche nationale Umwelten und einen übergeordneten Bezugsrahmen an (Leontiades 1985).

Der Zielerreichungsgrad hängt im internationalen Kontext davon ab, wie erfolgreich die in Abschnitt 2.1.1.1.3 zusammengefaßten Quellen von Wettbewerbsvorteilen ausgenutzt werden können:

– Differenzierungsvorteile
– Skaleneffekte
– Verbundvorteile
– Synergieeffekte

Sind internationale, multinationale und globale Unternehmungsmodelle, wie bereits dargestellt, durch die eindimensionale Ausrichtung der ihnen zugrundeliegenden Strategien geprägt, so steht im Mittelpunkt transnationaler Strategien die gleichzeitige Realisierung aller Vorteilskategorien. Durch die Berücksichtigung aller Vorteilskategorien kann gewährleistet werden, daß neben den Potentialen einer weltweiten Integration auch die einzelner Regionen, Länder, Märkte und Produkte individuell und differenziert erschlossen werden können. Betrachtet man die einzelnen Vorteilskategorien vor dem Hintergrund der strategischen Ziele einer Transnationalen Unternehmung, dann wird die resultierende Komplexität einer transnationalen Strategie deutlich (vgl. Tabelle 2-5). Eine Realisierung aller Vorteilskategorien bei gleichzeitig hohem Zielerreichungsniveau aller strategischen Ziele kann nur eine theoretische Idealvorstellung sein. In der Praxis ist vielmehr von konfliktären Zielbeziehungen und – damit verbunden – von unterschiedlichen Wirkungszusammenhängen zwischen den Vorteilskategorien und den strategischen Zielen auszugehen (vgl. Ghoshal 1987, S.437f.). Die Qualität des strategischen Management Transnationaler Unternehmungen hängt daher wesentlich von einem erfolgreichen Ausbalancieren der Maßnahmen zur Realisierung einzelner Vorteilskategorien unter Berücksichtigung der strategischen Ziele ab. Kernaufgabe des strategischen Management ist somit die Analyse der Zusammenhänge zwischen Zielen und Vorteilskategorien und die Planung und Implementierung von Strategien, die deren gleichzeitige Ausnutzung ermöglichen (Welge/Holtbrügge 2003, S.133).

Die bereits in Abschnitt 2.1.1.1.2 dargestellte grenzüberschreitende Konfiguration der Wertkette stellt dazu ein wichtiges Analysewerkzeug dar. Für die einzelnen Unternehmungsaktivitäten ist festzulegen, ob diese zentralisiert an einem oder parallel in mehreren bzw. allen Unternehmungsstandorten realisiert werden. Durch die Analyse der einzelnen Unternehmungsaktivitäten mit Hilfe der Wertkette lassen sich für die einzelnen Vorteilskategorien konkrete Ansatzpunkte für die Konfiguration identifizieren, wie die folgenden Beispiele zeigen:

		Quellen von Wettbewerbsvorteilen			
		Differenzie-rungsvorteile	Skaleneffekte	Verbund-vorteile	Synergie-effekte
Strategische Ziele	opera-tive Effizi-enz	Ausnutzung nationaler Faktorkosten-unterschiede	Ausbau und Ausnutzung potentieller Skaleneffekte in allen Aktivi-täten	Verhandlungs-macht auf Ab-satz- und Be-schaffungs-märkten durch Konspiration	Kostensen-kung durch Verteilung ge-meinsamer Kosten auf Produkte, Märkte oder Geschäftsbe-reiche
	Risiko-manage-ment	Management unterschiedli-cher Risiken, die durch-markt- oder politikinduzier-te Änderungen komparativer Vorteile ent-stehen	Ausbalancie-rung von Ska-leneffekten und strategi-scher sowie operativer Flexibilität	Portfolio-Diver-sifikation von Risiken und Chancen unter Berück-sichtigung von Verbund-vorteilen	Portfolio-Diver-sifikation von Risiken und Chancen un-ter Berück-sichtigung von Synergie-effekten
	Lern-effekte und Adap-tion von Innova-tionen	Lernen durch sozio-kulturell unterschiedli-che Manage-mentprozesse und -systeme	Ausnutzung von Erfah-rungsvorteilen (Kostenreduk-tion und Inno-vation)	Ausnutzung von Wissen unterschiedli-cher Organisa-tionseinheiten bzgl. gemein-samer Pro-dukt-, Markt- oder Ge-schäfts-bereiche	Gemeinsame Lerneffekte durch Ausnut-zung von Wis-sen in Organi-sationseinhei-ten unter-schiedlicher Produkt-, Markt- oder Geschäftsbe-reiche

Tab.   2-5   Strategische Ziele und Quellen von Wettbewerbsvorteilen im Rahmen transna-tionaler Strategien
(erweitert in Anlehnung an Ghoshal 1987, S.428)

- Generierung von **Differenzierungsvorteilen** durch **nationale Vertriebs-organisationen** in den internationalen Märkten
- Generierung von **Skaleneffekten** in Form von Kostensenkungen durch hohe Stückzahlen einer **zentralisierten Produktion**
- Generierung von **Verbundvorteilen** durch eine **zentralisierte Beschaffung**, die über eine bessere Verhandlungsposition den Lieferanten gegenüber verfügt
- Generierung von **Synergieeffekten** in Form von Lerneffekten durch die produktübergreifende **Zentralisierung von Forschungs- und Entwicklungsaktivitäten** an einem Standort

Neben diesen polaren Handlungsalternativen (Zentralisierung vs. Streuung) besteht die Möglichkeit, durch eine regionale Zentralisierung von Aktivitäten konfliktäre Ziele und Vorteilskategorien auszubalancieren. Ein Beispiel hierfür ist die regionale Zentralisierung des Vertriebs für eine soziokulturell gleichartige Ländergruppe, während andere Märkte weiterhin individuell bearbeitet werden. Neben den grundlegenden Entscheidungen, welche Funktionen in welchen Standorten anzusiedeln sind, ist auch innerhalb der Funktionen zu prüfen, ob einzelne Schritte der dort ablaufenden Prozesse in unterschiedlichen Ländern oder aber alle Prozeßschritte zentralisiert durchgeführt werden sollen. Mehrstufige Produktionsprozesse können daher ebenfalls einer weltweiten Konfiguration unterliegen [22].

Die Entscheidung für oder gegen eine Zentralisierung beschränkt sich im Kontext Transnationaler Unternehmungen allerdings nicht auf die von Porter beschriebenen Wertaktivitäten. Differenzierungs- und Integrationsvorteile können auf allen Unternehmungsebenen analysiert und entspre-

---

22 Eine ausführliche empirische Untersuchung der Konfiguration einzelner Funktionsbereiche findet sich in Paul (1998).

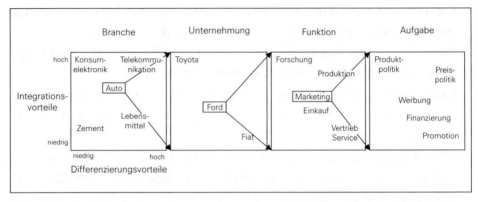

Abb. 2-10   Individuelle Bewertung von Integrations- und Differenzierungsvorteilen am
Beispiel der Automobilindustrie
(Ghoshal 1987, S. 429 (übersetzt))

chende strategische Implikationen abgeleitet werden (vgl. Abbildung 2-
10). Für Transnationale Unternehmungen besteht somit die Notwendigkeit
der individuellen Prüfung von strategischen Optionen für jedes Geschäfts-
feld, jede Wertaktivität, jeden Unternehmungsprozeß und jede Internatio-
nalisierungsphase (vgl. Welge/Holtbrügge 2003, S. 133f.).

Die individuelle Prüfung strategischer Optionen auf allen Analyseebenen
und die resultierende Konfiguration der Unternehmungsaktivitäten impliziert, daß die Unternehmungseinheiten Rollen mit unterschiedlichen Be-
deutungen und individuellen Kompetenzen wahrnehmen (vgl. hierzu Abschnitt 2.1.2.3).

Die Planung und Implementierung von Strategien geschieht in Transnationalen Unternehmungen dabei nicht isoliert auf der Ebene einzelner Gast-

länder, sondern aus einer **holistischen Perspektive**, die sich an der Effizienz der Gesamtunternehmung orientiert. Die Gesamtunternehmung ist als Ergebnis der Konfiguration eine weltweit operierende Unternehmung mit z.T. stark integrierten Wertaktivitäten und erheblichen materiellen und immateriellen Interdependenzen zwischen den Niederlassungen (vgl. Welge/Holtbrügge 2003, S. 133ff.). Für die Führungskräfte Transnationaler Unternehmungen ergibt sich hieraus ein komplexes Aufgabenspektrum: Einerseits ist in einzelnen Ländern ein stark differenziertes Marktauftreten notwendig, andererseits muß ein kontinuierliches Abwägen von Chancen und Risiken weltweiter Aktivitäten und Kooperationen innerhalb der Gesamtunternehmung erfolgen.

Zusammenfassend lassen sich folgende Merkmale einer transnationalen Strategie festhalten:

– Eine transnationale Strategie ist nicht auf die Realisierung einer einzelnen Vorteilskategorie fokussiert, sondern strebt die gleichzeitige Realisierung aller in Abschnitt 2.1.1.1.2 beschriebenen Vorteilskategorien an.

– Im Rahmen des strategischen Management wird für jedes Planungsobjekt individuell geprüft, ob eine Differenzierungs- oder Integrationsstrategie höhere Wettbewerbsvorteile verspricht. Eine Dominanz einer der beiden strategischen Optionen besteht im Gegensatz zu multinationalen oder globalen Strategien nicht.

– Im Kontext dieser **individuellen Dimension** können für die einzelnen Auslandsniederlassungen spezifische Strategien formuliert und damit unterschiedliche Wettbewerbsvorteile realisiert werden.

– Die kontinuierliche Berücksichtigung der Gesamtunternehmung bei der Planung und Implementierung der Einzelstrategien ermöglicht die gleichzeitige Realisierung aller Vorteilskategorien und optimiert somit die Effizienz der Gesamtunternehmung **(holistische Dimension).**

2.1.2.2 Kultur Transnationaler Unternehmungen

Die Stimmigkeit von Strategie und Kultur einer Unternehmung stellt ein essentielles Problem dar (Scholz 1997, S. 270). Im Kontext internationaler Unternehmungstätigkeit sind zunächst zwei Kulturbegriffe zu unterscheiden. Zum einen sieht sich eine multinational tätige Unternehmung mit mehreren, z. T. divergierenden **Landeskulturen** konfrontiert. Die Landeskultur ist eine Umweltvariable, welche die möglichen Differenzierungsvorteile bzw. Integrationsbarrieren bestimmt und damit wesentliche Anforderungen an das Auftreten einer multinationalen Unternehmung in dem jeweiligen Land stellt. Der zweite Kulturbegriff ist die **Organisationskultur**. In populärwissenschaftlichen Veröffentlichungen wird die Organisationskultur häufig mit den Wertvorstellungen und Intentionen der Gründer und Führungskräfte einer Unternehmung gleichgesetzt. Die ursprünglichen Wertvorstellungen der Unternehmungsgründer müssen jedoch nicht mit den Wertvorstellungen der Mitarbeiter übereinstimmen (vgl. Hofstede 1993, S. 140f.). Der Begriff der Organisationskultur ist demzufolge wesentlich breiter zu sehen. Ein allgemein akzeptierter Ansatz, das Phänomen Organisationskultur zur strukturieren, ist das 3-Ebenen-Modell von Schein (Schein 1984, S. 4ff.; Schreyögg 1995, S. 113ff.). Dieses unterscheidet drei Ebenen der Organisationskultur:

– das **Symbolsystem** mit sichtbaren Objekten und Verhaltensweisen wie Technologie, Corporate Design, Umgangsformen außerhalb der innerhalb der Unternehmung,

- die **Normen und Standards**, welche die kollektiven Wertvorstellungen und Verhaltensregeln umfassen sowie
- die **Basisannahmen** der Organisationsmitglieder.

Während die Symbole, Normen und Standards einer Organisation die alltäglichen Bräuche bestimmen, stellen die Basisannahmen die tiefste Ebene der Kultur dar, welche individuell und von der Kindheit an geprägt wird. Da die Mitarbeiter einer multinationalen Unternehmung diese Wertvorstellungen im Kontext der jeweiligen Kultur ihres Heimatlandes erworben haben, besteht ein enger Zusammenhang zwischen Landeskultur und Organisationskultur (vgl. Schreyögg 1993, S.150ff.). Im Kontext einer nationalen Unternehmung stellt die Unternehmungskultur eine Subkultur der Landeskultur dar. Im Falle einer multinationalen Unternehmung ist der Zusammenhang jedoch wesentlich komplexer: Die Unternehmung ist nicht nur mit einer einzelnen, sondern mit mehreren Landeskulturen konfrontiert.

Schreyögg (1990 und 1993) leitet zwei grundlegende Kulturmuster im Kontext multinationaler Unternehmungen ab: **pluralistische** und **universelle** Organisationskulturen. **Pluralistische** Organisationskulturen stellen darauf ab, die Auslandsniederlassungen weitgehend den Einflüssen der lokalen Landeskulturen zu öffnen. Die Auslandsniederlassungen entwickeln dadurch spezifische Subkulturen und bilden in der Summe eine multikulturelle Unternehmung mit einer polyzentrischen Führungsmentalität. Eine pluralistische Organisationskultur ist vor allem dann von Vorteil, wenn Differenzierungsvorteile gegenüber Integrationsvorteilen überwiegen. Idealtypische Strategie einer Unternehmung mit einer pluralistischen Organisationskultur ist die multinationale Strategie (vgl. Abschnitt 2.1.1.1.3). Im Rahmen einer multinationalen Strategie kann die pluralistische Kultur dadurch gefördert werden, daß die Führungskräfte der Auslandsniederlassungen in den Gastländern angeworben werden.

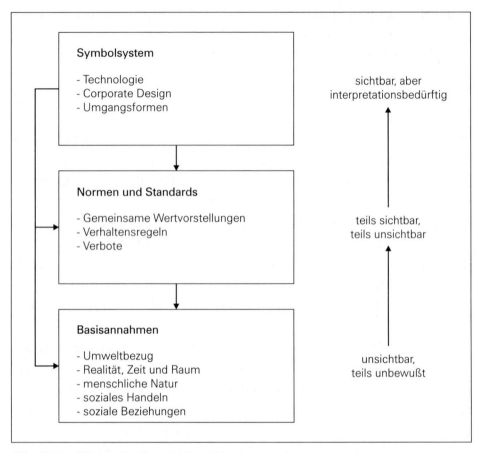

Abb. 2-11   Ebenen der Organisationskultur
(in Anlehnung an Schein 1984, S.4)

Die **universelle** Organisationskultur stellt die interne Konsistenz der Organisationskultur in den Vordergrund. Die Auslandsniederlassungen werden
dazu in eine in der Unternehmungszentrale entwickelte Kultur „hineinso-

zialisiert" (Schreyögg 1993, S. 156). Universelle Organisationskulturen unterstützen Strategien, die auf die Ausnutzung von Integrationsvorteilen abzielen und einen hohen Grad an Standardisierung und Vereinheitlichung erfordern. Sie sind daher kompatibel sowohl zu internationalen Strategien als auch zu globalen Strategien. Im Rahmen internationaler Strategien dominiert die durch das Stammland bestimmte Landeskultur (ethnozentrische Führungsmentalität), während im Falle globaler Strategien eine weltweit allgemeingültige Organisationskultur angestrebt wird, die nicht a priori mit der Landeskultur des Stammlandes übereinstimmen muß (geozentrische Führungsmentalität). Ein wichtiges Instrument zur Förderung universeller Organisationskulturen besteht in der Entsendung von Stammhausdelegierten.

Betrachtet man die beiden alternativen Kulturmuster im Kontext einer transnationalen Strategie, dann erscheint zunächst die **pluralistische Kultur** eine höhere Kompatibilität zu versprechen: Transnationale Unternehmungen bestehen aus Unternehmungseinheiten mit individuellen Strategien und Rollen. Folglich können Auslandsniederlassungen in Märkten mit hohen Differenzierungsanforderungen stärker durch die jeweilige Landeskultur geprägt werden. Sozio-kulturelle Unterschiede spielen in Transnationalen Unternehmungen eine wichtige Rolle, da erst die landeskulturelle Prägung die Wahrnehmung und Umsetzung von Differenzierungsvorteilen ermöglicht. Da die Auslandsniederlassungen einer Transnationalen Unternehmung jedoch kein Portfolio unabhängiger Unternehmungsteile sind – wie im Falle einer multinationalen Strategie –, sondern interdependente Teile eines Ganzen, ist der pluralistische Kulturbegriff **nicht hinreichend** zur Bestimmung einer transnationalen Unternehmungskultur.

Die vielfältigen Interdependenzen zwischen den Auslandsniederlassungen haben einen wesentlichen Einfluß auf die Anforderungen an eine Or-

ganisationskultur Transnationaler Unternehmungen. Da herkömmliche In-
tegrationsmechanismen durch die vielfältigen und z.T. unvorhersehbaren
Beziehungen zwischen den Unternehmungseinheiten überfordert werden
(Schreyögg 1993, S.162f.), kommt der Organisationskultur in Transnationalen Unternehmungen eine herausragende Bedeutung zu. Das Funktio-
nieren des komplexen Systems „Transnationale Unternehmung" erfordert,
daß die Subsysteme (Mitarbeiter ebenso wie Auslandsniederlassungen)
schneller und intuitiver agieren bzw. kooperieren, als formale Regelwerke
dies ermöglichen würden. Die Voraussetzung für diese Fähigkeit ist ein
gemeinsamer Verständigungshorizont (Schreyögg 1993, S.163), der
durch **universelle** Werte und Orientierungsmuster geschaffen werden
muß.

Die Kultur Transnationaler Unternehmungen hat folglich zwei Dimensionen:

- Die **pluralistische** Ebene der Kultur ermöglicht die Vielfalt der durch die
  lokalen Landeskulturen geprägten Subkulturen der Auslandsniederlassungen. Diese Vielfalt ist notwendig, um die Differenzierungsvorteile in
  lokalen Märkten wahrzunehmen und umzusetzen. Die pluralistische
  Ebene der Organisationskultur ist damit die kulturelle Inkarnation der
  individuellen Dimension der Strategie Transnationaler Unternehmungen.
- Die **universelle** Ebene der Kultur ist Voraussetzung der erfolgreichen
  Integration der weltweit verstreuten Ressourcen und Aktivitäten. Sie
  ist außerdem Grundlage einer Denkweise, die es Führungskräften
  Transnationaler Unternehmungen ermöglicht, über die nationalen
  Grenzen ihrer Niederlassung hinaus zu denken und so Chancen und Ri-
  siken im Kontext der Gesamtunternehmung wahrzunehmen. Die uni-

verselle Ebene der Organisationskultur ist damit die kulturelle Basis der **holistischen Dimension** der transnationalen Unternehmungsstrategie.

Durch das Zusammenwirken der beiden Kulturebenen erhält die transnationale Organisationskultur einen **synergetischen** Charakter. Die Vielfalt der sozio-kulturellen Unterschiede bietet ein erhebliches Potential an spezifischem Wissen und Erfahrungen. So lassen sich bspw. Managementtechniken einzelner Auslandsniederlassungen auf andere Länder übertragen. Mead umschreibt diesen Austausch als Anpassungs- und Lernprozeß: „Each unit learns from its locality and then makes the acquired knowledge accessible throughout the company;..." (Mead 2002, S.357). Die Nutzung dieser kulturellen Vielfalt wird erst durch die universelle Ebene der transnationalen Organisationskultur möglich – ohne diese würden die internationalen Subkulturen ohne nenneswerten kulturellen Austausch isoliert nebeneinander bestehen. Kulturelle Unterschiede werden damit in Transnationalen Unternehmungen bewußt als weltweit nutzbare Ressource aufgefaßt (Meffert, 1990, S.106f.; Welge/Holtbrügge 2003, S.190; Holzmüller/Berg 2002, S.885ff.) und in Wettbewerbsvorteile umgesetzt [23].

2.1.2.3 Organisation Transnationaler Unternehmungen

In Abschnitt 2.1.1.1.3 wurde bereits dargelegt, daß die Netzwerkstruktur [24] die idealtypische Organisationsstruktur der Transnationalen Unternehmung ist. Leitet man aus den in den beiden vorhergehenden Abschnitten erläuterten Charakteristika Transnationaler Unternehmungen Anforde-

---

23 Vergleiche hierzu auch die Ausführungen zur Theorie der operationalen Flexibilität von Kogut (Abschnitt 2.1.1.2.3).

rungen an die Organisationsstruktur ab, dann wird die **Stimmigkeit** von **Strategie, Kultur und Netzwerkstruktur** Transnationaler Unternehmungen deutlich:

– Die individuelle Dimension der Strategie sowie die pluralistische Ebene der Organisationskultur erfordern eine Organisationsstruktur, welche die Eigenständigkeit und individuelle Rollenverteilung der einzelnen Auslandsniederlassungen ermöglicht.
– Die holistische Dimension der Strategie sowie die universelle Ebene der Kultur erfordern eine Organisationsstruktur, die eine effiziente Koordination und Kooperation dieser eigenständigen Unternehmungseinheiten ermöglicht.
– Die Konfiguration der weltweiten Unternehmungsaktivitäten erzeugt Wertschöpfungsprozesse, deren Schritte auf verschiedene Unternehmungseinheiten verteilt sind.
– Strategie und Kultur Transnationaler Unternehmungen implizieren reziproke Interdependenzen materieller (Lieferung von Komponenten und Produkten) und immaterieller (Austausch von Know-how) Natur.

Als grundlegende **Definition einer Netzwerkstruktur** lassen sich die Unternehmungseinheiten als Knoten und die Beziehungen zwischen ihnen als Kanten eines Netzwerkes definieren. Mit dieser Basisdefinition allein läßt

---

24 Bei der Betrachtung von Netzwerken sind interorganisatorische und intraorganisatorische Netzwerke zu unterscheiden (vgl. Welge 1999a, S.120; Kutschker/Schmid 1999, S.393ff.). Interorganisatorische Netzwerke umfassen mehrere eigenständige Unternehmungen, zwischen denen netzwerkartige Verknüpfungen bestehen. Intraorganisatorische Netzwerke fokussieren auf die Verknüpfungen von Teileinheiten innerhalb einer Unternehmung. Da im Mittelpunkt der vorliegenden Untersuchung die Transnationale Unternehmung als eigenständige Unternehmung steht, beschränken sich die folgenden Ausführungen auf intraorganisatorische Netzwerke. Der Begriff „Netzwerk" wird daher im folgenden synonym zu „intraorganisatorisches Netzwerk" verwendet.

sich eine Netzwerkstruktur nicht hinreichend beschreiben, denn hiernach sind letztlich alle Organisationen auch Netzwerke (vgl. Nohria 1995, S.4f.; Baker 1995, S.399ff.). Aus der Vielzahl der z.T. divergierenden theoretischen Beiträge zur Netzwerkstruktur lassen sich jedoch spezifische Merkmale ableiten, die ein Netzwerk von anderen Organisationsformen abgrenzt (vgl. Welge/Holtbrügge 2003, S.176):

- Differenzierte Rollen der Netzwerkknoten
- Ausgeprägte Interdependenzen zwischen den Netzwerkknoten
- Dezentralisierung des strategischen Management
- Dominanz informaler Koordinationsinstrumente
- Weltweite organisatorische Lernprozesse

Diese Merkmale von Netzwerkstrukturen sollen in den nachstehenden Abschnitten näher erläutert werden.

2.1.2.3.1 Differenzierte Rollen der Netzwerkknoten

Die sich aus der Strategie Transnationaler Unternehmungen ableitende und bereits dargestellte **Konfiguration** der Wertaktivitäten (vgl. Abschnitte 2.1.1.1.2 und 2.1.2.1) führt zu international verteilten Wertschöpfungsprozessen. Die einzelnen Niederlassungen nehmen daher in einer **internationalen Aufgabenteilung** spezielle Funktionen wahr. Niederlassungen in Ländern mit hohem Bildungs- und Technologievau haben bspw. Zugriff auf hochqualifiziertes Fachpersonal und sind prädestiniert, Funktionen der Forschung und Entwicklung zu übernehmen. Niederlassungen mit produktspezifischem Markt-Know-how können konkrete Vermarktungsstrategien für dieses Produkt entwickeln. Welche Funktion eine Unternehmungseinheit erfüllt, hängt demnach von dem Niveau der lokal vorhande-

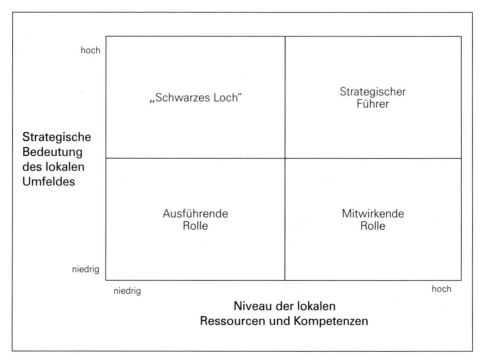

Abb. 2-12 Idealtypische Rollen von Niederlassungen in integrierten Netzwerkstrukturen (Bartlett/Ghoshal 1990, S. 139)

nen Ressourcen und Kompetenzen ab. Differenziert man zusätzlich nach der strategischen Bedeutung des lokalen Umfeldes der Niederlassung, dann lassen sich vier **idealtypische strategische Rollen** lokaler Niederlassungen unterscheiden (Bartlett/Ghoshal 1990, S. 138ff.; vgl. Abbildung 2-12).

Die Rolle des **strategischen Führers** kommt Niederlassungen zu, die über bedeutende lokale Ressourcen und Kompetenzen verfügen und darüber hinaus in einem Umfeld mit strategisch hoher Bedeutung agieren. Diese Niederlassungen nehmen häufig eine **lead-country-Funktion** (vgl. Meffert 1989, S.1424; Welge 1990b, S.8; Welge/Holtbrügge 2003, S.187) wahr, d.h. sie übernehmen zentralisiert die strategische und ggf. auch operative Verantwortung über eine bestimmte Unternehmungsfunktion (z.B. Zentralisierung der Forschungs- und Entwicklungs-Tätigkeiten).

Niederlassungen, die ebenfalls über ein hohes Maß lokaler Ressourcen und Kompetenzen verfügen, jedoch in einem Land von nur geringer strategischer Bedeutung agieren, kommt eine **mitwirkende Rolle** zu. Da sie über ein weit höheres Potential verfügen, als lokal umsetzbar wäre, werden Ressourcen und Kompetenzen derartiger Niederlassungen in internationalen Projekten eingesetzt (z.B. Unterstützung der Entwicklung eines Produktes in einem anderen Land). Diese Rolle wird daher auch als die der **strategischen Unterstützung** charakterisiert (vgl. Welge 1990b, S.8).

Niederlassungen, die weder über nennenswerte strategische Ressourcen oder Kompetenzen verfügen, noch in strategisch bedeutsamen Umfeldern agieren, befinden sich in einer **ausführenden Rolle**. Sie leisten damit keinen strategischen Beitrag zur Gesamtunternehmung, sind jedoch insofern wichtig, daß ihre operative Effizienz Grundlage der erfolgreichen Umsetzung der geplanten Strategien ist. Ihre Rolle kann daher auch als die der **strategischen Umsetzung** bezeichnet werden.

Bei Niederlassungen in der Rolle des **„schwarzen Loches"** handelt es sich um solche, die in einem strategisch wichtigen Umfeld agieren, jedoch nicht über die notwendigen Ressourcen bzw. Kompetenzen verfügen, um eine akzeptable strategische Position aufzubauen. Als Ausweg etablieren Unternehmungen in dieser Situation oft eine sensorische Präsenz in dem jeweiligen Land, um die lokalen Entwicklungen zu beobachten und ggf.

auch Implikationen für die Gesamtunternehmung zu analysieren. Diese passive Rolle verspricht jedoch kaum die Änderung der inakzeptablen Position, da aus der Beobachterrolle heraus keine Markterschließung möglich ist. Alternativen bestehen in der Bildung strategischer Allianzen oder dem sukzessiven Ausbau des Marktanteils, indem gezielt Marktnischen und Schwächen von Wettbewerbern ausgenutzt werden.

Aus der differenzierten Rollenverteilung integrierter Netzwerke ergibt sich die Notwendigkeit, den **Koordinationsanforderungen** mit differenzierten und flexiblen Instrumenten zu begegnen (Bartlett/Ghoshal 1990, S. 146ff.; Welge 1990b, S. 8f.). Der Einsatz traditioneller und einheitlicher Koordinations- und Kontrollmechanismen kann diesen Anforderungen nicht gerecht werden.

2.1.2.3.2 Ausgeprägte Interdependenzen zwischen Netzwerkknoten

Eng verbunden mit der transnationalen Unternehmungsstrategie ist die Zunahme der **Interdependenzen** zwischen den Niederlassungen. Ursachen dieser Verknüpfungen sind in

– der Zentralisierung bestimmter Aktivitäten (bspw. Global Sourcing),
– der Übertragung strategischer Rollen von der Zentrale auf die Niederlassungen,
– dem intensiven Austausch von Ressourcen im Rahmen weltweit gestreuter Unternehmungsprozesse und
– den Informationsanforderungen der Transnationalen Unternehmung auf lokaler und globaler Ebene

zu sehen. Neben dem Austausch materieller Ressourcen hat insbesondere der Austausch immaterieller Ressourcen eine erhebliche Bedeutung (vgl. Welge/Böttcher/Paul 1998). Der Austausch von Informationen und Know-how ist ein essentielles Instrument, um mit global operierenden Kunden und Wettbewerbern zu agieren, weltweite Chancen und Risiken wahrzunehmen und weltweite Innovationsprozesse zu fördern. **Immaterielle Verknüpfungen** zwischen Niederlassungen bestehen häufig auf rein **sozialer Ebene** in Form informaler Kontakte. Diese ermöglichen schnellere Kommunikationswege (Welge 1987, S.35) und unterstützen die Entwicklung einer gemeinsamen Organisationskultur.

Für eine Netzwerkstruktur typisch ist auch die Ausprägung der vorherrschenden Interdependenzen. Thompson (1967, S.54f.) unterscheidet drei Idealtypische Formen von Interdependenzen (vgl. Abbildung 2-13):

- **Gepoolte Interdependenzen** bestehen, wenn die Unternehmungseinheiten nicht direkt verknüpft sind, sondern die Austauschprozesse über eine dritte Einheit abgewickelt werden. Typisches Beispiel einer Organisationsstruktur, die durch gepoolte Interdependenzen dominiert wird, ist die koordinierte Föderation (vgl. Abbildung 2-5): Austauschprozesse bestehen hier lediglich zwischen der Zentrale und den Niederlassungen.
- **Sequentielle Interdependenzen** bestehen dann, wenn der Output einer Unternehmungseinheit den Input einer weiteren darstellt. Ein Beispiel hierfür sind international verteilte Produktionsprozesse.
- **Reziproke Interdependenzen** liegen vor, wenn zwischen den Unternehmungseinheiten wechselseitige Austauschprozesse vorliegen. Dieses ist bspw. im Rahmen international integrierter Forschungs- und Entwicklungsprojekte der Fall, die mit erheblichen Kommunikations- und Koordinationserfordernissen verbunden sind.

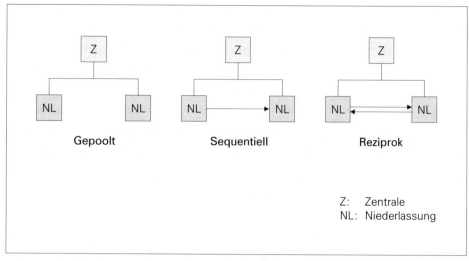

Abb. 2-13   Idealtypen organisatorischer Interdependenzen
(in Anlehnung an Thompson 1967, S.54f.)

Welge/Böttcher/Paul (1998) haben empirisch belegt, daß in Netzwerk-strukturen in zunehmendem Maße reziproke Interdependenzen vorzufin-den sind, während gepoolte und sequentielle Interdependenzen von eher untergeordneter Bedeutung sind. Hieraus ergeben sich in Transnationalen Unternehmungen erhebliche Anforderungen an die Kommunikationsstruk-turen (Welge/Holtbrügge 2003, S.177).

2.1.2.3.3 Dezentralisierung des strategischen Management

Angesichts der Komplexität weltweit konfigurierter Unternehmungspro-zesse, der differenzierten Rollenverteilung und reziproker Interdependen-zen ist anzunehmen, daß auch das **strategische Management** in Transnationalen Unternehmungen abweichend von traditionellen Vorstellungen erfolgt. Ist das strategische Management traditionell Domäne der Unternehmungszentrale, so zeigen empirische Studien, daß die Unternehmungszentrale hinsichtlich der Komplexität Transnationaler Unternehmungen mit dieser Aufgabe überfordert ist (Bartlett/Ghoshal 1987, S.58; White/Poynter 1990, S.99).

Der Unternehmungszentrale kommt damit in Transnationalen Unternehmungen eine andere Bedeutung zu. Sie ist nicht mehr alleiniger Aufgabenträger des strategischen Management, sondern kann allenfalls im Sinne einer **Kontextsteuerung** indirekt Einfluß auf den Prozeß der Strategieentwicklung nehmen (Willke 1989, Bartlett/Ghoshal 1987, S.58). In der Praxis ist dieser Wandel in der Rolle der Unternehmungszentrale darin zu beobachten, daß die Muttergesellschaften multinationaler Konzerne lediglich Corporate Centers oder Holdinggesellschaften darstellen. Aus dieser Perspektive betrachtet, stellt die – juristisch existierende – Unternehmungszentrale weniger eine hierarchisch übergeordnete Instanz dar, als eine Netzwerkeinheit, die spezialisiert bestimmte Aufgaben wahrnimmt, welche ihren Ressourcen und Kompetenzen entsprechen (vgl. Rall 1997, S.672). Im Extremfall kann auch diese Netzwerkeinheit dort angesiedelt werden, wo die besten rechtlichen, steuerlichen und finanzmarktlichen Bedingungen bestehen – die Bedeutung des Heimatlandes ist im Rahmen einer Transnationalen Unternehmung obsolet.

Anstelle der in der Unternehmungszentrale stattfindenden Strategieentwicklung werden strategische Entscheidungen in Transnationalen Unternehmungen **dezentral** von den Unternehmungseinheiten getroffen, die aufgrund ihrer Ressourcen und Kompetenzen die strategische Verantwortung für das Objekt der Strategie innehaben [25].

Diese Dezentralität strategischer Entscheidungen (Rall 1997, S.666) verdeutlicht Hedlund in seinem Konzept der **Heterarchie** (vgl. Hedlund 1986; 1993). Hedlund ist der Auffassung, daß die Organisationsform „Hierarchie" einer modernen multinationalen Unternehmung nicht gerecht wird. Da die in der Literatur vorzufindenden Definitionen des Begriffes Hierarchie nach seiner Auffassung unzureichend sind (Hedlund 1986, S.10ff.; 1993, S.212), arbeitet Hedlund zunächst Merkmale der Hierarchie heraus und verdeutlicht anhand dieser die **Unzulänglichkeit der Hierarchie** zur Steuerung Transnationaler Unternehmungen (Hedlund 1993, S.224ff.):

– **Prädetermination und Stabilität**: In einer hierarchischen Organisation ist die Aufgabenstellung und Rolle einer Teileinheit klar vorherbestimmt und stabil. Auf integrierte Netzwerkstrukturen treffen diese Annahmen nicht zu: Die Aufgabenstellungen der Niederlassungen Transnationaler Unternehmungen sind wesentlich komplexer. Sie sind durch die gegenseitigen Abhängigkeiten bei der Aufgabenerfüllung und durch ein instabiles, dynamisches Umfeld geprägt. Das integrierte Netzwerk ist daher nicht als ein ausgewähltes Instrument zur Steuerung Transnationaler Unternehmungen zu verstehen, sondern als Meta-Institution, innerhalb derer eine kontinuierliche Auswahl geeigneter Steuerungsmechanismen stattfindet (Hedlund 1993, S.225).

– **Instrumentarisierung und Additivität**: Die Teileinheiten einer Hierarchie sind die Instrumente der Unternehmungszentrale und verfügen nicht über eigene Ziele. Ihr Beitrag zur Unternehmung ist vorherbestimmt und additiv, d.h. weder ist ein außergewöhnlicher Beitrag zum Gesamterfolg der Unternehmung zu erwarten, noch hätte der Wegfall dieses Beitrages weitergehende Konsequenzen. Die Niederlassungen Transnationaler Unternehmungen sind jedoch keinesfalls Instrumente

---

25 Vergleiche hierzu die Rolle des „Strategischen Führers" in Abschnitt 2.1.2.3.1.

einer übergeordneten hierarchischen Ebene. Sie nehmen – wie bereits dargestellt – vielfältige Aufgaben und Rollen war. Die gegenseitigen Verknüpfungen innerhalb des integrierten Netzwerkes implizieren einen systematischen und synergetischen Zusammenhang zwischen den Einheiten: Die Kooperation der Einheiten generiert Erfolgsbeiträge, die über einen rein additiven Zusammenhang hinausgehen.

- **Universalität und Unidirektionalität:** Einer Hierarchie liegt ein universelles Ordnungsmuster zugrunde: Jede Einheit ist einer bestimmten Einheit auf einer hierarchisch höheren Ebene untergeordnet. Steuerung und Kommunikation erfolgen unidirektional von der Spitze bis zur untersten Ebene. Dieses Ordnungsmuster steht im Widerspruch zu einer integrierten Netzwerkstruktur. Die Einheiten einer Transnationalen Unternehmung übernehmen als Kompetenzzentren strategische Verantwortung für bestimmte Teilbereiche. Strategische Steuerung findet damit nicht vertikal, sondern horizontal statt. Zudem können die Einheiten für bestimmte Teilbereiche die Rolle der strategischen Führung übernehmen, während sie in anderen Teilbereichen lediglich eine mitwirkende oder ausführende Rolle innehaben. Die Teileinheiten eines integrierten Netzwerkes nehmen also gleichzeitig über- und untergeordnete Rollen in strategischen Prozessen ein. Da die Aufgaben- und Rollenverteilung in Transnationalen Unternehmungen nicht vorherbestimmt und stabil ist, unterliegt sie einer Dynamik, die eine Isolierung einzelner hierarchischer Ketten nahezu unmöglich macht.

- **Koinzidente Hierarchien von Wissen, Handlungen und Menschen:** Eine Hierarchie läßt sich als Instrument zur Informations- und Arbeitsteilung interpretieren. Die Spitze der hierarchischen Pyramide verfügt über das größte Wissen der Unternehmung. Die Aufgaben der Unternehmung werden auf jeder Ebene der hierarchischen Pyramide in Teilaufgaben aufgespalten und von den Einheiten auf diesen Hierarchieebenen bearbeitet. Den untergeordneten Einheiten wird dabei lediglich das Teilwissen zur Verfügung gestellt, welches sie zur Aufgabenerfüllung benötigen. Das Wissen unterliegt demzufolge einer den Aufgaben analogen Hierarchie. Diese Koinzidenz läßt sich im theoretischen Modell auch auf die Menschen in einer Hierarchie übertragen: Die Spitze einer Unternehmung ist kompetenter, und sozial besser gestellt als die Mitarbeiter auf der untersten Ebene. Im Gegensatz dazu besteht eine Koinzidenz der Hierarchien von Wissen, Handlungen und Menschen in integrierten Netzwerken nicht. Dieses wird besonders anhand der Verteilung des Wissens in integrierten Netzwerken deutlich. Die Einheiten des Netzwerkes verfügen über differenziertes Wissen bzgl. ihres lokalen Umfeldes und spezifisches Know-how zur Erfüllung ihrer Aufgaben. Die Komplexität des Netzwerkes macht es unmöglich, daß dieses Wissen koinzident zur hierarchischen Position in einer übergeordneten Einheit gebündelt wird. Die Vorstellung, die Summe des Wissens einer Transnationalen Unternehmung ließe sich in einer Unternehmungszentrale bündeln, ist unrealistisch (Hedlund 1993, S.227). Darüber hinaus stellt gerade das Wissen auf lokaler Ebene eine wichtige Quelle für Wettbewerbsvorteile und Innovationen dar. Durch moderne Informationstechnologien kann dieses Wissen überall und sofort im integrierten Netzwerk verfügbar gemacht werden. Eine der Hauptaufgaben der hierarchischen Spitze – die Auf- und Verteilung von Wissen – ist damit obsolet. Die Kombination des Wissens unterschiedlicher Netzwerkeinheiten, die in vollkommen unterschiedlichen Umfeldern agieren, generiert Innovationen, die in hierarchischen Systemen nicht denkbar wären. Die Organisation wird damit zu einer Arena des Kreierens und Experimentierens anstelle der starren Ausnutzung von Wissen.

Hedlunds Ausführungen belegen, daß eine Transnationale Unternehmung nicht in das Konzept der Hierarchie paßt. Aus diesem Grunde stellt er diesem sein **Modell der Heterarchie** gegenüber. Dabei geht es ihm weniger um die strukturellen als vielmehr um die interaktionistischen Aspekte von Netzwerken (Welge/Holtbrügge 1998, S.170). Eine Heterarchie besteht aus einer Vielzahl von Zentren, so daß es sich nicht um eine monarchisch, sondern polyarchisch strukturierte Organisationsform handelt (Hedlund 1986, S.21). Eine Heterarchie stellt demzufolge – im Gegensatz zur Hierarchie – ein mehrdeutiges Konstrukt dar (Hedlund 1993, S.229). Trotz dieser Mehrdeutigkeit arbeitet Hedlund **grundlegende Merkmale** heraus, die eine Heterarchie beschreiben (Hedlund 1993, S.229ff.):

- **Multidimensionalität der Organisationsprinzipien:** Die Teile einer Heterarchie sind entlang drei primärer Dimensionen angeordnet: Wissen, Handlungen und Position der Autorität. Alle anderen Ordnungsmerkmale (Geographie, Produkt, Funktion etc.) lassen sich auf diese Dimensionen zurückführen.

- **Asymmetrische Anordnung der Einheiten entlang den Dimensionen:** Einheiten einer Heterarchie können unterschiedliche oder gleiche Positionen innerhalb der drei Dimensionen einnehmen. In Hierarchien hingegen ist die Anordnung innerhalb dieser Dimensionen koinzident.

- **Temporäre Subordination und gleichzeitige Sub- und Superordination:** Die Einheiten einer Heterarchie können für bestimmte Teilaufgaben die strategische Verantwortung übernehmen, während sie in anderen Teilbereichen eine untergeordnete Rolle wahrnehmen. Die Sub- und Superordination ist weder vorherbestimmt noch permanent – sie richtet sich dynamisch nach den Anforderungen der Aufgabenstellung.

- **Intransitivität und Zirkularität:** Aus dem Ordnungsverhältnis zwischen zwei Einheiten läßt sich nicht auf das Ordnungsverhältnis einer dieser Einheiten und einer dritten schließen. Im Gegensatz zu einer Hierarchie ist es möglich, daß zirkuläre Ordnungszusammenhänge zwischen Teileinheiten bestehen.

- **Horizontalität:** Während in Hierarchien Steuerungsimpulse ausschließlich vertikal erfolgen, bestehen in Heterarchien auf horizontaler Ebene vielfältige Beziehungen zwischen den Einheiten zur Steuerung und zur Umsetzung von Aufgaben. Entscheidungen werden von denjenigen Einheiten getroffen, die über die besten Ressourcen zur Lösung der jeweiligen Problemstellung verfügen (Welge/Holtbrügge 2003, S. 179).
- **Normative, zielgeleitete Integration:** Kohäsion und Schutz vor Anarchie in der Heterarchie werden durch normative Integration, d.h. gemeinsame Ziele, Wissen, Kultur und intensive Kommunikation erreicht.

Das **strategische Management** erfolgt in integrierten Netzwerken demzufolge nicht zentralisiert und top-down, sondern getragen durch eine Vielzahl von Unternehmungseinheiten. Diese „strategischen Führer" übernehmen die strategische **Verantwortung** für Teilbereiche der Gesamtunternehmung (bspw. Produkte, Funktionen oder Märkte). Sie nehmen diese Rolle **temporär** wahr, solange sie über die bestmöglichen Ressourcen für diese Aufgabe verfügen. Das strategische Management im Sinne einer Heterarchie zeigt damit deutliche Parallelen zum menschlichen Gehirn [26]: Das menschliche Gehirn verfügt über eine Vielzahl spezialisierter Bestandteile (Sprachzentrum, Sehzentrum, etc.), welche in Abhängigkeit von Situation und Aufgabe eine dominierende Stellung erlangen können (Welge/ Holtbrügge 1998, S. 170).

---

26 Hedlund entwickelte das Konzept der Heterarchie inspiriert durch Beiträge zur neurologischen Forschung (Hedlund 1986, S. 25).

2.1.2.3.4 Dominanz informaler Koordinationsinstrumente

Einhergehend mit dem Bedeutungsverlust der Unternehmungszentrale in multinationalen Unternehmungen läßt sich ein Bedeutungswandel der **Koordinationsinstrumente** feststellen (vgl. Martinez/Jarillo 1989; Hedlund 1993, S. 214; Welge/Holtbrügge 2003, S. 183ff.; Welge 1999b). Hamel/Prahalad haben bereits 1983 in einer empirischen Studie zur Effizienz von Koordinationsinstrumenten in multinationalen Unternehmungen festgestellt, daß strukturelle und technokratische Koordinationsinstrumente vorwiegend in homogenen und stabilen Umfeldern eine hohe Effizienz aufweisen. In Umfeldern strategischer und organisatorischer Mehrdeutigkeit – wie sie für Transnationale Unternehmungen typisch sind – haben hingegen eindeutig **informale** Koordinationsinstrumente wie Kultur und Personalmanagement eine **höhere Effizienz** (vgl. Abbildung 2-14).

Dieses Ergebnis geht konform mit den Aussagen des Konzeptes der Heterarchie von Hedlund (vgl. Abschnitt 2.1.2.3.3), welches informale Koordinationsmechanismen zur normativen und zielgerichteten Integration der Netzwerkeinheiten impliziert. Auch Bartlett/Ghoshal (1990, S. 211ff.) haben in ihrer Untersuchung festgestellt, daß insbesondere den informalen Koordinationsmechanismen eine hohe Bedeutung im Kontext integrierter Netzwerke zukommt. Gerade die Koordination von Informationsflüssen entziehe sich formalisierten oder standardisierten Koordinationsverfahren.

Typische informale Koordinationsinstrumente sind:

- unternehmungsweite, universelle Unternehmungskultur
- Sozialisation

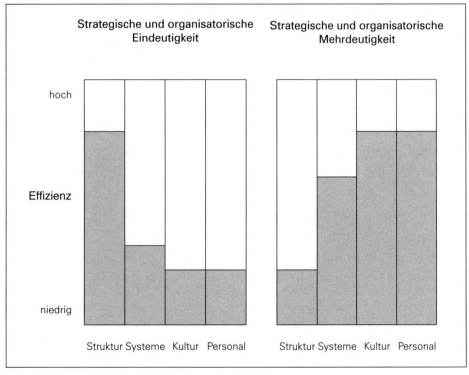

Abb. 2-14   Effizienz von Koordinationsinstrumenten für unterschiedliche Kontextbedingungen
(Hamel/Prahalad 1983, S.349)

– netzwerkweite, informelle Kommunikation zwischen Führungskräften
– temporäre oder permanente Teams, task forces und Komitees
– am Gesamterfolg orientierte Anreizsysteme
– international ausgerichtete Personalpolitik
– länderübergreifende Karrierepfade und job rotation

Der **Einsatz** von Koordinationsinstrumenten in integrierten Netzwerken erfolgt **differenziert** und **flexibel** (Bartlett/Ghoshal 1990, S. 220f.). Sie werden demzufolge nicht unternehmungsweit als grundlegende Koordinationsprinzipien angewandt, sondern in Abhängigkeit von der Situation und der strategischen Rolle der beteiligten Einheiten angepaßt.

2.1.2.3.5 Weltweite organisatorische Lernprozesse

Auf die Bedeutung des Wissens im Kontext des internationalen Management ist bereits mehrfach eingegangen worden. Die Erkenntnisse der Lerntheorie der Internationalisierung von Johanson/Vahlne (vgl. Abschnitt 2.1.1.2.1) haben sowohl die **Relevanz von Wissen** für den Internationalisierungsprozeß, als auch mögliche Lernprozesse im internationalen Umfeld selbst veranschaulicht. Kogut hat mit seiner Theorie der operationalen Flexibilität (vgl. Abschnitt 2.1.1.2.3) verdeutlicht, daß die Informationsarbitrage Ursache für den Erfolg einzelner multinationale Unternehmungen ist. Unternehmungen, die die Vielfalt der Umwelten, in denen sie tätig sind, als Quelle von Wissen und Erfahrungen ansehen und durch globale Lerneffekte zu nutzen wissen, erzielen erhebliche Wettbewerbsvorteile. Auch die ressourcenorientierte Theorie der Multinationalen Unternehmung hebt die Bedeutung von Wissen als Ressource für die Unternehmung hervor (vgl. Abschnitt 2.1.1.2.2). Wissen stellt eine **einzigartige** und **schwer substituierbare Ressource** dar. Die Fähigkeit einer Unternehmung, Wissen transferierbar zu machen, ist damit ein wesentlicher Erfolgsfaktor (Bamberger/Wrona 1996, S. 387f.).

In integrierten Netzwerken hat Wissen eine Bedeutung, die über die einer Quelle von Wettbewerbsvorteilen hinausgeht. Das gemeinsame Wissen der Netzwerkeinheiten ist Voraussetzung für die im Rahmen der holistischen Dimension transnationaler Unternehmungsstrategien erforderliche normative und zielgerichtete Integration. Eine gemeinsame Wissensbasis der Individuen im Netzwerk ist zudem wesentlicher Bestandteil einer universellen Unternehmungskultur. Die weltweite Generierung von Innovationen und Lerneffekten ist daher auch ein grundlegendes strategisches Ziel Transnationaler Unternehmungen (vgl. Ghoshal 1987, S.431f.).

Der Betrachtung des organisationalen Lernens hat zunächst die Unterscheidung von zwei **Grundbegriffen** vorauszugehen: Wissen und (organisationales) Lernen. Wissen, so Albrecht (1993, S.41f.), „[...] ist das Ergebnis der Verarbeitung von Informationen durch das Bewußtsein. Demnach stellt Wissen keinen Prozeß dar, sondern dessen Ergebnis [...]". Im Umkehrschluß stellt **Lernen** den Prozeß dar, der zu dem Ergebnis Wissen führt. Trotz der aktuellen Popularität der Themenkreise „organisationales Lernen" und „Wissensmanagement" läßt sich in der wissenschaftlichen Literatur keine einhellige Definition für die Begriffe „Wissen" und „organisationales Lernen" ermitteln (vgl. Wiegand 1998, insbesondere S.306ff.;Amelingmeyer, S.2002, S.15f.; Brücher 2001, S.6ff.). Während Wissen meist dem Vorverständnis der Betriebswirtschaftslehre zugerechnet wird und im Sinne des allgemeinen Sprachgebrauches verwendet wird (Wiegand 1998, S.166), gilt für den Forschungsstand des organisationalen Lernens vor allem „Kategorisierung und Systematisierung geht vor Konzeptionalisierung" (Wiegand 1998, S.322).

In einer grundlegenden **Definition** soll Wissen im folgenden aufgefaßt werden als eine Sammlung von Informationen, die in einem Kontext stehen (vgl. Rehäuser/Krcmar 1996, S.5). Es entsteht durch die Interpretation und Verknüpfung von Informationen – d.h. Abbildungen realer Verhältnisse, Zustände und Vorgänge – untereinander und vor dem Hintergrund bereits bestehenden Wissens sowie kultureller, religiöser und ideologischer

Prägung (vgl. Etzioni 1971, S. 136). Grundlegende Elemente des Wissens sind daher Informationen und der Kontext, in dem diese verarbeitet werden. Wissen ist damit immer auch interpretierte Beobachtung (Willke 1996, S. 264) und nie objektiv (Steinmüller 1993, S. 237). Es umfaßt geordnete Aussagen über die Realität, Kenntnisse, Fähigkeiten und Sinnstrukturen, welche das alltägliche Handeln und die soziale Koordination beeinflussen (Scholz 1997, S. 278). Die Wissensbasis einer Unternehmung ist die Summe des Wissens all ihrer Individuen und Organisationseinheiten (vgl. Gissler 1999, S. 8ff.).

Von der Vielzahl der Kategorisierungen, denen der Begriff Wissen in der Literatur unterworfen wird (vgl. Bendt 2000, S. 15ff.), soll hier nur auf die für das weitere Vorgehen besonders relevante Unterscheidung in **implizites** und **explizites Wissen** eingegangen werden. Der Begriff des impliziten Wissens (tacit knowledge) geht zurück auf Polanyi (1985) und bringt zum Ausdruck, daß diese Wissensform nicht artikuliert, d. h. „tacit" (stillschweigend) ist. Während explizites Wissen formalisiert und artikuliert werden kann (bspw. in Form von mathematischen Gleichungen, Konstruktionszeichnungen oder Handbüchern), umfaßt implizites Wissen nur schwer greifbare Faktoren wie persönliche, wertbasierte Intuitionen und Erfahrungen (Nonaka/Takeuchi 1997, S. 71f.). Implizites Wissen ist schwer zugänglich und transferierbar und wird daher in seiner Bedeutung oft unterschätzt (Schreyögg/Steinmann 1997, S. 455). Im Kontext integrierter Netzwerkstrukturen kommt jedoch gerade dem impliziten Wissen eine erhebliche Bedeutung zu, da es nicht der Gefahr der „ungewollten Know-how-Diffusion an Konkurrenten" (Welge/Holtbrügge 2003, S. 180) ausgesetzt ist.

Organisationales Lernen läßt sich definieren als die Veränderung der Wissensbasis einer Unternehmung (vgl. Macharzina 1999, S. 577). Wiegand

(1998, S.324) konkretisiert, daß organisationales Lernen stattgefunden hat, „wenn durch

- zustandsgebundene (Lern-)Prozesse
- in und/oder von Organisationen
- Wissen geschaffen wurde,
- das die Verhaltensmöglichkeiten der Organisation c.p. vergrößert."

Zustandsgebunden bedeutet – so Wiegand –, daß jeder Lernprozeß auf dem bisherigen Wissensstand basiert und aufbaut. Durch Verwendung des Begriffes Organisation bringt Wiegand zum Ausdruck, daß organisationales Lernen auf allen organisatorischen Ebenen (Individuen, Gruppen, Organisation) stattfindet. Steinmann/Schreyögg unterscheiden hierzu vier **Lernformen** (1997, S.458ff.):

- Lernen aus unmittelbarer Erfahrung
- vermitteltes Lernen, im dem Sinne, daß eine Organisation durch externe Kontakte (z.B. Berater), Einblick in das Erfahrungswissen anderer Organisationen oder durch Imitation von Technologien Wissen erwirbt [27]
- Inkorporation neuer Wissensbestände durch die Einstellung von Experten oder Akquisition von Unternehmungen
- Generierung neuen Wissens

Der Generierung neuen Wissens kommt dabei im Kontext der strategischen Zielsetzungen transnationaler Unternehmungen eine besondere Bedeutung zu. Sie findet vor allem auf der Ebene des impliziten Wissens

---

27 Zum Lernen aus unmittelbarer Erfahrung und vermitteltem Lernen vergleiche auch Hanft 1996, S.136ff.

statt (vgl. Steinmann/Schreyögg 1997, S.460), so daß für die Initiierung transnationaler Lernprozesse neben der kontinuierlichen Erweiterung des expliziten und impliziten Wissens auch die Transformation von einer Wissensform in die andere stattfinden muß (Welge/Holtbrügge 2003, S.180f. Nonaka/Takeuchi (1997, S.73ff.) unterscheiden vier Formen der **Wissenstransformation** (vgl. Abbildung 2-15):

- Bei der **Sozialisation** wird implizites Wissen weitergegeben, indem Erfahrungen z.B. bei der Einarbeitung eines neuen Mitarbeiters durch einen erfahrenen Kollegen übertragen werden. Hierbei wird neues Wissen generiert, wenn das Wissen des anleitenden Kollegen während des Lernprozesses variiert und kultiviert wird.
- Im Falle der **Kombination** wird explizites Wissen mit anderem expliziten Wissen kombiniert und neues Wissen erzeugt, indem bspw. eine bekannte Technologie auf ein neues Anwendungsgebiet überführt wird (vgl. Kogut/Zander 1992, S.391f.).
- Durch die **Externalisierung** wird implizites Wissen – z.B. durch schriftliche Fixierung – in explizites Wissen überführt.
- Die **Internalisierung**, also die Umwandlung expliziten Wissens in implizites, vollzieht sich durch die Verinnerlichung und Umsetzung expliziten Wissens. Dies geschieht bspw. im Falle formaler Regeln nicht nur durch das Erlernen und Verstehen der Regelungen, sondern auch durch das unbewußte Befolgen der Regeln. Neues Wissen kann bei der Internalisierung durch die individuelle Interpretation des expliziten Wissens entstehen.

Der **Wissensentstehungsprozeß** ist nach Nonaka/Takeuchi ein iterativer Prozeß, der sich aus den vier dargestellten Formen der Wissenstransformation zusammensetzt. Durch die Sozialisierung von Wissen, dessen anschließende Externalisierung und Kombination mit anderen Wissensbe-

	Zielpunkt	
	Implizites Wissen	Explizites Wissen
Implizites Wissen	Sozialisation	Externalisierung
Explizites Wissen	Internalisierung	Kombination

Ausgangspunkt

Abb. 2-15   Formen der Wissenstransformation
(Nonaka/Takeuchi 97, S. 75)

standteilen, entsteht neues Wissen, welches internalisiert und wiederum sozialisiert wird. Dabei findet neben dem Wissenstransformationsprozeß (epistemologische Dimension) auch ein Wissenstransfer in einem Kontinuum zunehmender Kollektivität statt (ontologische Dimension), d.h. die Generierung von Wissen beginnt beim Individuum und überträgt sich im Prozeßverlauf sukzessive auf intraorganisatorische Gruppen und letztendlich die Organisation selbst [28].

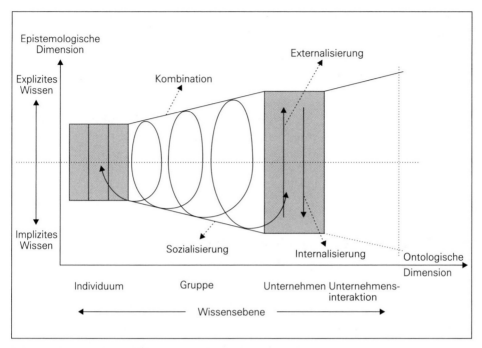

Abb. 2-16 Spirale der Wissensgenerierung in Unternehmungen
(Nonaka/Takeuchi 1997, S.87)

Neben der Generierung von Wissen muß abschließend auch das Entlernen von Wissen erwähnt werden. Unter dem Entlernen ist das Entfernen
von unzweckmäßigem, veraltetem oder falschem Wissen aus der Wis-

28 Die Ausführungen Nonakas/Takeuchis legen die Vermutung nahe, am Anfang
des Prozesses stehe das implizite Wissen eines einzelnen Organisationsmit-
gliedes und am Ende die kollektive Internalisierung dieses Wissens. Diese
Darstellung kann jedoch nur als ein idealtypischer Verlauf unter vielen denkba-
ren Möglichkeiten angesehen werden (vgl. Steinmann/Schreyögg 1997,
S.462).

sensbasis zu verstehen (vgl. Wiegand 1998, S.285; Scholz 1997, S.305; Macharzina 1999, S.577). Dieses ist überaus wichtig, da eine permanente Erweiterung der organisationalen Wissensbasis zur Informationsüberlastung und Organisationsparalyse führen würde (Scholz 1997, S.305).

Kennzeichen integrierter Netzwerke ist, daß sie die dargestellten Abläufe organisationalen Lernens nicht nur unterstützen, sondern darüber hinaus durch die ausgeprägten Interdependenzen zwischen den Netzwerkknoten neue Lernprozesse induzieren.

2.1.2.3.6 Zusammenfassende Betrachtung der Organisation Transnationaler Unternehmungen

Die idealtypische Organisationsstruktur der Transnationalen Unternehmung ist das **Netzwerk**. Die Teilbereiche der Transnationalen Unternehmung bilden die Knoten eines Netzwerkes, welches durch folgende Merkmale charakterisiert ist:

– Die einzelnen Teilbereiche nehmen **differenzierte Rollen** in der Netzwerkstruktur wahr. Diese Rollen variieren in Abhängigkeit der Ressourcenausstattung eines Teilbereiches und der strategischen Bedeutung des jeweiligen Marktes zwischen der strategischen Führerschaft und einer ausführenden Rolle.
– Die weltweite Konfiguration der Wertschöpfungsketten sowie die Zentralisierung bestimmter Aktivitäten führt zu **ausgeprägten, reziproken Interdependenzen** zwischen den Netzwerkknoten. Diese Interdependezen zeigen sich in dem intensiven Austausch von materiellen und immateriellen Ressourcen.

- Die Komplexität des transnationalen Netzwerkes erfordert eine **Dezentralisierung des strategischen Management**. Die Funktionen des strategischen Management werden nicht mehr zentral, sondern von denjenigen Teilbereichen wahrgenommen, die über die beste Ressourcenausstattung für die jeweilige Aufgabe verfügen. Klassische Grundsätze der Hierarchie werden in der Netzwerkorganisation durch das Konzept der Heterarchie ersetzt.

- Neben der Notwendigkeit der Anpassung des strategischen Management an die Komplexität des transnationalen Netzwerkes ist auch eine Anpassung des Koordinationsinstrumentariums erforderlich. Strukturelle und technokratische Koordinationsinstrumente werden dieser Komplexität nicht gerecht. In der Transnationalen Unternehmung dominieren daher **informale Koordinationsinstrumente.**

- Die weltweite Generierung von Innovationen und Lerneffekten ist ein grundlegendes Ziel Transnationaler Unternehmungen. Daher wird Wissen in Transnationalen Unternehmungen explizit als Ressource aufgefaßt, die durch **weltweite organisatorische Lernprozesse** in der Netzwerkstruktur zu unterstützten ist. Das transnationale Netzwerk induziert durch die ausgeprägten Interdependenzen zwischen den Netzwerkknoten zudem neue Lernprozesse, die durch formale und informale Kommunikation angestoßen werden.

2.1.2.4 Zusammenfassende Betrachtung der Transnationalen Unternehmung

In den vorhergehenden Abschnitten wurde die Transnationale Unternehmung in drei Dimensionen konkretisiert (vgl. Abbildung 2-17):

- Strategie
- Kultur
- Organisation

Hinsichtlich der **Strategie** Transnationaler Unternehmungen lassen sich zwei Dimensionen unterscheiden: Die individuelle Dimension der Strategie impliziert, daß für alle Teilbereiche individuelle Strategien den Grad an Zentralisierung und Differenzierung bestimmen. Die holistische Dimension der Strategie stellt sicher, daß trotz individueller Strategien die Effizienz der Gesamtunternehmung bei jeder Entscheidung berücksichtigt wird. Erst die Kombination beider Dimensionen stellt sicher, daß das Ziel der

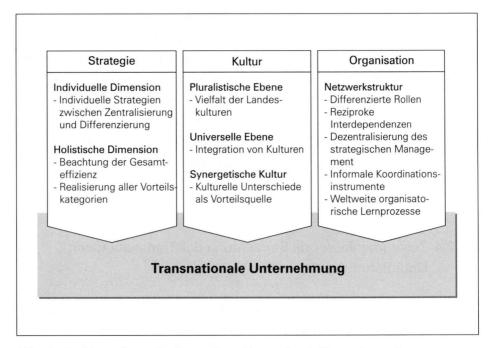

Abb. 2-17 Dimensionen des Konstruktes „Transnationale Unternehmung"

Transnationalen Unternehmung, alle Vorteilskategorien gleichzeitig zu realisieren, erreicht werden kann.

Die **Kultur** der Transnationalen Unternehmung läßt sich auf zwei Ebenen betrachten: Die pluralistische Ebene der Kultur repräsentiert die Vielfalt der Landeskulturen der Transnationalen Unternehmung. Sie ist die Quelle von Differenzierungsvorteilen im internationalen Geschäft. Die universelle Ebene der Kultur gewährleistet hingegen, daß die Mitarbeiter trotz landeskulturell unterschiedlicher Hintergründe in eine gemeinsame Unternehmungskultur integriert werden bzw. daß sich eine solche gemeinsame Kultur entwickelt. Die Transnationale Unternehmung nutzt damit die Kultur bewußt als Quelle von Wettbewerbsvorteilen. Ihre Kultur läßt sich somit als synergetische Unternehmungskultur charakterisieren.

Die **Organisation** der Transnationalen Unternehmung entspricht einer Netzwerkstruktur. In diesem Netzwerk nehmen die Teilbereiche der Transnationalen Unternehmung als Netzwerkknoten differenzierte Rollen wahr. Zwischen den Netzwerkknoten bestehen reziproke Interdependenzen durch materielle und immaterielle Ressourcentransfers, die durch die weltweite Konfiguration der Wertschöpfungsprozesse impliziert werden. Im Kontext der Netzwerkstruktur wird das strategische Management dezentralisiert und informale Koordinationsinstrumente gewinnen an Bedeutung. Das transnationale Netzwerk induziert weltweite organisatorische Lernprozesse und unterstützt damit die Nutzung von Know-how als Ressource.

Mit den Ausführungen in diesem Kapitel ist das Konstrukt „Transnationale Unternehmung" des Ausgangsbezugsrahmens hinreichend konkretisiert. Der Ausgangsbezugsrahmen kann daher in eine erste Konkretisierungsstufe überführt werden (vgl. Abbildung 2-18).

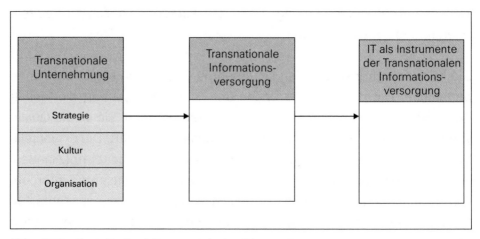

Abb. 2-18   Erste Konkretisierungsstufe des Bezugsrahmens

Im nun folgenden Abschnitt wird die Transnationale Unternehmung in der Praxis betrachtet. Dazu wird die Siemens AG als Fallbeispiel beschrieben und den theoretisch erarbeiteten Dimensionen der Transnationalen Unternehmung gegenübergestellt.

2.2 Die Transnationale Unternehmung in der Praxis am Beispiel der Siemens AG

In Abschnitt 1.2.3.2.3 wurde bereits die Auswahl der Siemens AG als Erhebungseinheit für das vorliegende Forschungsprojekt skizziert. In den nun folgenden Abschnitten soll die Siemens AG als praktisches Fallbeispiel im Rahmen der empirischen Konstruktionsstrategie näher vorgestellt werden. Dazu gibt Abschnitt 2.2.1 zunächst einen Überblick über die Siemens AG. Daran anschließend werden die Parallelen zwischen dem Siemens-Konzern und dem idealtypischen Modell der Transnationalen Unternehmung aufgezeigt (Abschnitt 2.2.2).

2.2.1 Überblick über die Siemens AG [29]

Die Siemens AG wurde 1847 von Werner von Siemens gegründet und sieht sich auch heute – nach über 150 Jahren – noch dem ursprünglichen Unternehmungsziel verpflichtet: der wirtschaftlichen Nutzung des elektrischen Stromes. Über die klassischen Gebiete der Elektrotechnik hinaus hat Siemens seine Aktivitäten in die Mikroelektronik sowie die Informations- und Kommunikationstechnologien ausgedehnt und weiterentwickelt. Diese Aktivitäten verteilen sich auf sechs operative **Geschäftsbereiche**:

- Information and Communications
- Automation and Control
- Power
- Transportation
- Medical
- Lighting

Mit diesem Portfolio ist Siemens in über 190 Ländern tätig und erwirtschaftete 2001 mit ca. 484.000 Mitarbeitern einen Umsatz in Höhe von 87

---

29 Die nachfolgende Darstellung basiert auf Ergebnissen der Interviews sowie der Analyse einschlägiger Literaturquellen: Siemens 1999; Siemens 1999a; Siemens 2001; Siemens 2001a; Mirow 2000; Neubürger 2000; Neubürger/ Sen 2001

(in Mio. Euro)	2001[1]	2000[1]	1999[1]
Auftragseingang	92.528	83.426	69.560
Umsatz	87.000	77.484	68.069
Gewinn (nach Steuern)	2.088	8.860	1.209
Mittelzufluß aus lfd. Geschäftstätigkeit	7.016	6.154	3.640
Mittelabfluß aus Investitionstätigkeit	-5.886	-435	-2.876
Forschungs- und Entwicklungskosten	6.782	5.848	5.260
Eigenkapital (Geschäftsjahresende)	23.812	28.480	19.138
Mitarbeiter (Geschäftsjahresende, in Tsd.)	484	448	437

[1] Geschäftsjahr (1. Oktober bis 30. September)

Tab.   2-6   Unternehmungskennzahlen der Siemens AG
(Siemens 2001)

Milliarden Euro (vgl. Tabelle 2-6). Siemens konnte damit den Umsatz im Vergleich zum Vorjahr um 12% steigern, wobei insbesondere das internationale Geschäft mit 16% ein hohes Wachstum aufweist. Mit einem Umsatzanteil von 78% wird die Bedeutung des internationalen Geschäftes für Siemens deutlich: Siemens ist eine der weltweit größten Unternehmungen in seiner Branche [30].

30 Gemessen am Umsatz war Siemens 1998 auf Rang drei hinter IBM (Rang zwei) und General Electrics (Rang eins) plaziert.

Das breite **Leistungsspektrum** wird durch die operativen Geschäftsbereiche der Siemens AG abgesteckt:

– Der Bereich **Information and Communications** ist mit einem Umsatz von 30,2 Milliarden Euro der umsatzstärkste Geschäftsbereich im Siemens-Konzern. Er umfaßt die Teilbereiche Information and Communication Networks (ICN), Information and Communication Mobile (ICM) und Siemens Business Services (SBS). Der Teilbereich Information and Communication Networks (Umsatz: 12,9 Milliarden Euro) bietet Kommunikationsnetze und Lösungen an, die traditionelle Sprachkommunikation mit IP-basierter Netzwerktechnologie verbinden. Damit konzentriert sich ICN auf ein Marktsegment mit hohen Wachstumschancen: internetbasierte Konvergenztechnik für Netzbetreiber und Firmenkunden sowie Breitband-Zugangstechnik und optische Netzwerktechnologien. Durch das Integrations- und Anwendungs-Know-how von ICN können diese Produkte als ganzheitliche Lösungsansätze implementiert werden. Der Teilbereich Information and Communication Mobile (Umsatz: 11,3 Milliarden Euro) deckt ein breites Spektrum des Kommunikationssystemgeschäftes von Endgeräten über Netzwerktechnik bis zu mobilen Anwendungen ab. Bei der Infrastruktur bietet neben den bereits aktuellen Netzwerktechniken GSM und GPRS insbesondere der Aufbau des UMTS-Netzes hohe Wachstumschancen. Über die Kommunikationstechnologien hinaus ist ICM zu 50% an Fujitsu Siemens Computers beteiligt und ist damit auch Anbieter von Personal Computern, Servern, Organizern und Peripheriegeräten. Der Teilbereich Siemens Business Services (Umsatz: 6 Milliarden Euro) bietet IT-Lösungen an, die z.T. in enger Zusammenarbeit mit ICN und ICM erbracht werden. Der Schwerpunkt der Tätigkeiten entfiel 2001 auf E-Business- und M-Business-Projekte. Für SBS ist die Internationalisierung von hoher strategischer Bedeutung und wurde durch die Akquisition eines großen US-amerikanischen IT-Dienstleisters [31] sowie Kooperationen mit führenden Unternehmungen der IT-Branche vorangetrieben.

– Der Bereich **Automation and Control** bietet Produkte und Dienstleistungen der Industrie- und Gebäudetechnik an und erzielte 2001 einen Umsatz in Höhe von 21,5 Milliarden Euro. Automation and Control besteht aus den vier Teilbereichen Automation and Drives (A&D), Industrial Solutions and Services (I&S), Siemens Dematic AG (SD) und Siemens Building Technologies AG (SBT). Der Teilbereich Automation and Drives (Umsatz: 8,9 Milliarden Euro) bietet Automatisierungs-, Antriebs-, Schalt- und Installationstechnologien an. Darüber hinaus werden Aktivitäten in der Prozeßautomatisierung und der Softwareentwicklung zur Steuerung komplexer Anlagen verstärkt. Industrial Solutions and Services (Umsatz: 4,6 Milliarden Euro) bietet Systeme und Dienstleistungen für den Anlagenbau an. Dabei konzentriert sich I&S vorwiegend auf Kunden der rohsstoffverarbeitenden Industrie sowie des Inftrastrukturbereiches. I&S bietet dabei auch die Übernahme der Generalunternehmerschaft an. Siemens Dematic (Umsatz: 2,5 Milliarden Euro) ist aus der Fusion der Siemens Production and Logistics AG und der Mannesmann Dematic AG entstanden. SD ist im Bereich Produktions- und Logistikautomatisierung tätig. Dazu gehören der Bau und die Bereitstellung schlüsselfertiger Anlagen sowie zugehöriger Komponenten und Serviceleistungen. Siemens Building Technologies (Umsatz: 5,5 Milliarden Euro) konzentriert sich auf die System- und Dienstleistungsmärkte für Sicherheit, Brandschutz, Klima und Komfort sowie das Angebot von Facility-Management-Leistungen und die Planung und Durchführung von gebäudetechnischen Infrastrukturprojekten.

---

31 Siemens hat im Jahre 2000 Entex, einen führenden US-amerikanischen IT-Dienstleister mit 5000 Mitarbeitern und 500 Millionen Dollar Umsatz, erworben.

- Der Bereich **Power** bietet mit den Teilbereichen Power Generation (PG) und Power Transmission and Distribution (PTD) Produkte und Dienstleistungen in der Energieversorgungsbranche an. Der Umsatz lag 2001 bei 12,7 Milliarden Euro. Der Teilbereich Power Generation (Umsatz: 8,6 Milliarden Euro) stellt Produkte und Leistungen zur Umwandlung von Energie in Wärme und Strom bereit. Dazu gehören neben der Planung und dem Bau von Kraftwerken, Turbinen und Generatoren auch die Entwicklung und Herstellung von Umwelttechnologien. Power Transmission and Distribution (Umsatz: 4,1 Milliarden Euro) unterstützt mit seinem Angebot als Produktlieferant, Systemintegrator und Dienstleister den Transport elektrischer Energie vom Kraftwerk zum Verbraucher. Dabei spielt – insbesondere im Hinblick auf die Deregulierung der europäischen Strommärkte – das internationale Geschäft eine wichtige Rolle.

- Der Bereich **Transportation** umfaßt die Teilbereiche Transportation Systems (TS) und Siemens VDO Automotive AG (SV) und erzielte 2001 einen Umsatz von 9,7 Milliarden Euro. Transportation Systems (Umsatz 4 Milliarden Euro) stellt Produkte und Leistungen für den Schienenverkehr bereit. Hierzu gehören Betriebsführungssysteme, Bahnelektrifizierungssysteme und komplette Systeme für Fern-, Straßen und Stadtbahnen sowie andere Schienenfahrzeuge. Siemens VDO Automotive (Umsatz 5,7 Milliarden Euro) bietet Informations-, Cockpit- und Car-Communications-Systeme sowie Telematikanwendungen und weitere elektronische Komponenten des Kraftfahrzeugbaus an.

- Der Bereich **Medical** bietet mit dem Teilbereich Medical Solutions (Med) innovative Technologien zur Diagnostik und Therapie in der Medizintechnik an. Darüber hinaus umfaßt das Angebot Dienstleistungen zur Optimierung von Arbeitsabläufen in Kliniken und Praxen. Der Umsatz von Med lag 2001 bei 7,2 Milliarden Euro.

– Der Bereich **Lighting** entwickelt, fertigt und vertreibt mit der Osram GmbH Beleuchtungstechnik. Hierzu zählen allgemeine Beleuchtungsprodukte ebenso wie Automobilbeleuchtungstechnik, Foto-/Optik-Beleuchtung und Opto-Halbleiter. Der Umsatz der Osram GmbH lag 2001 bei 4,5 Milliarden Euro.

Neben dem operativen Geschäft bietet Siemens mit dem Bereich **Siemens Financial Services** (SFS) seinen Kunden internationale Finanzdienstleistungen und verwaltet [32] mit dem Bereich **Siemens Real Estate** (SRE) die Liegenschaften und Gebäude der Siemens AG im Inland und zunehmend auch in den USA und im westeuropäischen Ausland.

Die Geschäftsbereiche bilden ein Kernelement der **Organisationsstruktur** des Siemens-Konzerns. Sie werden ergänzt durch zwei weitere organisatorische Elemente: Die regionalen Einheiten und die Zentralabteilungen bzw. Zentralstellen (vgl. Abbildung 2-19). Die **operativen Geschäftsbereiche** sind **weltweit verantwortlich** für sämtliche Stufen der Wertkette des jeweiligen Bereiches, d.h. von der Entwicklung bis hin zum Vertrieb und dem Kundendienst. Die **regionalen Einheiten** setzen die mit den operativen Geschäftsbereichen getroffenen geschäftlichen Zielvereinbarungen in den lokalen Märkten um. Dazu **delegieren** die Geschäftsbereiche unternehmerische Verantwortung und Handlungsfreiheit auf die **regionalen Einheiten**. Da im internationalen Geschäft der Grundsatz einer einheitlichen Vertretung der Unternehmung in einem Land gilt, stellen die regionalen Einheiten eine bereichsübergreifende Repräsentanz im lokalen Markt dar. Bezogen auf das internationale Geschäft läßt sich die Organisations-

---

32 SRE ist Eigentümer der deutschen Liegenschaften und Gebäude der Siemens AG.

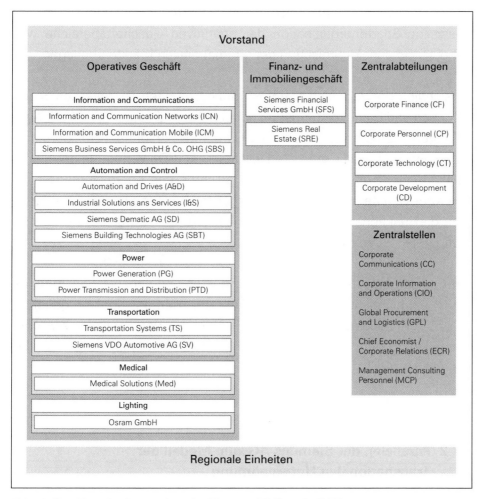

Abb. 2-19   Organisationsstruktur der Siemens AG (Stand: 2001)

struktur der Siemens AG somit als **Matrixstruktur** charakterisieren: Die klassische Spartenorganisation der operativen Geschäftsbereiche wird mit einer Regionalorganisation der internationalen Märkte überlagert.

Hinsichtlich der zentralen Unternehmungseinheiten ist zwischen Stabsaufgaben und Dienstleistungsfunktionen zu unterschieden. Die **Zentralabteilungen** (Corporate Finance (CF), Corporate Personnel (CP), Corporate Technology (CT) und Corporate Development (CD)) verfügen über Richtlinienkompetenz und nehmen Kontrollpflichten und Koordinierungsaufgaben wahr. Den **Zentralstellen** sind Aufgaben und Dienstleistungen übertragen, die funktional bzw. regional einheitlich für die gesamte Unternehmung geleistet werden.

Mit den dargestellten Kennzahlen, Produkten und Organisationsmerkmalen ist ein hinreichender Überblick über den Siemens-Konzern gegeben, so daß zum nächsten Abschnitt – der Ableitung von Parallelen zwischen Siemens und dem Modell der Transnationalen Unternehmung – übergegangen werden kann.

2.2.2 Parallelen der Siemens AG zum Modell der Transnationalen Unternehmung

Im nun folgenden Abschnitt soll der Überblick über den Siemens-Konzern vertieft und mit Erkenntnissen der empirischen Untersuchung angereichert werden. Hierbei werden die in Abschnitt 2.1.2 hergeleiteten Dimensionen Transnationaler Unternehmungen zur Systematisierung herangezogen.

Ziel ist es, die Parallelen zwischen der Siemens AG und dem idealtypischen Modell der Transnationalen Unternehmung zu erörtern und somit den Nachweis zu führen, daß Siemens eine geeignete Erhebungseinheit für das vorliegende Forschungsprojekt ist.

2.2.2.1 Strategie

Die Betrachtung der Strategie einer Unternehmung im Kontext des Internationalen Management stellt zunächst die internationalen Aktivitäten in den Vordergrund. Mit dem Engagement in über 190 Ländern ist Siemens ohne Frage eine weltweit tätige Unternehmung. Siemens betrachtet die internationalen Märkte nicht als Auslandsmärkte, sondern sieht sich als globale Unternehmung auf den Weltmärkten. Der Bedeutungszuwachs des Weltmarktes gegenüber dem rein nationalen Markt zeigt sich in der weltweiten Umsatzentwicklung (Abbildung 2-20): Während sich der Umsatz in Deutschland seit 1992 auf nahezu gleichem Niveau (ca. 18,0 Milliarden Euro) bewegt, ist der internationale Umsatz seit 1990 kontinuierlich von 17,8 Milliarden Euro auf 67,9 Milliarden Euro gestiegen. Damit betrug der Anteil des Umsatzes in Deutschland 2001 nur noch 22% am Gesamtumsatz. Angesichts dieses Verhältnisses ist davon auszugehen, daß sich die Geschäftsstrategie der Siemens AG nicht als klassische **internationale Strategie** im Sinne von Abschnitt 2.1.1.1.3 einordnen läßt. Auch die reine **Globalstrategie** weist kaum Übereinstimmungen mit der strategischen Ausrichtung des Siemens-Konzerns auf: Das Produktangebot der Siemens Teilbereiche ist zu umfangreich und die Produkte zu differenziert, um eine Strategie anzunehmen, die nur auf einer globalen Standardisierung aufbaut.

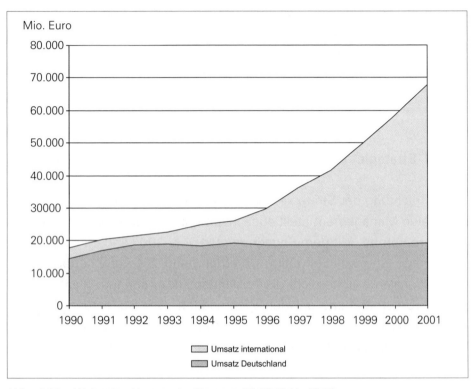

Abb. 2-20   Weltweiter Umsatz der Siemens AG (1990 bis 2001)

Siemens baut durch weltweite Direktinvestitionen und Kooperationen gezielt sein internationales Geschäft aus und paßt sich so der Entwicklung der internationalen Märkte an (vgl. Abbildung 2-21). Während der europäische und auch der Deutsche Markt nur unterdurchschnittliche Wachtumsraten aufweisen, sind die größten Wachstumschancen in Südostasien und den USA zu erwarten. Nicht nur im Hinblick auf die Entwicklung dieser

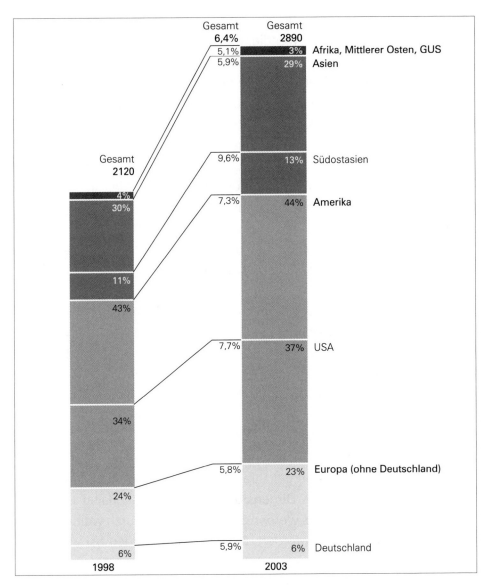

Abb. 2-21   Entwicklung des Elektro- und Elektrotechnikmarktes nach Region
(in Milliarden Euro; Wachstumsraten in % p.a.)

Märkte, sondern auch durch die steigende Bedeutung des Dienstleistungsgeschäftes ist es notwendig, die Präsenz in den Kernmärkten auszubauen. Im Siemens-Konzern gilt „all business is local", d.h. die Weltmarktposition der einzelnen Geschäftsbereiche resultiert aus den individuellen Regionalmarkt-Positionen. Insbesondere bei global tätigen Geschäftspartnern ist nicht der Geschäftssitz des Kunden ausschlaggebend, sondern es wird der Ort der Leistungserbringung von dessen internationaler Geschäftsstruktur bestimmt. Dies erfordert ein weltweit vernetztes und effizient koordiniertes Wertschöpfungsnetzwerk. Die in Abschnitt 2.1.1.1.3 beschriebene **multinationale Strategie**, die ein Konglomerat weitgehend unabhängiger Landesgesellschaften impliziert, wird der Realität des Siemens-Konzerns somit ebenso wenig gerecht wie die eingangs genannte internationale oder die globale Strategie.

Die Siemens AG weist jedoch deutliche Parallelen zur transnationalen Strategie auf. Für die Teilbereiche gibt es keine übergeordnete internationale, multinationale oder globale Strategie. Vielmehr haben die Geschäftsbereiche eine individuelle strategische Ausrichtung, die für das jeweilige Produkt-/Markt-Segment sinnvoll ist. Die Regionalgesellschaften setzen diese Geschäftsbereichstrategien in den jeweiligen Regionen um. Sie übernehmen dabei die unternehmerische Verantwortung und verfügen über ein hohes Maß an operativen Gestaltungsspielräumen. Insofern läßt sich hier eine **individuelle Dimension** der Strategie konstatieren. Auch lassen sich Merkmale der **holistischen Dimension** einer Transnationalen Unternehmung feststellen. Einerseits werden **Synergieeffekte** durch weltweite Projekte und Kooperationen gefördert. **Skaleneffekte** werden bspw. im Rahmen der Mobiltelefon-Produktion durch weltweite Standardisierung generiert. Das Vorhandensein globaler Kunden und Wettbewerber wird von Siemens bewußt wahrgenommen und berücksichtigt. Auch auf der Beschaffungsseite realisiert Siemens **Verbundvorteile**: Siemens hat die Einkaufs-

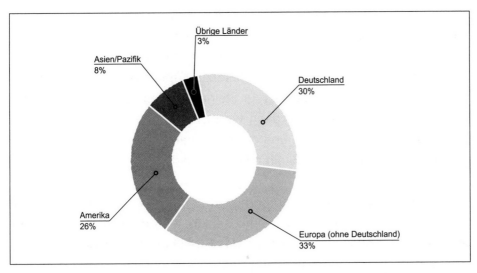

Abb. 2-22   Regionale Verteilung des weltweiten Einkaufs der Siemens AG
(Stand: 2001)

prozesse und -strukturen als weltweites Netzwerk organisiert. Ziel des Netzwerkes ist es, auf den Beschaffungsmärkten gebündelt aufzutreten und Verbundvorteile zu realisieren. Im Jahr 2001 wurden von einem Einkaufsvolumen in Höhe von insgesamt 42 Milliarden Euro bereits 17,1 Milliarden Euro gebündelt über das Einkaufsnetzwerk abgewickelt. Siemens ist so in der Lage, die weltweit günstigsten Beschaffungsquelle für den Gesamtkonzern zu nutzen (vgl. Abbildung 2-22).

Über diese gleichzeitige Orientierung an allen Vorteilskategorien hinaus lassen sich auch in der Steuerung der Führungskräfte Ansätze erkennen, die sich in die holistische Dimension einer transnationalen Strategie einordnen lassen. Seit Beginn des Geschäftsjahres 1997/98 verwendet Siemens den **Geschäftswertbeitrag** (GWB) als verbindliche Führungsgröße [33]. Der GWB errechnet sich aus der Differenz des Geschäftsergebnisses nach Steuern und den Kapitalkosten. Interpretiert man die Kapitalkosten als Mindestrendite für das eingesetzte Kapital, dann ist der GWB eines Teilbereiches dessen Beitrag zur Steigerung des Geschäftswertes. Ein Geschäft ist demzufolge nur dann wertschaffend, wenn es mindestens seine Kapitalkosten verdient und darüber hinaus den GWB entsprechend den Anforderungen des Kapitalmarktes steigert.

Um die Ausrichtung der Unternehmungsführung an dieser wertorientierten Führungsgröße in der Praxis umzusetzen, wurden die Einkommen der obersten Führungskräfte stärker an das Erreichen der GWB-Ziele gekoppelt: Seit 1. Oktober 1998 sind bei den Mitgliedern des Vorstandes der Siemens AG sowie bei den Mitgliedern der Vorstände der Geschäftsbereiche nur noch 40 Prozent des Einkommens fix, 60 Prozent sind erfolgsabhängig. Der variable Anteil des Einkommens ermittelt sich je zur Hälfte aus der Entwicklung des GWB in einem Geschäftsjahr und der Entwicklung des GWB über einen Dreijahreszeitraum (vgl. Abbildung 2-23). Auf der Ebene unterhalb der Bereichsvorstände machen die beiden variablen Einkommensbestandteile insgesamt 40 Prozent des Zieljahreseinkommens aus. Inzwischen sind von den rund 6000 Senior Managern weltweit nahezu alle in das GWB-orientierte Einkommenssystem eingebunden.

33 Vergleiche ausführlich Neubürger 2000.

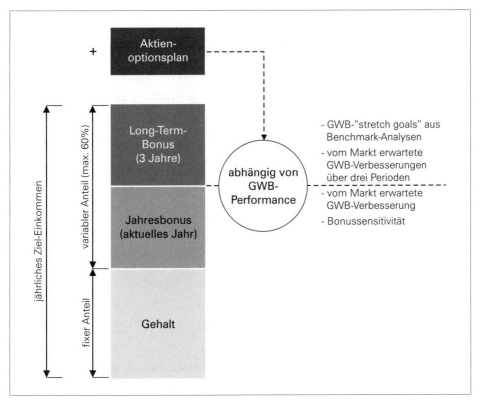

Abb. 2-23   Einbettung des Geschäftswertbeitrages in das Anreizsystem der Siemens AG
(Neubürger 2000, S.195)

2.2.2.2 Kultur

Siemens ist ein multikultureller Konzern. Das bereits dargelegte wachsende internationale Geschäft führt zu einer Mitarbeiterschaft, die in allen Regionen der Welt tätig ist (vgl. Abbildung 2-24) und diesen unterschiedlichen Regionen auch entstammt. Dabei zeigt auch die prozentuale Verteilung der Mitarbeiter auf die Regionen, daß das internationale Engagement für Siemens von wachsender Bedeutung ist (vgl. Abbildung 2-25): Seit 1998 sind mehr als die Hälfte der Mitarbeiter außerhalb Deutschlands beschäftigt. Die größten Anteile der außerhalb Deutschlands beschäftigten Mitarbeiter sind in Europa (Stand 2001: 25%) und Amerika (Stand 2001: 22%).

Siemens ist aufgrund seiner internationalen Mitarbeiterschaft mit einer hohen landeskulturellen Diversität konfrontiert. Diese erkennt Siemens jedoch als Quelle von Wettbewerbsvorteilen:

„Diversity bedeutet, Menschen in ihrer Unterschiedlichkeit zu akzeptieren – hinsichtlich Kultur, Nationalität, Geschlecht, Religion, Hautfarbe und Alter. Als weltweit vernetztes Unternehmen leben wir von der Vielfalt unserer Mitarbeiterinnen und Mitarbeiter, ihren Talenten und Fähigkeiten. Dabei ist der tolerante und respektvolle Umgang miteinander maßgeblich für eine erfolgreiche Zusammenarbeit. Diese ist eine wichtige Voraussetzung für unsere Wettbewerbsfähigkeit und wird von uns aktiv gefördert" (Siemens 2001a, S. 15). Siemens nimmt damit die landeskulturellen Unterschiede seiner Teilbereiche und Mitarbeiter ganz im Sinne der **pluralistischen Dimension** einer transnationalen Unternehmungskultur wahr. Diese

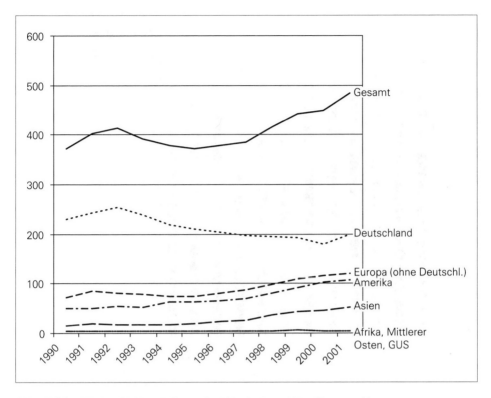

Abb. 2-24 Weltweite Entwicklung der Mitarbeiterzahl im Siemens-Konzern

Unterschiede werden nicht etwa durch eine weltweit homogene Unternehmungskultur nivelliert, sondern als Quelle von Wettbewerbsvorteilen erkannt und gefördert.

Da das internationale Geschäft nicht in multinational isolierten Teilbereichen, sondern immer in Kooperation von weltweit agierenden Geschäftsbereichen und regionalen Einheiten abgewickelt wird, ist die weltweite Ko-

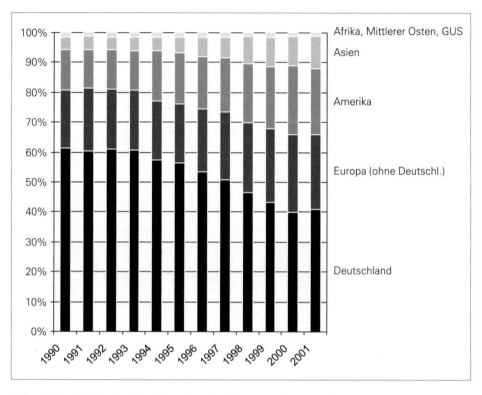

Abb. 2-25   Weltweite Verteilung der Mitarbeiter im Siemens-Konzern

operation von Teilbereichen und Mitarbeitern eine wichtige Voraussetzung für den Geschäftserfolg. Siemens formuliert in seinem Leitbild: „Unsere Zusammenarbeit kennt keine Grenzen. Wir sind ein globales Unternehmen und nutzen unsere weltweiten Fähigkeiten. Damit werden wir das beste Team im Wettbewerb. Unser Denken und Handeln ist von Verantwortung für das gemeinsame Ziel geprägt. Unsere Zusammenarbeit zeichnet sich aus durch Vertrauen, persönliche Integrität, gegenseitigen Respekt und of-

fene Kommunikation" [34]. Die weltweite Kooperation von Geschäftsbereichen sowie das Engagement von Siemens für soziale und kulturelle Anlie-
gen machen die **universelle Ebene** der Unternehmungskultur des Siemens-Konzerns aus.

Die international erfolgreichen Aktivitäten, die häufig im Rahmen von
Teams mit Mitgliedern unterschiedlicher Nationalitäten erarbeitet werden,
lassen auf eine positive Umsetzung der Unternehmungskultur in Ge-
schäftserfolge schließen. Wie weit diese Erfolge in der Praxis jedoch tatsächlich die Bezeichnung „synergetische Unternehmungskultur" rechtfertigen, läßt sich aufgrund der vorliegenden Informationen nicht beantworten. Eine Beantwortung dieser Frage bedürfte einer entsprechend fokus-
sierten empirischen Untersuchung im Siemens-Konzern, die nicht Kern
des vorliegenden Forschungsprojektes ist.

2.2.2.3 Organisation

Wie bereits in Abschnitt 2.2.1 ausgeführt wurde, läßt sich die Organisation
des Siemens-Konzerns als Matrixstruktur charakterisieren. Die Matrixstruktur ist durchaus mit einer Netzwerkstruktur hinsichtlich der Komplexität vergleichbar: Die strategische Verantwortung für ein internationales
Geschäft liegt sowohl bei dem jeweiligen Geschäftsbereich als auch bei
der regionalen Einheit – beide müssen mit dem erfolgreichen Abschluß
des Geschäftes ihren Geschäftswertbeitrag leisten. Im Siemens-Konzern
ist es darüber hinaus üblich, daß besonders qualifizierte Einheiten eine

---

34 URL: http://w4.siemens.de/de/career/leitbild/2bn/2gn.html
(Stand: 11.07.2002)

weltweite Verantwortung für bestimmte Themen übernehmen. Das Corporate Knowledge Management Office (CKM) verfügt bspw. über eine weltweite Richtlinienkompetenz hinsichtlich des Wissensmanagement. Auch die Leistungsverknüpfungen zwischen den Teilbereichen im Rahmen internationaler Projekte entsprechen der idealtypischen Vorstellung von **reziproken Interdependenzen**. Allerdings kann man den Siemens-Konzern kaum als Heterarchie bezeichnen. Die Vorstände der operativen Geschäftsbereiche sind alle in Deutschland angesiedelt und die Führung erfolgt – trotz aller Parallelen zur Transnationalen Unternehmung – **hierarchisch**. So ist auch das CKM Office letztlich eine **Zentralstelle** und keine selbständige Einheit im Sinne eines Netzwerkknotens. Insofern läßt sich weder eine **Dezentralisierung des strategischen Management**, noch der überwiegende Einsatz **informaler Koordinationsinstrumente** feststellen.

Bedenkt man jedoch den Fokus der vorliegenden Untersuchung – die Informationsversorgung –, dann lassen sich deutlichere Parallelen zu einem Netzwerk feststellen. Im Interview wurde dieser Aspekt treffend formuliert: „Die Matrix ist die Grundordnung. Das ,Leben' ist ein Netzwerk." Siemens bezeichnet sich selbst als „Global network of innovation" (Siemens 2001) und bringt damit die Bedeutung von Informationen, Wissen und Innovationen zum Ausdruck. Daß eine zunehmende Vernetzung in der Unternehmung von Siemens wahrgenommen und gefördert wird, wird an folgenden Entwicklungen deutlich:

– Im Rahmen des **Siemens-Transformationsprogrammes** werden sämtliche Geschäftsprozesse auf eine mögliche Optimierung durch den Einsatz moderner Informationstechnologien untersucht. Ziel des Transformationsprozesses ist es, die Geschäftsprozesse schneller, kundennäher und effizienter zu gestalten. Innerhalb der Organisation bedeutet dieses eine stärkere Vernetzung der Teilbereiche und Mitarbeiter durch moderne Informationstechnologien. Durch elektronische Marktplätze und E-Procurement-Technologien werden darüber hinaus auch externe Partner und Lieferanten in die Vernetzung einbezogen.

- Siemens hat die Bedeutung des Informations- und Wissenstransfers zwischen Teilbereichen und Mitarbeitern als Quelle von Wettbewerbsvorteilen erkannt. Aus diesem Grunde wurde das CKM Office mit der Förderung von Vernetzung und Wissenstransfer betraut. Das CKM Office entwickelt Instrumente, die **weltweite organisatorische Lernprozesse** unterstützen und fördern. Einige dieser Instrumente werden in Abschnitt 4.3 vorgestellt.

Mit diesen Ausführungen kann abschließend festgestellt werden, daß die Siemens AG deutliche Parallelen zum idealtypischen Modell der Transnationalen Unternehmung aufweist. Zwar kann nicht von einer vollständigen Übereinstimmung zwischen Siemens und dem idealtypischen Modell gesprochen werden. Da Unternehmungen sich in der Praxis jedoch historisch entwickeln und nicht nach Modellen konstruiert werden, ist eine vollständige Übereinstimmung auch nicht zu erwarten gewesen. Die Siemens AG erscheint daher im Kontext dieser Überlegungen als geeignetes Fallbeispiel für eine Transnationale Unternehmung.

Nachdem mit Kapitel 2 nun die Transnationale Unternehmung als idealtypisches Modell veranschaulicht (Abschnitt 2.1) und die Siemens AG als Praxisbeispiel vorgestellt wurde (Abschnitt 2.2), kann die Konkretisierung des Ausgangsbezugsrahmens mit dem Konstrukt der Transnationalen Informationsversorgung fortgesetzt werden. Dazu werden die Ergebnisse dieses Kapitels als Grundlage verwendet, um die Anforderungen der Transnationalen Unternehmung aus theoretischer und praktischer Sicht im folgenden Kapitel 3 zu untersuchen.

3 Informationsversorgung Transnationaler Unternehmungen

Nachdem im vorhergehenden Kapitel die Transnationale Unternehmung in ihren Dimensionen Strategie, Kultur und Organisation eingehend beleuchtet wurde, steht im nun folgenden Kapitel die Konkretisierung der „Transnationalen Informationsversorgung" im Mittelpunkt der Überlegungen. Im folgenden Abschnitt 3.1 werden zunächst begriffsbildende und grundlegende Überlegungen zur Informationsversorgung angestellt, bevor in den Abschnitten 3.2 und 3.3 die Anforderungen Transnationaler Unternehmungen an die Informationsversorgung abgeleitet werden. Diese Anforderungen bilden die Basis für die Bestimmung der „Transnationalen Informationsversorgung" im abschließenden Abschnitt 3.4.

3.1 Begriffsbestimmung und theoretische Einordnung der Informationsversorgung

Bevor in den nachfolgenden Abschnitten die Anforderungen der Transnationalen Unternehmung an die Informationsversorgung untersucht werden, ist zunächst der Begriff der Informationsversorgung einer näheren Bestimmung zu unterziehen. Abschnitt 3.1.1 erläutert zu diesem Zweck den dieser Untersuchung zugrundeliegenden Informationsbegriff. Anschließend geht Abschnitt 3.1.2.1 auf die verschiedenen wissenschaftlichen Ansätze ein, die sich mit der Thematik der Informationsversorgung befassen und nimmt eine Einordnung in einen betriebswirtschaftlichen Kontext vor.

3.1.1 Begriffsbestimmung – Informationen, Informationsprozesse, Informationssysteme und Informationsversorgung

Die Informationsversorgung dient der Bereitstellung unternehmungspolitisch relevanter Informationen (Welge/Holtbrügge 2003, S.274). Gegenstand der Informationsversorgung sind somit einzelne Informationen (Horváth 2002, S. 350). Als Begriffsverständnis hat sich in der Betriebswirtschaftslehre die auf Wittmann (1959, S.14) zurückgehende Definition der **Information als zweckorientiertes Wissen** durchgesetzt [1].

Wissen ist der **psychische Zustand**, sich bestimmter Denkgegenstände bewußt zu sein, d.h. Wissen ist immer an Menschen gebunden. Inhalte des Wissens sind **Sachverhalte**. Die Übermittlung von Wissen auf andere Menschen macht es notwendig, Wissen zu explizieren und auf einer anderen als der Ebene des Denkens abzubilden. Diese Ebene ist die Sprachebene (vgl. Abbildung 3-1). Die **Sprache** ist eine Kodierung von Wissen in Zeichen und Sätze. Wissen, welches in Zeichen kodiert wurde, kann als Nachricht bzw. Daten bezeichnet werden. Nachrichten sind ein Mittel, um Wissen zwischen Menschen zu übertragen.

Diejenige Teilmenge des Wissens, der durch weitere Denkoperationen eine Zweckzugehörigkeit im Sinne einer Problemlösungs-Eignung zuge-

---

1 Vergleiche hierzu und zu den folgenden Ausführungen Berthel 1975 und Szyperski 1980.

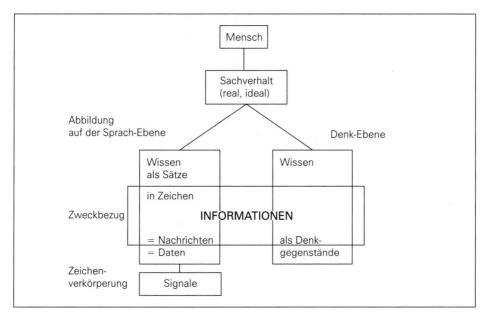

Abb. 3-1   Der begriffliche Zusammenhang von Wissen und Denken
            (Berthel 1975, S. 15)

rechnet werden kann, kann als **Information** identifiziert werden (vgl. Szyperski 1980, Sp. 904). Durch die Einbeziehung der Zweckorientierung in
die Definition der Information ist es möglich, Wissen, welches für die Aufgabenerfüllung relevant ist, von irrelevantem zu unterscheiden. Das für die
Aufgabenerfüllung relevante Wissen sind die betrieblichen Informationen,
die Gegenstand der Informationsversorgung sind. Die Zweckorientierung
ist darüber hinaus das maßgebliche Kriterium zur Bewertung von Informationen und zur Auswahl von Informationen, die den betrieblichen Informationsbedarf decken.

Tätigkeiten, die an bzw. mit Informationen vollzogen werden, lassen sich als **Informationsprozesse** bezeichnen (Berthel 1975, S. 15). Berthel unterscheidet vier grundlegende Prozeßformen:

– Durch die **Informationsbeschaffung** gelangen Informationen in den Verfügungsbereich des Verwenders. Die Informationsbeschaffung kann aktiv im Sinne der Informationsnachfrage, Informationseinholung und die Informationsgewinnung erfolgen. Als passive Informationsbeschaffung wird das Informationsangebot und die Informationsanlieferung bezeichnet.

– Die **Informationsverarbeitung** ist die sachlich-inhaltliche Transformation von Informationen mit dem Ergebnis neuer Informationen. Die Transformation kann in mehreren Arbeitsschritten durch Zusammenfügen, Verdichten und Verknüpfen ebenso erfolgen wie durch Aufspaltung und Verzweigung komplexer Informationen in mehrere einfachere. Dabei kann ein Wechsel des Zeichensystems von bspw. Zahlen zu Wörtern oder graphischen Darstellungen vorgenommen werden. Der Informationsverarbeitungsprozeß ist der zentrale Prozeß aller informationsorientierten Vorgänge. Alle anderen Informationsprozesse dienen der Unterstützung der Informationsverarbeitung.

– Die **Informationsspeicherung** kommt einer zeitlichen Transformation gleich, d.h. sie ist notwendig, wenn die Zeitpunkte der Verfügbarkeit und der Verwendung von Informationen auseinanderfallen. Die Informationsspeicherung setzt geeignete technische Einrichtungen voraus.

– Als **Informationsübermittlung** wird der Prozeß der Übertragung von Informationen von einem Sender auf einen oder mehrere Empfänger bezeichnet. Eine Informationsübermittlung findet bei jedem Informations-Output statt. Als betriebliche Kommunikation ist sie das grundlegende Instrument der Koordination von komplexen, arbeitsteiligen Aufgabenerfüllungs-Prozessen. Sie dient damit auch als soziales Kontaktinstrument für die Mitarbeiter.

Informationsprozesse laufen innerhalb von **Informationssystemen** ab. Informationssysteme sind „geordnete Beziehungsgefüge" (Berthel 1975, S. 17), die aus vier Elementen und deren Beziehungen zueinander bestehen:

– Informationen selbst
– Informationsprozesse, die an und mit den Informationen vollzogen werden
– Aktionsträger der Informationsprozesse
– Aufgaben als Zwecke, für welche die Informationssysteme existieren

Informationen werden als Element eines Informationssystems angeboten oder durch das Informationssystem nachgefragt. In der Praxis decken sich **Informationsangebot** und **Informationsnachfrage** meist nicht (Berthel 1975, S. 28). Die Gestaltung eines Informationssystems basiert auf dem **Informationsbedarf** als Grundprämisse (Horváth 2002, S. 364). Der Informationsbedarf ist die „Art, Menge und Qualität der Informationsgüter, die ein Informationssubjekt im gegebenen Informationskontext zur Erfüllung seiner Aufgabe in einer bestimmten Zeit und innerhalb eines gegebenen Raumgebildes benötigt bzw. braucht" (Szyperski 1980, Sp. 904). Der Informationsbedarf ist demzufolge eine zweckorientierte, objektive Gegebenheit. Er unterscheidet sich vom subjektiven **Informationsbedürfnis** des Aufgabenträgers (Horváth 2002, S. 364), welches die Informationsnachfrage bestimmt. Während im Idealfall Informationsbedarf, -angebot und -nachfrage übereinstimmen, decken sie sich in der Realität nicht (vgl. Abbildung 3-2).

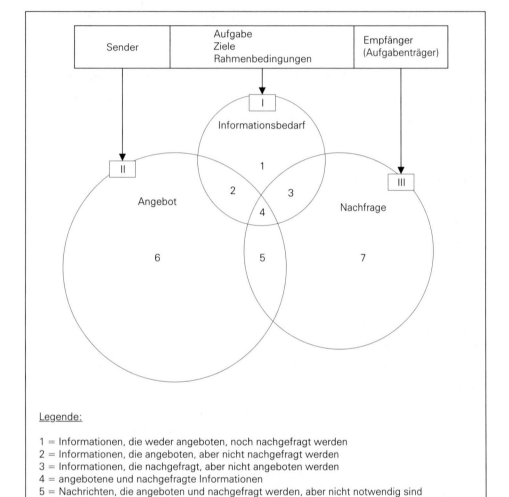

Legende:

1 = Informationen, die weder angeboten, noch nachgefragt werden
2 = Informationen, die angeboten, aber nicht nachgefragt werden
3 = Informationen, die nachgefragt, aber nicht angeboten werden
4 = angebotene und nachgefragte Informationen
5 = Nachrichten, die angeboten und nachgefragt werden, aber nicht notwendig sind
6 = Nachrichten, die angeboten werden, aber weder nachgefragt werden, noch notwendig sind
7 = Nachrichten, die nachgefragt werden, aber weder angeboten werden, noch notwendig sind

Abb. 3-2   Informationsangebot, -nachfrage und -bedarf
            (Berthel 1975, S. 30)

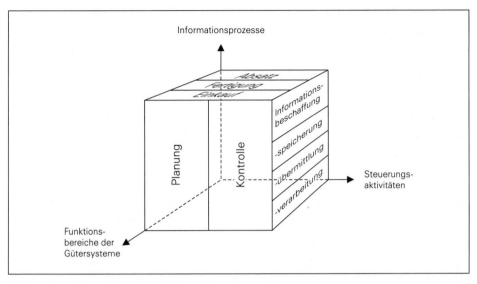

Abb. 3-3   Dimensionen von Informationssystemen
(Berthel 1975, S. 78)

Durch das Element des Zweckbezuges von Informationssystemen lassen sich diese differenzieren. Berthel unterscheidet einerseits die Dimension der Steuerungsaktivitäten, die durch die Informationssysteme unterstützt werden sollen, in Planungs- und Kontrollaktivitäten. Durch die Dimension der Funktionsbereiche, in denen die Informationssysteme eingesetzt werden, sowie die Dimension der Informationsprozesse, ergibt sich ein dreidimensionales Modell, mit dem sich Informationssysteme differenzieren lassen (vgl. Abbildung 3-3).

Als **Informationsversorgungssystem** definiert Horváth (2002, S.354) diejenigen Informationssysteme, die der Verbesserung und der Informationsversorgung der Planung und Kontrolle – und damit der Steuerung und Koordination der Unternehmung – dienen. Diese Fokussierung des Informationssystem-Begriffes auf die **Ebene der Unternehmungsführung** soll den nachfolgenden Überlegungen zugrundegelegt werden. Vor dem Hintergrund der in Kapitel 2 diskutierten komplexen Eigenschaften der Transnationalen Unternehmung sind insbesondere auf der Führungsebene besondere Anforderungen an die Informationsversorgung zu erwarten. Die Gestaltung eines länderübergreifenden Informationsversorgungssystems stellt insbesondere auch deshalb spezifische Anforderungen, da die Informationsentstehung und -verwendung weltweit erfolgt, und es dem Spannungsfeld globaler Standardisierung und lokaler Differenzierung ausgesetzt ist (Welge/Holtbrügge 2001, S.278; Hornung/Reichmann/Baumöl 1997).

Die dem in Abbildung 3-3 dargestellten Modell zuzuordnenden Informationssysteme lassen sich als **formale** Informationssysteme charakterisieren. Neben diesen besteht jedoch ein großer Teil **informaler** Informationssysteme (Horváth 2002, S.350). Die formalen Informationssysteme bilden nur einen Teil der Informationsbeziehungen ab. Der andere Teil besteht in informalen Kontakten und wird von der Führungskraft selbst gestaltet. Formale Informationssysteme können allerdings als Plattform informaler Informationsbeziehungen dienen, so daß diese bei der Gestaltung des länderübergreifenden Informationsversorgungssystems zu berücksichtigen sind.

Nach dieser Bestimmung der grundlegenden informationellen Begriffe wird im nun folgenden Abschnitt 3.1.2.1 eine Einordnung der Informationsversorgung in einen wissenschaftlichen Kontext vorgenommen.

3.1.2 Die Informationsversorgung in der Theorie

3.1.2.1 Einordnung der Informationsversorgung in einen betriebswirtschaftlichen Kontext

Im vorhergehenden Abschnitt wurde der Begriff der Informationsversorgung aus der wissenschaftlichen Perspektive der Betriebswirtschaftslehre betrachtet. Neben der **Betriebswirtschaftslehre** befassen sich noch weitere wissenschaftliche Ansätze mit der Informationsversorgung (vgl. Abbildung 3-4):

– Informatik
– Wirtschaftsinformatik
– Informationsmanagement

Die Wissenschaft der **Informatik** widmet sich der systematischen Verarbeitung von Informationen. Hierzu zählt die „maschinelle Verarbeitung, Speicherung und Übertragung von Daten und Informationen sowie der formalen und technischen Grundlagen" (Schwarze 2000, S. 22). Im Vordergrund der Informatik stehen damit vorwiegend die technischen Aspekte der Informationsverarbeitung. Eine Fokussierung auf das betriebliche Anwendungsfeld findet durch die **Wirtschaftsinformatik** statt. Die Wirtschaftsinformatik ist eine Teildisziplin [2] im Sinne einer angewandten Informatik (vgl. Stahlknecht/Hasenkamp 1997, S. 11ff.; Schwarze 2000, S. 24). Sie ist die Anwendung der Informatik auf die betrieblichen Geschäftspro-

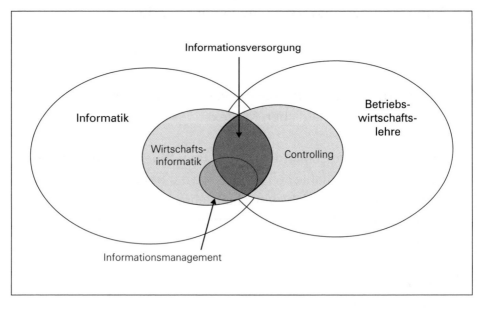

Abb. 3-4   Informationsversorgung in der Schnittmenge wissenschaftlicher Ansätze

zesse in Unternehmungen und Verwaltungen. Die Wirtschaftsinformatik setzt daher ein hohes betriebswirtschaftliches Know-how voraus, welches in maschinelle Informationssysteme zu implementieren ist. Das **Informationsmanagement** stellt eine weitere Teildisziplin der Informatik dar. Das Informationsmanagement wendet betriebswirtschaftliche Techniken auf

2   Durch die zunehmende Bedeutung der Wirtschaftsinformatik wird diese mittlerweile oft als eigenständige wissenschaftliche Disziplin angesehen (vgl. Stahlknecht/Hasenkamp 1997, S.8). Diese Entwicklung wird durch die Praxis verstärkt: Die Komplexität betrieblicher Anwendungssysteme, wie etwa SAP R/3, determiniert bereits Referenzmodelle für die betriebliche Organisation, d.h. nicht die Organisation bestimmt die Gestaltung der Informationssysteme, sondern umgekehrt (vgl. Scheer 1998).

die betrieblichen Informationssysteme an. Im Fokus des Informationsmanagement steht demzufolge die Planung, Realisierung und Kontrolle der Informationsbedarfe und Informationsressourcen in der Unternehmung. Da sich das Informationsmanagement eines betriebswirtschaftlichen Instrumentariums bedient und sich als Teilbereich der Unternehmungsführung interpretieren läßt, wird es häufig auch der Betriebswirtschaftslehre zugerechnet (vgl. Hübner 1996, S.11ff; Heinrich 1999, S.8ff.; Hildebrand 2001, S.11ff.).

Während die Informatik und Wirtschaftsinformatik im engeren Sinne die maschinelle Datenverarbeitung in den Vordergrund der Informationsversorgung stellen, konzentriert sich das Informationsmanagement auf die Steuerung des Informationsversorgungsprozesses. Gleichwohl werden die inhaltliche Dimension der Informationsversorgung sowie ihre betriebswirtschaftlichen Implikationen außer acht gelassen [3]. Da der vorliegenden Untersuchung jedoch ein betriebswirtschaftlicher Ansatz zugrundeliegt, soll im folgenden eine Einordnung der Informationsversorgung in einen **betriebswirtschaftlichen Kontext** erfolgen.

In der Betriebswirtschaftslehre befaßt sich die Teildisziplin des **Controlling** mit der betrieblichen Informationsversorgung. Reichmann (2001, S. 13) definiert Controlling als „die zielbezogene Unterstützung von Führungsaufgaben, die der systemgestützten Informationsbeschaffung und Informationsverarbeitung zur Planerstellung, Koordination und Kontrolle dient;...". Dabei stellt die Informationsversorgung einen wesentlichen Bestandteil des Controllingkonzeptes dar (vgl. Reichmann 2001, S. 10). Das Controlling stellt die Informationsversorgung der Führungskräfte und damit die Koor-

---

3   Vergleiche Horváth 2002, S. 692f: Im Mittelpunkt des Informationsmanagement stehen im Gegensatz zum Controlling nicht die Informationsinhalte sondern die information**technologische** Gestaltung der Informationssysteme.

ᵤ...ation und Steuerung der Unternehmung sicher. Vor dem Hintergrund der transnationalen Netzwerkorganisation ist zu erwarten, daß sich an eine Informationsversorgung im Sinne des Controlling besondere Anforderungen stellen. Daher wird in den folgenden Abschnitten die Informationsversorgung im Kontext des Controlling näher betrachtet [4].

3.1.2.2 Informationsversorgung im Kontext des Controlling

Trotz der vielen Veröffentlichungen zum Themenkreis Controlling in den letzten Jahren hat sich noch immer kein einheitliches Begriffsverständnis herausbilden können. Dieses Defizit hat verschiedene Ursachen: Zum einen wird noch immer der Begriff „Controlling" fälschlicherweise in die phonetische Nähe der „Kontrolle" gerückt. Der Wortsinn des englischen Begriffes „Controlling" liegt jedoch vielmehr im „Steuern" und „Lenken". Neben solchen rein semantischen Mißverständnissen erfolgt z.T. jedoch auch eine zu undifferenzierte Übernahme von US-amerikanischen Controllingansätzen. Die Übertragung dieser Ansätze auf europäische bzw. deutsche Gegebenheiten ist insofern als problematisch anzusehen, daß sich das Controllingverständnis in den USA und Europa unterschiedlich entwickelt hat [5].

Ohne die Diskussion der unterschiedlichen Definitionen des Controlling in der Literatur an dieser Stelle erneut führen zu wollen, soll im folgenden

---

4   Ein Überblick über die Potentiale der Informationsversorgung im Kontext der Globalisierung sowie der Entwicklung moderner Informationstechnologien findet sich in Reichmann 1993b und Reichmann/Baumöl 1998.
5   Für eine ausführliche Darstellung der Unterschiede zwischen US-amerikanischen deutschen Controllingansätzen siehe Horváth 1998, S.26ff. sowie Stoffel 1995.

eine kurze Klassifikation vorgenommen werden, so daß eine Festlegung auf einen Ansatz erfolgen kann, der dem Kontext der vorliegende Untersuchung angemessen erscheint. Die in der Literatur diskutierten Controllingansätze lassen sich grob – und nicht überschneidungsfrei – in drei Klassen einteilen [6]:

- Ansätze, die das **Rechnungswesen** in den Mittelpunkt der Überlegungen stellen.
- Ansätze, die Controlling als spezielle Form der **Führung** betrachten.
- Ansätze, die die **Koordination** in den Vordergrund der Betrachtung stellen.

Rechnungswesenorientierte Ansätze gehen z.T. auf sehr frühe Definitionsversuche des Controlling zurück. Anknüpfend an das klassische Rechnungswesen wird Controlling als funktionale oder materielle Erweiterung betrachtet oder als betriebliche Informationswirtschaft definiert (vgl. Weber 2002, S.20ff.). Diese Erweiterung des Rechnungswesens rechtfertigt jedoch kaum die Bezeichnung „Controlling" und ist als theoretischer Rahmen für die vorliegende Untersuchung nicht geeignet.

Gehen die rechnungswesenorientierten Ansätze scheinbar nicht weit genug, so gehen die **führungssystemorientierten** Ansätze zu weit: Controlling wird als Teilbereich der Unternehmungsführung definiert, der die konsequente Zielausrichtung der Unternehmung zu gewährleisten hat. Durch diese Definition werden die Funktionen des Controlling auf die Führung beschränkt und eine Abgrenzung von Unternehmungsführung und Controlling ist kaum möglich – sie erscheinen nahezu synonym.

6   Vergleiche Peemöller 1990, S.60ff.; Weber 2002, S.20ff. Eine ausführliche empirische Untersuchung realer Ausprägungsformen des Controlling findet sich in der Untersuchung von Amshoff (1993).

Die **koordinationsorientierten** Ansätze des Controlling stellen die Koordination [7] der Teilsysteme der Unternehmungsführung in den Fokus der Betrachtung. In Anlehnung an die Systemtheorie [8] läßt sich die Unternehmungsführung als Teilsystem des Systems „Unternehmung" definieren. Dieses Teilsystem läßt sich wiederum in spezialisierte Subsysteme einteilen, welche die einzelnen Führungsfunktionen (z. B. Planung, Organisation, Informationsversorgung, Kontrolle) wahrnehmen. Controlling läßt sich nun als dasjenige Subsystem der Führung definieren, das die Koordination der einzelnen Führungsteilsysteme wahrnimmt. Hierbei ist die **Informationsversorgung** sowohl Gegenstand der Koordination wie auch Instrument der Koordination: Das Controlling hat die Koordination innerhalb des Informationsversorgungssystems ebenso zu gewährleisten wie die Koordination der Führungsteilsysteme mit Hilfe der Informationsversorgung. Controlling läßt sich daher auch definieren als die **Abstimmung von Informationsverwendung und Informationsbeschaffung im Rahmen der Unternehmungsführung** (vgl. Müller 1974; Horváth 2002, S.98ff.).

Betrachtet man rekapitulierend die in Kapitel 2 erarbeiteten Dimensionen der **Transnationalen Unternehmung**, dann wird deutlich, daß die Komplexität der Netzwerkorganisation insbesondere die Notwendigkeit der Koordination von Systemen in den Vordergrund rückt. Die folgenden Überlegungen schließen sich daher diesem koordinationsorientierten Controllingverständnis an.

Abbildung 3-5 zeigt die Einordnung des koordinationsorientierten Controllingsystems in das Führungssystem einer Unternehmung. Controlling

---

7 „Der Ausdruck Koordination bezeichnet eine bestimmte Zuordnung der Glieder eines Gefüges derart, daß eine verbindende innere Beziehung der Glieder auf das übergeordnete Ganze entsteht." (Kosiol 1968, S.77)
8 Vergleiche Horváth 2002, S.116ff.

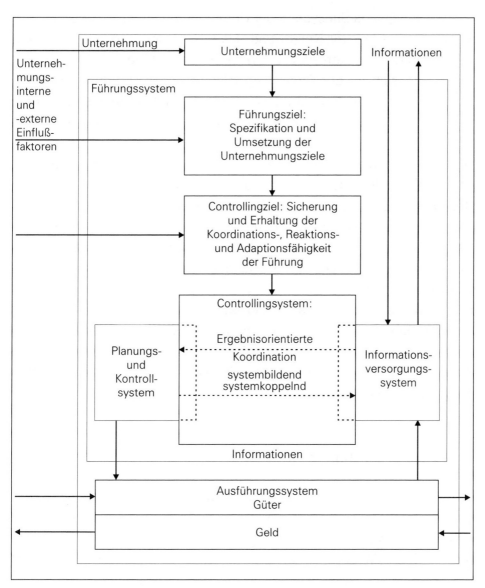

Abb. 3-5   Controlling als Subsystem der Unternehmungsführung
(Horváth 2002, S.151)

ist demzufolge das Subsystem der Unternehmungsführung, welches das Planungs- und Kontrollsystem und das Informationsversorgungssystem koordiniert (vgl. Horváth 2002, S. 152ff.). Die Gestaltung des Controllingsystems leitet sich aus den **Controllingzielen** ab. Diese bestimmen die wahrzunehmenden **Aufgaben** und die einzusetzenden **Instrumente** und somit die wesentlichen Elemente des funktionalen Controllingsystems.

Überträgt man diese Sichtweisen auf die Transnationale Unternehmung, dann wird deutlich, daß der Informationsversorgung hier eine besondere Bedeutung zukommt: In einer Transnationalen Unternehmung müssen gleich mehrere Planungs- und Kontrollsysteme – nämlich die der weitgehend eigenständigen Einheiten des transnationalen Netzwerkes – mit Informationen versorgt werden, um deren Koordination zu gewährleisteten. Eine solche Informationsversorgung kann nur durch ein komplexes, **länderübergreifendes Informationssystem** gewährleistet werden (vgl. Welge/Holtbrügge 2003, S. 274ff.). Die Ausgestaltung eines solchen Informationssystems hängt, wie bereits erläutert, von den Controllingzielen und -aufgaben sowie den eingesetzten Instrumenten ab. Im folgenden sollen diese daher näher betrachtet werden.

3.1.2.2.1 Controllingziele

Die Controllingziele sind jene Ziele, die den Aufbau und die Gestaltung des Controllingsystems begründen (Reichmann 2001, S. 3). Sie leiten sich aus den Unternehmungszielen ab und können aus Ergebnis- und Sachzielen bestehen (vgl. Welge/Amshoff 1987, S. 17ff.). Im Kontext der Transnationalen Unternehmung stehen nicht isolierte Zielgrößen im Vordergrund, sondern das gleichzeitige Erreichen mehrerer, z. T. konfliktärer Vorteilskategorien (vgl. Abschnitt 2.1.2.1).

Aus der Divergenz der einzelnen Ziele ergeben sich unterschiedliche Informationsbedarfe für die Unternehmungsführung: Der Aufbau von Differenzierungsvorteilen bedarf detaillierter Kenntnisse des lokalen Marktes, die über ein einzelnes Land hinaus für die Gesamtunternehmung zunächst ohne weitere Relevanz sein können. Die Kooperation einzelner Unternehmungsteile zum Aufbau von Verbund- und Skalenvorteilen erfordert hingegen eine Koordination durch eine länderübergreifende Informationsversorgung. Das primäre Ziel des transnationalen Controlling muß demzufolge die **Gewährleistung einer adäquaten Informationsversorgung** sein. Es orientiert sich damit am Globalziel des Controlling, die Unternehmungsführung bei der Umsetzung der Unternehmungsziele zu unterstützen, d. h. die „Koordinations-, Reaktions- und Adaptionsfähigkeit der Führung" zu sichern und zu erhalten (Horváth 2002, S. 151). Die Adäquanz der Informationsversorgung mißt sich dabei an den Anforderungen einer Transnationalen Unternehmung an die Informationsversorgung.

3.1.2.2.2 Aufgaben des Controlling

Die Controllingaufgaben umfassen alle Aktivitäten, die für die Realisierung der Controllingziele relevant sind. Sie können nach drei verschiedenen Kriterien differenziert werden (vgl. Abbildung 3-6):

– Bezogen auf die Unternehmungsziele, die durch die Controllingaufgaben unterstützt werden sollen, lassen sich **operative** und **strategische** Aufgaben unterscheiden.
– Hinsichtlich des Verrichtungsaspekts werden **systembildende** und **systemkoppelnde** Controllingaufgaben unterschieden. Systembildende Aufgaben sind Gestaltungsaufgaben, die zur Schaffung geeigneter Führungssysteme sowie der Koordinationsorgane und -regelungen bei-

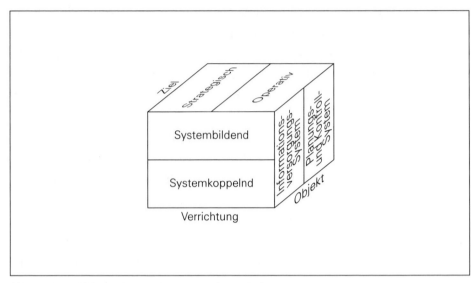

Abb. 3-6   Differenzierung der Controllingaufgaben
            (Horváth 2002, S.151)

tragen. Systemkoppelnde Aufgaben sind Nutzungsaufgaben, die auf bestehende Systeme zurückgreifen. Im Kontext der vorliegenden Untersuchung sind systembildende Aufgaben in der Schaffung eines geeigneten Informationsversorgungssystems zu sehen. Die systemkoppelnde Aufgabe ist die Koordination der Führung der Transnationalen Unternehmung durch die Nutzung der Informationsversorgung.

– Im Hinblick auf das Objekt der Controllingaufgabe lassen sich Aufgaben, welche die **Informationsbeschaffung** (d.h. das Informationsversorgungssystem) und Aufgaben welche die **Informationsverwendung** (d.h. das Planungs- und Kontrollsystem) betreffen, unterscheiden.

Ausgehend von dem zuvor definierten Controllingziel „Gewährleistung einer adäquaten Informationsversorgung" läßt sich durch die Formulierung einer **Zweck-Mittel-Beziehung** die zentrale Controllingaufgabe der vorliegenden Untersuchung ableiten: Aufgabe des transnationalen Controlling ist die **Wahrnehmung der Informationsversorgungsaufgabe** (= Mittel), um das fokale Controllingziel (=Zweck) zu erreichen. Der Fokus des transnationalen Controlling liegt daher auf dem Informationsversorgungssystem. Diese Aufgabe umfaßt systembildende und systemkoppelnde Aspekte, denn es ist einerseits die Schaffung eines länderübergreifenden Informationssystems und andererseits die Koordination der Transnationalen Unternehmung durch eine adäquate Informationsversorgung zu gewährleisten. Je nach Bedarf der Informationsverwendung können diese Informationen strategischer oder operativer Natur sein.

3.1.2.2.3 Instrumente des Controlling

Als Instrumente des Controlling sind diejenigen ideellen und realen Hilfsmittel zu verstehen, „die im Rahmen der systembildenden und systemkoppelnden Koordination zur Erfassung, Strukturierung, Auswertung und Speicherung von Informationen bzw. zur organisatorischen Gestaltung eingesetzt werden" (Horváth 2002, S. 152). Ideelle Hilfsmittel des Controlling sind die Verfahren und Methoden, die zur Informationsversorgung eingesetzt werden. Als reale Hilfsmittel sind vor allem die technischen Systeme der Informationsverarbeitung anzusehen.

Auch die Beziehung zwischen Controllingaufgaben und -instrumenten läßt sich als Zweck-Mittel-Relation ausdrücken: Controllinginstrumente sind das Mittel, um den Zweck – hier die Wahrnehmung der Informationsversorgungsaufgabe – zu erfüllen. Als Mittel zur Wahrnehmung dieser Aufgabe wird im Rahmen der vorliegenden Untersuchung die Informationsverarbeitung, insbesondere **moderne Informationstechnologien**, angesehen (vgl. Kapitel 4).

Durch die Interpretation der Informationsversorgung als **Instrument** des Controlling klammert die vorliegende Untersuchung die Sichtweise der Informationsversorgung als **Objekt** des Controlling aus. Diese Perspektive wird vor allem in Beiträgen zum Informationsverarbeitungs-Controlling diskutiert [9].

Durch die Einordnung des Informationsversorgungsbegriffes in das Controlling läßt sich **zusammenfassend** festhalten:

- In Transnationalen Unternehmungen ist die adäquate Versorgung der Unternehmungsführung mit Informationen ein zentrales **Ziel** des Controlling.
- **Aufgabe** des Controlling ist die Schaffung und Koordination eines länderübergreifenden Informationsversorgungssystems, welches das Mittel zur Realisierung des Controllingzieles einer adäquaten Informationsversorgung ist.
- Zur Erfüllung dieser Aufgabe lassen sich moderne Informationstechnologien als **Instrumente** der Informationsversorgung einsetzen.

Nach dieser begrifflichen Bestimmung und Einordnung untersuchen die nachfolgenden Abschnitte auf Grundlage der in Kapitel 2 erarbeiteten Erkenntnisse sowie der Ergebnisse der empirischen Untersuchung die An-

---

9 Vergleiche Haufs 1989; Kargl 1996; Horváth 2002, S.687ff.; Reichmann 2001, 675ff.; Ahituv/Neumann 1982, S.10ff.; Krcmar 1992, S.58ff.; Krcmar 1992a, S.6ff

forderungen, die an die Aufgabe einer adäquaten Informationsversorgung geknüpft sind.

3.2 Anforderungen Transnationaler Unternehmungen an die Informationsversorgung aus theoretischer Perspektive

Wie im vorhergehenden Abschnitt erläutert wurde, besteht das Ziel eines länderübergreifenden Informationsversorgungssystems darin, eine adäquate Informationsversorgung der Unternehmungsführung sicherzustellen. Dabei liegt die Betonung auf der Adäquanz der Informationsversorgung, d.h. sie muß den Anforderungen der Transnationalen Unternehmung genügen. In den folgenden Abschnitten sollen daher diese Anforderungen vor dem Hintergrund der in Kapitel 2 diskutierten Dimensionen Transnationaler Unternehmungen erarbeitet werden.

3.2.1 Anforderungen aus der Strategie Transnationaler Unternehmungen

Die Anforderungen aus der Strategie der Transnationalen Unternehmung leiten sich unmittelbar ab: Die gleichzeitige Realisierung der Vorteilskategorien

- Differenzierungsvorteile,
- Skaleneffekte,
- Verbundvorteile und
- Synergieeffekte

impliziert ein komplexes **Anforderungsbündel** für die Informationsversorgung.

Differenzierungsvorteile ergeben sich durch die Anpassung lokaler Geschäftseinheiten an die lokalen Umweltbedingungen und Marktbedürfnisse. Die Führungskräfte dieser Geschäftseinheiten müssen daher mit Informationen versorgt werden, welche ihnen eine Anpassung an die lokalen Erfordernisse ermöglichen (vgl. Griese 1990, S. 138; Beck/Rall 1992, S. 328). Für die Informationsversorgung ergibt sich die Anforderung, für die verschiedenen Zielmärkte der Transnationalen Unternehmung landesbezogen aufbereitete Informationen zur Verfügung zu stellen (**landesbezogene Differenzierung**). Differenzierungsvorteile ergeben sich allerdings nicht nur durch die lokale Marktanpassung, sondern auch durch die Ausnutzung national unterschiedlicher Ressourcenausstattungen, Faktorkostenunterschiede und unterschiedlicher Technologieniveaus (vgl. Abschnitt 2.1.1.1.2). Die Realisierung von Differenzierungsvorteilen erfordert also auch einen Informationsfluß, der über lokale Märkte hinausgeht: Unternehmungseinheiten, die über besondere Ressourcen, Kenntnisse oder Innovationen verfügen, müssen in der Lage sein, diese zu kommunizieren, d. h. sie anderen Unternehmungseinheiten zur Verwendung anzubieten. Diese Generierung von Differenzierungsvorteilen über Ländergrenzen hinweg wird jedoch erst dann möglich, wenn ein länderübergreifendes Informationssystem verfügbar ist, welches die einzelnen Unternehmungseinheiten integriert und ihre Ressourcen **weltweit** transparent macht (vgl. Schober 1994, S. 32ff.). Eine wichtige Anforderung an die Transnationale Informationsversorgung ist also die **Integration** weltweit verstreuter Informationsquellen und -verwender.

Auch die Realisierung von **Skaleneffekten**, d. h. eine Senkung der Produktionskosten durch Steigerung des Absatzes, erfordert eine hohe **Integrati-**

on der Informationsversorgung (vgl. Griese 1990, S. 138f.). Eine Steigerung des Absatzes wird erst dann möglich, wenn im internationalen Umfeld neue Märkte identifiziert werden, die für den Absatz standardisierter Produkte geeignet sind. Diese Identifikation erfordert die Integration lokaler Marktdaten in ein länderübergreifendes Informationssystem. Sie ist darüber hinaus auch erforderlich, um neue Potentiale für Skaleneffekte zu ermitteln: Damit gleichartige Produktionsbedürfnisse mehrerer Unternehmungseinheiten lokalisiert und zusammengefaßt werden können, müssen diese Informationen weltweit integriert werden.

Auf die Umsetzung von **Verbundvorteilen** – z.B. durch die Bündelung von Beschaffungsaktivitäten – treffen diese Überlegungen ebenfalls zu. Ein „Global Sourcing" erfordert ein Informationssystem, in welches die Bedarfe der einzelnen Unternehmungseinheiten integriert werden können. Auch das konspirative Handeln von Unternehmungseinheiten gegenüber einem gemeinsamen globalen Wettbewerber oder Kunden erfordert die **Integration** von Informationsbeständen – hier der Wettbewerbs- und Kundendaten.

Synergieeffekte sind weltweite, organisationale Lernprozesse, die zur Innovation von Produkten, Prozessen und Strukturen sowie Kostensenkungspotentialen führen können (vgl. Welge/Holtbrügge 1998, S. 86). Sie entstehen durch die Kooperation von Unternehmungseinheiten, so daß auch hier die Anforderung der **Integration** von Belang ist. Weit wichtiger als die Grundvoraussetzung eines integrierten Informationssystems ist jedoch die Anforderung, die Kooperation von Unternehmungseinheiten zu unterstützen und zu koordinieren, denn erst koordinierte Entscheidungsprozesse und Informationsströme führen zu Synergieeffekten. Eine wesentliche Anforderung, die sich aus der Vorteilskategorie „Synergieeffekte" ergibt, ist demzufolge die Unterstützung der **Kooperation** durch geeignete Informationssysteme (z. B. Groupware-Applikationen u.ä.). Neben den Synergieeffekten, die im Kontext länderübergreifender Zusammenarbeit entstehen, sind auch solche zu betrachten, die durch **Kombination** entstehen. So kann bspw. durch die Kombination des technischen Know-how zweier Unternehmungseinheiten eine technische Innovation generiert werden, die über die Leistungsfähigkeit der einzelnen Unternehmungseinheiten hinausgeht. Daraus läßt sich die Anforderung formulieren, daß das Informationsversorgungssystem einer Transnationalen Unternehmung in der Lage sein muß, länderübergreifend Informationen – hier bspw. im Sinne von Know-how – zu integrieren und zu **kombinieren** (vgl. Griese 1993, S. 88).

Wie bereits in Abschnitt 2.1.1.1.3 dargestellt, ist die annähernd gleichzeitige Realisierung aller Vorteilskategorien nur dann möglich, wenn alle Aktivitäten des Wertschöpfungsprozesses einer **weltweiten Konfiguration** unterzogen werden. Diese resultiert einerseits in individuellen Funktionen für die einzelnen Unternehmungseinheiten: Einige Unternehmungseinheiten übernehmen nur den lokalen Vertrieb für ein Land, andere hingegen für eine ganze Region. Wieder andere Unternehmungseinheiten leisten die zentralisierte Produktion für ein weltweit vertriebenes Produkt. Die Konfiguration der Wertkette erfordert damit eine Informationsversorgung, die an die individuelle Aufgabe der jeweiligen Unternehmungseinheit angepaßt ist (**aufgabenbezogene Differenzierung**). Die weltweit integrierten Wertaktivitäten erfordern jedoch auch, daß die **Kooperation** der an der Wertkette beteiligten Unternehmungseinheiten durch adäquate Informationssysteme unterstützt wird. Damit diese Kooperation überhaupt möglich wird und damit bei der Entwicklung individueller Strategien die Interessen der Gesamtunternehmung berücksichtigt werden, ist auch hier die Anforderung der **Integration** von besonderer Bedeutung. Eine Integration individuell operierender Unternehmungseinheiten in ein länderübergreifendes

Informationsversorgungssystem wird allerdings nur dann möglich, wenn zu diesem Zweck standardisierte Schnittstellen vorhanden sind. Die weltweite Konfiguration der Wertaktivitäten impliziert damit die Anforderung der **Standardisierung** der Informationsversorgung (vgl. Alavi/Young 1992, S.508f.; Petzold 1994). Standardisierung bedeutet nicht, daß alle Unternehmungseinheiten die gleichen Informationsinstrumente einsetzen – dieses würde u.a. dem Ziel einer länder- bzw. aufgabenbezogenen Differenzierung entgegenstehen. Standardisierung bedeutet vielmehr, daß die Informationsinstrumente über standardisierte Schnittstellen verfügen und auf standardisierten Technologien aufbauen, so daß Datentransfers zwischen einzelnen Systemen möglich werden (vgl. Hasenkamp 1994, S.149; Alavi/Young 1992, S.513).

Zusammenfassend lassen sich aus der Strategie Transnationaler Unternehmungen folgende Anforderungen an die Informationsversorgung ableiten:

- Die Anforderung der **landesbezogenen Differenzierung** von Informationen zur Unterstützung der Generierung von Differenzierungsvorteilen.
- Die **Integration** von Informationsquellen und -verwendern als Grundvoraussetzung der länderübergreifenden Generierung von Wettbewerbsvorteilen.
- Die **weltweite Verfügbarkeit** des Informationsversorgungssystems.
- Die Anforderung der **Unterstützung der Kooperation** weltweit verstreuter Unternehmungseinheiten in gemeinsamen Projekten und Prozessen.
- Die Anforderung der **Unterstützung der Kombination** von weltweiten Ressourcen zur Generierung von Synergieeffekten.

- Die Anforderung der **aufgabenbezogenen Differenzierung** von Informationen zur Unterstützung der individuellen Strategien einzelner Unternehmungseinheiten.
- Die **Standardisierung** in der Informationsversorgung als Voraussetzung für den Aufbau eines länderübergreifenden Informationsversorgungssystems.

3.2.2 Anforderungen aus der Kultur Transnationaler Unternehmungen

Die Kultur Transnationaler Unternehmungen zeichnet sich durch ihren **synergetischen** Charakter sowie ihre **pluralistische** und **universelle Ebene** aus (vgl. Abschnitt 2.1.2.2). Die Anforderungen, die sich aus der Kultur Transnationaler Unternehmungen ergeben, sind aus zwei Blickwinkeln zu betrachten:

- Welche Anforderungen ergeben sich durch die Berücksichtigung der Kultur bei der Informationsversorgung (**passive Sichtweise**)?
- Welche Anforderungen ergeben sich, um die Kultur zu fördern (**aktive Sichtweise**)?

Für die **pluralistische Ebene** der Kultur ist sowohl die passive wie auch die aktive Sichtweise von Bedeutung. Die pluralistische Ebene der Kultur repräsentiert die Vielfalt der durch lokale Landeskulturen geprägten Auslandsniederlassungen und ermöglicht so die Realisierung von **Differenzierungsvorteilen** in lokalen Märkten (vgl. Schreyögg 1993, S. 135; Tractinsky/ Jarvenpaa 1995, S. 511). Aus dieser pluralistischen Kulturebene stellt sich für die Informationsversorgung die Anforderung, daß die landeskulturellen

Besonderheiten und Bedürfnisse berücksichtigt werden müssen (vgl. Palvia/Saraswat 1992, S.559). Eine international homogene, undifferenzierte Informationsversorgung – wie man sie im Falle des globalen Idealtypus (vgl.Abschnitt 2.1.1.1.3) erwarten könnte – würde dieser Anforderung widersprechen. Individuelle Informationsbedarfe und kulturell bedingte Fähigkeiten würden so verloren gehen. Bei der Gestaltung der Informationsversorgungssysteme ist daher darauf zu achten, daß derartige negative Auswirkungen auf die Kultur vermieden werden (vgl. Grudowski 1995, S.209ff.). Die Informationsversorgung hat demzufolge **landesbezogen differenziert** zu erfolgen (passive Sichtweise). Da Aufnahme und Entwicklung der Kultur im wesentlichen auf der Ebene des Individuums erfolgt, ist über eine landesbezogene Differenzierung hinaus sicherzustellen, daß die Informationen auch **personenbezogen differenziert** zur Verfügung gestellt werden können. Die Möglichkeit, daß ein Benutzer die Informationsversorgung auf seinen persönlichen Bedarf, seine Denk- und Arbeitsweise anpassen kann, erhöht die Akzeptanz und Nutzung moderner Informationstechnologien (vgl. Eulgem 1998, S.126f.). Die Berücksichtigung landes- und personenbezogener Besonderheiten bzw. Bedarfe ermöglicht die **aktive** Unterstützung einer pluralistischen Unternehmungskultur durch speziell angepaßte Informationsangebote.

Auch für die **universelle Ebene** der Kultur ist zunächst die Frage zu stellen, wie negative Auswirkungen durch die Informationsversorgung vermieden werden können. Würde sich die Informationsversorgung auf die im Kontext der pluralistischen Ebene diskutierten Anforderungen der landes- bzw. personenbezogenen Differenzierung beschränken, dann würde dies tatsächlich der universellen Ebene der Kultur schaden. Aus passiver Sichtweise läßt sich daher als Grundvoraussetzung einer adäquaten Informationsversorgung die Anforderung der **Integration** ableiten: Die kulturell unterschiedlichen Unternehmungseinheiten sind in ein länderübergreifendes Informationssystem zu integrieren, in welchem nicht nur kultureller Austausch, sondern auch die Vermittlung einer universellen Unternehmungskultur stattfinden kann (vgl. Schreyögg 1993, S. 162f.). Die Schaffung eines integrierten, länderübergreifenden Informationssystems fördert **aktiv** die universelle Ebene der Unternehmungskultur, denn es bietet die Möglichkeit, die Subkulturen der Unternehmungseinheiten zu einer gemeinsamen Unternehmungskultur zusammenzuführen. Den Führungskräften können gemeinsame Werte und Denkweisen vermittelt werden, indem sie sich über die Grenzen der eigenen Unternehmungseinheit hinaus austauschen und informieren können. Sie werden dadurch in die Lage versetzt, im Gesamtkontext der Transnationalen Unternehmung zu denken und zu agieren. Eng verbunden mit der Anforderung der Integration ist die Anforderung der **Standardisierung**. Durch die Verwendung von standardisierten Datenformaten und Schnittstellen lassen sich integrierte Informationssysteme schaffen, ohne daß der pluralistische Aspekt der Transnationalen Unternehmung konterkariert wird: So lassen sich auch bei einem integrierten Datenaustausch z. B. Intranetportale zur Informationsvermittlung kulturspezifisch gestalten (bspw. durch die automatische Übertragung von Texten in die Landessprache) und Daten landesbezogen übertragen (bspw. durch die automatische Umrechnung von Wechselkursen; vgl. Hasenkamp 1994, S. 153).

Der **synergetische Charakter** der Transnationalen Unternehmungskultur, d. h. die Nutzung der Kultur im Sinne einer Ressource (vgl. Welge/Holtbrügge 2003, S. 190ff.; Meffert 1990, S. 106f.; Schreyögg 1990, S. 389) impliziert neben den zuvor beschriebenen Anforderungen der Differenzierung und Integration auch die Notwendigkeit der **informalen Kommunikation**. Die Vermittlung von kulturellen Werten und Denkweisen erfolgt auf individueller Ebene und läßt sich nicht durch formale Regelwerke „erzwingen" (vgl. Schreyögg 1993, S. 163). Sowohl zur Förderung der universellen

Ebene der Unternehmungskultur als auch zum Austausch zwischen unterschiedlichen Landeskulturen ist es daher erforderlich, daß den Führungskräften Wege der informalen Kommunikation offen stehen (vgl. Paul 1998, S. 109ff.; Welge 1999b, S. 9).

Die Kultur Transnationaler Unternehmungen stellt somit folgende Anforderungen an die Informationsversorgung:

– Die Anforderung der **landesbezogenen Differenzierung** der Informationsversorgung zur Berücksichtigung und Unterstützung landesspezifischer Kulturen.
– Die Anforderung der **personenbezogenen Differenzierung** zur Anpassung der Informationsversorgung an individuelle Bedarfe und Fähigkeiten.
– Die Anforderung der **Integration** der weltweit verteilten Unternehmungseinheiten und Mitarbeiter zur Förderung gemeinsamer Denkweisen und einer universellen Kulturebene.
– Die Anforderung der **Standardisierung**, um die Integration kulturell unterschiedlicher Unternehmungseinheiten zu ermöglichen, ohne die Unterschiede zu homogenisieren.
– Die Anforderung der **informalen Kommunikation** zur Förderung des synergetischen Einsatzes der Unternehmungsressource Kultur.

3.2.3 Anforderungen aus der Organisation Transnationaler Unternehmungen

Auch hinsichtlich der **Netzwerkorganisation** der Transnationalen Unternehmung ist von spezifischen Anforderungen an die Informationsversorgung auszugehen. Diese lassen sich aus den Merkmalen der Netzwerkorganisation ableiten, die in Abschnitt 2.1.2.3 erläutert wurden:

– differenzierte Rollen der Netzwerkknoten
– ausgeprägte Interdependenzen zwischen den Netzwerkknoten
– Dezentralisierung des strategischen Management
– Dominanz informaler Koordinationsinstrumente
– weltweite organisatorische Lernprozesse

Die unterschiedlichen **Rollen**, die die Unternehmungseinheiten einer Transnationalen Unternehmung wahrnehmen können, implizieren die Notwendigkeit einer **aufgabenbezogenen Differenzierung** der Informationsversorgung: Unternehmungseinheiten, die die weltweite strategische Verantwortung für bestimmte Entscheidungsobjekte wahrnehmen (z.B. im Produktmanagement), müssen mit allen für ihre strategischen Entscheidungen relevanten Informationen versorgt werden. Sie benötigen Informationen über weltweite Märkte, lokale und globale Wettbewerber und die Entwicklung dieser Informationsobjekte. Der Informationsbedarf des „strategischen Führers" geht also weit über den einer rein ausführenden Unternehmungseinheit hinaus. Aufgabenbezogene Differenzierung der Informationsversorgung bedeutet auch, daß der Umfang an bereitgestellten Informationen an die Rolle der Unternehmungseinheit angepaßt werden kann. Der Umfang der Informationsversorgung kann nicht in allen Unternehmungseinheiten gleich sein, denn sonst würden die strategischen Führer unterversorgt werden, während die Unternehmungseinheiten mit rein ausführenden Rollen sich einer Informationsflut gegenüber sähen. Auch die Unternehmungseinheiten in den Rollen der strategischen Mitwirkung oder des „schwarzen Loches" erfordern eine aufgabenbezogen angepaßte Informationsversorgung: Mitwirkende Unternehmungseinheiten sind in länderübergreifende Entscheidungs- bzw. Produktionsprozesse eingebunden, die durch entsprechende Informationsflüsse unterstützt werden müssen. Einheiten in der Rolle des „Schwarzen Loches" kommen als Brückenkopf in strategisch wichtigen Märkten vor allem Beobachtungsfunktionen zu, d.h. sie benötigen Informationssysteme, die ihnen die Übermittlung strategisch relevanter Informationen über Umfeld-, Produkt-, Markt- und Wettbewerbsentwicklungen ermöglichen.

Die differenzierte Rollenverteilung in Transnationalen Unternehmungen erfordert darüber hinaus auch die **Integration** aller Unternehmungseinheiten in ein länderübergreifendes Informationssystem. Erst durch diese Integration können bspw. einem strategischen Führer alle relevanten, weltweiten Daten zur Verfügung gestellt werden oder der Brückenkopf in strategischen Märkten sinnvoll genutzt werden. Die Anforderung der Integration ergibt sich auch aus den **ausgeprägten Interdependenzen** zwischen den Netzwerkknoten einer Transnationalen Unternehmung. Wie bereits in Abschnitt 2.1.2.3.2 dargestellt wurde, hat insbesondere der Austausch immaterieller Ressourcen eine erhebliche Bedeutung (vgl. Welge/Böttcher/ Paul 1998, S.119ff.). Diese immateriellen Ressourcen bestehen einerseits aus den Informationsflüssen, welche den Austausch materieller Ressourcen begleiten und steuern. Andererseits handelt es sich um Kommunikation auf rein sozialer Ebene: Gerade die informalen Kontakte zwischen den Führungskräften haben einen besonderen Stellenwert für die transnationale Organisationskultur. Die Informationssysteme müssen daher in der Lage sein, diese Formen des Austausches von Informationen und Knowhow zu unterstützen. Auch aus der Organisation Transnationaler Unternehmungen ergibt sich damit die Anforderung der **informalen Kommunikation**.

Die **Dezentralisierung des strategischen Management** in Transnationalen Unternehmungen impliziert zunächst – wie schon die differenzierte Rollenverteilung – die Anforderung einer **aufgabenbezogenen Differenzierung** der Informationsversorgung, damit Unternehmungseinheiten mit strategischer Verantwortung adäquat mit Informationen versorgt werden. Die Dezentralität des strategischen Management ist jedoch nur ein Aspekt der **heterarchischen** Netzwerkorganisation (Abschnitt 2.1.2.3.3). Die Heterarchie Transnationaler Unternehmungen bedeutet nicht nur eine regionale Verteilung strategischer Kompetenzen, sondern auch eine temporäre: Strategische Verantwortung für bestimmte Teilbereiche übernehmen diejenigen Netzwerkknoten, die am besten für diese Aufgabe ausgestattet und geeignet sind (vgl. Welge/Holtbrügge 2003, S.179). Erweist sich eine andere Unternehmungseinheit als besser geeignet, dann kann die strategische Verantwortung auf diese übergehen. Neben dieser temporären Superordination können Sub- und Superordination auch gleichzeitig nebeneinander bestehen: Während eine Unternehmungseinheit bspw. für die Entwicklung eines bestimmten Produktes die strategische Führung übernimmt, ist sie in anderen Bereichen nur in einer ausführenden Rolle. Für die Informationsversorgung ergibt sich hieraus die Anforderung, **flexibel** auf die Informationsbedarfe in einer Heterarchie reagieren zu können. Es ist also nicht ausreichend, die einzelnen Unternehmungseinheiten in bestimmte Rollenmuster einzuordnen und standardisierte Informationsversorgungssysteme zur Verfügung zu stellen. Das länderübergreifende Informationssystem muß vielmehr derart gestaltet sein, daß eine flexible Anpassung an die dynamischen Rollen und Aufgaben möglich ist (vgl. Egelhoff 1993, S.206f.).

Das Konzept der Heterarchie gibt noch weiteren Aufschluß über die Anforderungen der Transnationalen Unternehmung an die Informationsversorgung. Die Verteilung strategischer Kompetenzen auf Unternehmungseinheiten, die nicht mehr im hierarchischen Sinne auf unterschiedlichen Ebenen agieren, impliziert eine **Horizontalität der Informationsflüsse** (vgl.

Egelhoff 1993, S.205). Da Entscheidungen nicht mehr top-down gefällt werden, verlaufen auch die Informationsflüsse nicht mehr in rein vertikaler Richtung, sondern horizontal zwischen den Netzwerkknoten. Zur Gewährleistung dieser Horizontalität muß das länderübergreifende Informationssystem alle Unternehmungseinheiten **integrieren** und die **Kooperation** im Rahmen weltweit konfigurierter Wertketten unterstützen (vgl. Alavi/Young 1992, S.511f.). Grundlage für die Funktionsfähigkeit einer Heterarchie ist eine normative, zielgerichtete Integration (Etzioni 1975). Diese wird durch die Bildung und Vermittlung von gemeinsamen Zielen, Wissen und Kultur sowie durch eine intensive Kommunikation erreicht. Auch die **informale Kommunikation** stellt damit eine wesentliche Anforderung dar, die durch die Dezentralisierung des strategischen Management impliziert wird.

In Abschnitt 2.1.2.3.4 wurde bereits erläutert, daß sich das Konzept der Heterarchie in empirischen Untersuchungen durch eine **Dominanz informaler Koordinationsinstrumente** in Transnationalen Unternehmungen untermauern läßt. Da strukturelle und technokratische Koordinationsinstrumente im strategisch und organisatorisch mehrdeutigen Umfeld einer Transnationalen Unternehmung wenig effizient sind, kommt den informalen Koordinationsmechanismen eine hohe Bedeutung im Kontext integrierter Netzwerke zu. Der Einsatz dieser Koordinationsinstrumente erfolgt differenziert und flexibel (Bartlett/Ghoshal 1990, S.220f.), d.h. sie werden nicht als grundlegende Koordinationsprinzipien unternehmungsweit angewandt, sondern in Abhängigkeit von der Situation und der strategischen Rolle der beteiligten Einheiten angepaßt. Typische informale Koordinationsinstrumente wie die universelle Unternehmungskultur, die Sozialisation von Mitarbeitern, netzwerkweite informelle Kommunikation zwischen den Führungskräften und die Bildung temporärer oder permanenter Teams bestätigen die besonderen Anforderungen Transnationaler Unternehmungen an die Informationsversorgung: Die Informationsversorgung muß die Unternehmungseinheiten **integrieren**, um die Entwicklung einer universellen Unternehmungskultur und die Sozialisation der Mitarbeiter zu ermöglichen. Sie muß ferner die Möglichkeit der **informellen Kommunikation** zwischen den Führungskräften bieten und **flexibel** auf die Koordinationsanforderungen reagieren können (vgl. Böttcher/Welge 1994, S. 14).

Weitere Anforderungen der Transnationalen Unternehmung an die Informationsversorgung ergeben sich daraus, daß die Netzwerkstruktur **weltweite organisatorische Lernprozesse** fördert. Vor allem die Inkorporation neuer Wissensbestände und die Generierung von Wissen sind diesbezüglich von Bedeutung: Eine Unternehmung wird externes Wissen bei der Akquisition einer anderen Unternehmung besser aufnehmen können, wenn seine Informationssysteme darauf vorbereitet sind, Daten – d.h. explizites Wissen – über standardisierte Schnittstellen auszutauschen. Voraussetzung für eine erfolgreiche Inkorporation externen Wissens ist aus Sicht der Informationsversorgung demnach die **Standardisierung**. Die Generierung neuen Wissens findet vor allem auf der Ebene des impliziten Wissens statt (vgl. Steinmann/Schreyögg 1997, S. 460). Die Initiierung transnationaler Lernprozesse erfordert neben der kontinuierlichen Erweiterung des expliziten und impliziten Wissens demnach auch die Transformation von einer Wissensform in die andere (Welge/Holtbrügge 2003, S. 181; vgl. Abschnitt 2.1.2.3.5). Untersucht man die einzelnen Schritte der Wissenstransformation, dann ergeben sich in jeder Phase spezifische Anforderungen an die Informationsversorgung:

– Die **Sozialisation** dient der Weitergabe impliziten Wissens durch die Vermittlung von persönlichen Erfahrungen. Sofern die Sozialisation nicht im Rahmen der persönlichen Zusammenarbeit und Kommunikation erfolgt, kann sie durch die Informationsversorgung unterstützt werden, wenn geeignete Instrumente zur **Kooperation** und **informalen**

Kommunikation zur Verfügung stehen (vgl. Bullinger/Ilg/Zinser 1997, S. 39).

- Die **Kombination** generiert Wissen durch die Kombination expliziter Wissensobjekte (bspw. Anwendung einer bekannten Technologie in einem neuen Problemfeld). Das länderübergreifende Informationssystem muß in der Lage sein, unterschiedliche Informationsquellen zu **integrieren** und zu **kombinieren**.

- Die **Externalisierung** und **Internalisierung** von Wissen geschehen auf der individuellen Ebene jedes Mitarbeiters. Zur Unterstützung dieser Prozesse sind Informationssysteme erforderlich, die sich an die persönlichen Eigenschaften und Bedürfnisse des einzelnen Mitarbeiters anpassen lassen (**personenbezogene Differenzierung** der Informationsversorgung; vgl. Bullinger/Ilg/Zinser 1997, S. 39).

Die Notwendigkeit des Entlernens obsoleten Wissens impliziert darüber hinaus die Anforderung, Wissen zu **bewerten**. Zusammengefaßt stellt die Organisation Transnationaler Unternehmungen damit folgende Anforderungen an die Informationsversorgung:

- Die Anforderung der **aufgabenbezogenen Differenzierung** der Informationsversorgung zur Unterstützung der Rollenverteilung und der Dezentralisierung des strategischen Management.

- Die Anforderung der **Integration** der weltweit verteilten Unternehmungseinheiten in ein Informationsversorgungssystem zur Unterstützung des dezentralen strategischen Management und der ausgeprägten Ressourcentransfers zwischen den Netzwerkknoten.

- Die Unterstützung der **Kooperation** zur Bewältigung der ausgeprägten Interdependenzen und der flexiblen Bildung von Teams.

– Die Möglichkeit der **informalen Kommunikation** zur Koordination funktionsfähiger Netzwerkstrukturen sowie als eine Quelle des organisatorischen Lernens.

– Die Informationsversorgung muß eine ausreichende **Flexibilität** aufweisen, damit sie der Dynamik einer Netzwerkorganisation gerecht wird.

– Die Anforderung der **Standardisierung** ist die Voraussetzung für die weltweite Integration von Wissen.

– Die Anforderung der **personenbezogenen Differenzierung** zur Unterstützung der Wissenstransformation.

– Damit die Wissensbasis nicht durch veraltete Informationen degeneriert, muß die Informationsversorgung die Möglichkeit der **Bewertung** von Informationen bereitstellen.

Mit den Anforderungen der Organisation Transnationaler Unternehmungen an die Informationsversorgung ist die Darstellung der theoretischen Perspektive vollständig. Im nun folgenden Abschnitt 3.3 soll diese Perspektive um eine praktische Sichtweise ergänzt werden. Dazu werden die Anforderungen der Siemens AG an die Informationsversorgung als Ergebnisse der empirischen Untersuchung präsentiert. Abschnitt 3.4 faßt anschließend beide Sichtweisen zusammen.

3.3 Anforderungen Transnationaler Unternehmungen an die Informationsversorgung in der Praxis

In Abschnitt 2.2.2 wurden die Parallelen zwischen dem Modell der Transnationalen Unternehmung und der Siemens AG diskutiert. Im Kontext dieser Parallelen lassen sich die theoretisch hergeleiteten Anforderungen an die Informationsversorgung weitgehend auf die Siemens AG übertragen. Ein solcher Abgleich ist allerdings nicht Gegenstand der folgenden Ausführungen. Es sollen vielmehr diejenigen Anforderungen hervorgehoben werden, die während der empirischen Untersuchung expliziert bzw. identifiziert wurden.

Ein wesentlicher Teil der Anforderungen des Siemens-Konzerns an eine weltweite Informationsversorgung liegt sowohl in seiner **Strategie** wie auch in seiner **Organisation** begründet. Die Geschäftsbereiche verantworten den weltweiten Erfolg und die strategische Entwicklung der Geschäfte. Die Aktivitäten in den weltweiten Niederlassungen werden hingegen von den jeweiligen Landesgesellschaften verantwortet (vgl. Abschnitt 2.2.2). Diese Matrixorganisation impliziert zunächst Informationsflüsse in zwei Dimensionen: In der vertikalen Dimension findet ein Informationsaustausch zwischen den Landesgesellschaften und den Geschäftsbereichen statt. Auf horizontaler Ebene erfolgt ein Informationsaustausch zwischen den Niederlassungen und Projektteams innerhalb der einzelnen Landesgesellschaften. Die vertikale Dimension des Informationsaustausches zwischen Landesgesellschaften und Geschäftsbereichen entspricht der Anforderung der **Integration** international verstreuter Datenquellen. Die Geschäftsbereiche haben über diese vertikale Integration hinaus jedoch ein Interesse daran, daß sich die Landesgesellschaften auch untereinander austauschen, um Skalen-, Verbund - und Synergieeffekte zu generieren. Siemens strebt daher neben der vertikalen auch eine horizontale Integration der Informationsflüsse zwischen den Landesgesellschaften an, um „das cross selling und Lerneffekte zu fördern."

Die Aktivitäten der Landesgesellschaften implizieren die Anforderung der **landesbezogenen Differenzierung** der Informationsversorgung: Die Landesgesellschaften benötigen detailliertes Wissen über den lokalen Markt, um diesen erfolgreich zu bearbeiten. Da die Landesgesellschaften für alle Geschäftsbereiche des Siemens-Konzerns in der jeweiligen Region auftreten, sind auch sie an einer horizontalen **Integration** der Informationsversorgung interessiert. Diese Integration auf der Ebene der Geschäftsbereiche soll die Generierung von Wettbewerbsvorteilen innerhalb der jeweiligen Region fördern.

Betrachtet man die Entwicklung im Geschäftsumfeld des Siemens-Konzerns [10] und dessen Reaktionen darauf, dann werden weitere Anforderungen deutlich, die sich an die Informationsversorgung stellen. Die Elektrotechnik- und Elektronikindustrie ist durch eine hohe Dynamik und einen kontinuierlichen Strukturwandel gekennzeichnet. Wesentliche strukturverändernde Determinanten sind (vgl. Abbildung 3-7):

- technologische Innovationen
- erhöhte Wettbewerbsdynamik
- kontinuierlich veränderte Kundenanforderungen

Technologische Innovationen wie z.B. das Internet oder die zunehmende Digitalisierung und Miniaturisierung wirken sich auf die gesamte Branche aus. Sie ermöglichen ständig neue Anwendungen und entfalten eine He-

10 Vergleiche hierzu ausführlich Mirow 2000 sowie Neubürger/Sen 2001, S. 1046ff.

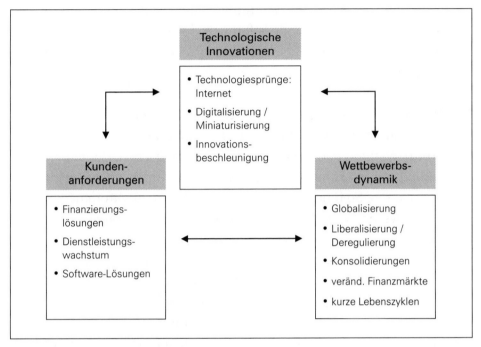

Abb. 3-7   Determinanten des Strukturwandels in der Elektrotechnik- und
Elektronikindustrie
(Neubürger/Sen 2001, S.1047)

belwirkung in nahezu allen Geschäften des Siemens-Konzerns. Technologische Innovationen führen jedoch auch zu Diskontinuitäten und zu grundlegenden Änderungen der Branchenstrukturen. Ein Beispiel hierfür ist im Geschäftsbereich ICN in der Konvergenz der Daten- und Sprachübertragung zu sehen: Durch moderne Internettechnologien wird weltweite Telefonie über das Internet möglich („Voice-over-IP"). Bisherige Grenzen zwischen den einzelnen Netzen, Anwendungen und Endgeräten lösen sich somit auf. Für die weltweite Wettbewerbsfähigkeit eines Konzerns wie Siemens wird damit die **Kooperation** und die **Kommunikation** zwischen Bereichen mit unterschiedlichen technologischen Kompetenzen zu einem entscheidenden Faktor.

Die **Wettbewerbsdynamik** der Elektrotechnik- und Elektronikindustrie liegt nicht allein in der Globalisierung und damit den internationalen Märkten und Wettbewerbern begründet. Vielmehr führt die Liberalisierung und Deregulierung von Telekommunikations- und Energiemärkten zu veränderten Marktstrukturen. So führt bspw. die Liberalisierung der Strommärkte zu einem intensiveren Wettbewerb zum einen zwischen Stromerzeugern und zum anderen zwischen den weltweit operierenden Kraftwerksherstellern. Der zunehmende Wettbewerb führt auf Kunden- und Anbieterseite zu verschärften Anforderungen an Kosten, Verfügbarkeit und Qualität. Während z.B. die Weltmarktpreise für Dampfkraftwerke in den letzten fünf Jahren um 50% zurückgegangen sind, sind die Anforderungen hinsichtlich höherer Wirkungsgrade, kürzerer Errichtungszeiten, innovativer Finanzierungskonzepte und vermehrter Garantieleistungen massiv gestiegen. Diese Branchenentwicklung resultiert in Konzentrationsprozessen und dem Ausbau von Servicegeschäften und Finanzdienstleistungen.

Die Wettbewerbsdynamik drückt sich nicht zuletzt auch durch die geänderten **Kundenanforderungen** aus. Im globalen Wettbewerb werden nicht Produkte, sondern Systemlösungen von Siemens erwartet. Diese Lösungen umfassen Dienstleistungspakete wie After-Sales-Services oder die Finanzierung von Projekten. Es können darüber hinaus jedoch auch komplette Geschäftsmodelle sein, die Siemens für bzw. in Zusammenarbeit mit seinen Kunden für die veränderten Märkte generiert. Als Beispiel sind hier M-Business-Projekte zu nennen: Siemens bietet den als Netzbetreiber auftretenden Telekommunikationsunternehmungen nicht nur die Hardware

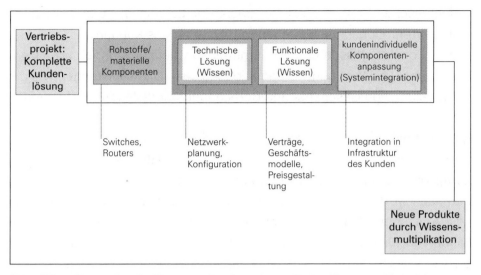

Abb. 3-8   Konzeptionelle Elemente einer kompletten Systemlösung am Beispiel von
Siemens ICN
(in Anlehnung an Gibbert et al. 2002, S.46)

zum Aufbau ihrer Netze, sondern auch die Applikationen und die Geschäftsmodelle, um bspw. Abrechnungstechnologien für Internetdienst-
leistungen über das Mobiltelefon zu realisieren. Der Erfolg dieser Projekte
ist davon abhängig, daß alle Bereiche, die einen sinnvollen Beitrag leisten
können, beteiligt werden und miteinander **kooperieren**. Er läßt sich jedoch
multiplizieren, wenn die in diesen Projekten gewonnenen Erfahrungen auf
weitere Projekte übertragen werden können. Abbildung 3-8 skizziert die ty-
pischen Elemente einer kompletten Siemens Systemlösung für einen Kunden. Wesentliche Bestandteile sind nicht mehr ausschließlich materielle
Komponenten und Arbeitsleistungen, sondern auch das Wissen, welches
der Lösung zugrundeliegt:

- Technisches Wissen stellt die Basis der Lösung dar und ermöglicht ihre Integration in die bestehenden Systeme des Kunden.
- Funktionales Wissen umfaßt unmittelbare Dienstleistungen wie Finanzierungs- und Wartungsverträge, jedoch auch Dienstleistungen wie die Erstellung von Geschäfts- und Berechnungsmodellen für die Lösung.

Die Multiplikation dieses Wissens in anderen Projekten und Bereichen setzt voraus, daß die Informationsversorgung **weltweite organisationale Lernprozesse** unterstützt. Die Informationsversorgungssysteme müssen demnach in der Lage sein, die Wissenstransformation zu unterstützen (vgl. Abschnitt 3.2.3). Eine wichtige Grundvoraussetzung für die Multiplikation von Wissen ist aus Sicht der Informationsversorgung die **Integration** aller Wissensträger in ein weltweites Informationsversorgungssystem. Wie wichtig diese Anforderung ist, läßt sich daran messen, daß Siemens mittlerweile 25% des Gesamtumsatzes und 50% der eigenen Wertschöpfung durch Dienstleistungen erbringt.

Ein Informationsversorgungssystem, das nach Meinung von Siemens geeignet wäre, weltweite organisationale Lernprozesse zu fördern und Synergieeffekte zu generieren, muß bestimmte Anforderungen erfüllen: Zunächst sollte es über eine **flexible Infrastruktur** verfügen, d.h. es sollte sich an die Bedürfnisse des jeweiligen Anwenders, seine Aufgaben und sein Umfeld anpassen lassen. Damit alle Anwender von einem derartigen Werkzeug profitieren können, muß dieses natürlich **weltweit verfügbar** sein. Diese Anforderung läßt sich nur durch eine **standardisierte Plattform** realisieren. Bei der tatsächlichen Vermittlung des Wissens spielt vor allem der Mitarbeiter als Mensch eine wichtige Rolle, d.h. es müssen geeignete Mechanismen bereitgestellt werden, die die Wissenstransformation im Sinne von Nonaka/Takeuchi 1997 (vgl. Abschnitt 2.1.2.3.5) auf der Ebene des Individuums unterstützen. Wie Siemens diesen Anforderungen begegnet, wird in Abschnitt 4.3 dargestellt.

Abschließend seien drei grundlegende Anforderungen erwähnt, die aus Sicht des Praktikers die unmittelbare Entscheidung für ein Informationssystem beeinflussen:

- **Integration**: Ein neues System muß sich reibungslos in die bestehende Systemlandschaft integrieren lassen. Diese Anforderung führt in der Praxis dazu, daß sich die Beschaffung von Datenverarbeitungssystemen zunehmend auf einige wenige, große Anbieter konzentriert, welche in ihren jeweiligen Marktsegmenten etablierte Standards repräsentieren (bspw. SAP, Microsoft, Oracle).
- **Wirtschaftlichkeit**: Bei der Anschaffung neuer Informationssysteme werden nicht nur die unmittelbaren Anschaffungskosten berücksichtigt, sondern auch die Aufwendungen für Schulung und Wartung. Als Entscheidungskriterium treten die „Total-Cost-of-Ownership" (TOC) an die Stelle der Anschaffungskosten.
- **Usability**: Die Benutzerfreundlichkeit ist Voraussetzung für die Akzeptanz und Nutzung von Informationssystemen. Sie senkt durch geringeren Schulungs- und Wartungsaufwand auch die TOC.

Diese Anforderungen gelten sicherlich für jedes Informationsversorgungssystem und nicht nur für ein transnationales. Daher werden sie bei der weiteren Betrachtung nicht weiter berücksichtigt. Sie sollen angesichts ihrer Pragmatik aus praktischer Sicht jedoch nicht unerwähnt bleiben.

Zusammenfassend ergeben sich im Siemens-Konzern weltweit insbesondere die folgenden Anforderungen an die Informationsversorgung:

- Die **Integration** der Geschäftsbereiche und Landesgesellschaften in ein weltweites Informationsversorgungssystem.
- Um die Landesgesellschaften mit lokalen Informationen zu versorgen, muß eine **landesbezogene Differenzierung** der Informationsversorgung möglich sein.
- Zur Generierung von Skalen-, Verbund- und Synergieeffekten im weltweiten Wettbewerb müssen die Unternehmungseinheiten in ihrer **Kooperation** unterstützt werden.
- Ebenso muß die **Kommunikation** über Landes- und Geschäftsbereichsgrenzen hinweg unterstützt und gefördert werden.
- Die Dynamik des Geschäftsumfeldes erfordert es, daß das weltweite Wissen effizient zur Stärkung bzw. Verbesserung der Wettbewerbsposition eingesetzt wird. Eine wichtige Grundvoraussetzung für die Multiplikation von Wissen ist die **Integration** aller Wissensträger in ein weltweites Informationsversorgungssystem.
- Die Dynamik des Geschäftsumfeldes setzt außerdem eine **flexible Infrastruktur** voraus, die sich den landes-, personen- und aufgabenbezogenen Anforderungen anpaßt.
- Um die Integration aller weltweit verteilten Unternehmungseinheiten zu ermöglichen, muß außerdem die Anforderung der **Standardisierung** erfüllt sein.

3.4 Transnationale Informationsversorgung

In den vorhergehenden Abschnitten wurden die Anforderungen der Transnationalen Unternehmung an die Informationsversorgung aus theoretischer und praktischer Perspektive beleuchtet. Im nun folgenden Abschnitt sollen diese Erkenntnisse verwendet werden, um das Konstrukt „Transnationale Informationsversorgung" des Ausgangsbezugsrahmens zu konkretisieren. Eine idealtypische Transnationale Informationsversorgung wird eine solche Informationsversorgung sein, die die Anforderungen der Transnationalen Unternehmung erfüllt. Die Anforderungen, die sich an die Informationsversorgung in Transnationalen Unternehmungen stellen, wurden in den vorhergehenden Abschnitten erörtert. Ausgangspunkt waren dabei die theoretisch abgeleiteten Dimensionen der Transnationalen Unternehmung – Strategie, Kultur und Organisation – sowie die Ergebnisse der empirischen Untersuchung. Tabelle 3-1 listet die erarbeiteten Anforderungen systematisiert nach Quellen auf.

Die bisherigen Betrachtungen deuten ebenso wie Tabelle 3-1 darauf hin, daß sich die Anforderungen der einzelnen Quellen teilweise ähneln oder überschneiden. So ergibt sich bspw. die Anforderung einer „landesbezogenen Differenzierung" der Informationsversorgung gleichermaßen aus der Strategie und der Kultur der Transnationalen Unternehmung und ist ebenso ein Ergebnis der empirischen Untersuchung. Neben diesen unmittelbaren Übereinstimmungen lassen sich die Anforderungen auch nach Gleichartigkeit zusammenfassen: Sowohl die „landesbezogene Differenzierung" wie auch die „personenbezogene" implizieren eine differenzierte Informationsversorgung.

In Tabelle 3-2 wurden diese Überlegungen konsequent weitergeführt und die Anforderungen nach Gleichartigkeit systematisiert [11]. Bei genauer Betrachtung der Anforderungen in dieser Liste lassen sich – quasi im Zuge einer „gedanklichen Faktorenanalyse" – drei Gruppen von Anforderungen erkennen, die in sich gleichartig, jedoch untereinander abgeschlossen

---

11 Die Anforderungen wurden in Tabelle 3-2 zur besseren Übersicht durchnumeriert.

Strategie	Die Anforderung der **landesbezogenen Differenzierung** von Informationen zur Unterstützung der Generierung von Differenzierungsvorteilen.
	Die **Integration** von Informationsquellen und -verwendern als Grundvoraussetzung der länderübergreifenden Generierung von Wettbewerbsvorteilen.
	Die **weltweite Verfügbarkeit** des Informationsversorgungssystems.
	Die Anforderung der Unterstützung der **Kooperation** weltweit verstreuter Unternehmungseinheiten in gemeinsamen Projekten und Prozessen.
	Die Anforderung der Unterstützung der **Kombination** von weltweiten Ressourcen zur Generierung von Synergieeffekten.
	Die Anforderung der **aufgabenbezogenen Differenzierung** von Informationen zur Unterstützung der individuellen Strategien einzelner Unternehmungseinheiten.
	Die **Standardisierung** in der Informationsversorgung als Voraussetzung für den Aufbau eines länderübergreifenden Informationsversorgungssystems.
Kultur	Die Anforderung der **landesbezogenen Differenzierung** der Informationsversorgung zur Berücksichtigung und Unterstützung landesspezifischer Kulturen.
	Die Anforderung der **personenbezogenen Differenzierung** zur Anpassung der Informationsversorgung an individuelle Bedarfe und Fähigkeiten.
	Die Anforderung der **Integration** der weltweit verteilten Unternehmungseinheiten und Mitarbeiter zur Förderung gemeinsamer Denkweisen und einer universellen Kulturebene.
	Die Anforderung der **Standardisierung**, um die Integration kulturell unterschiedlicher Unternehmungseinheiten zu ermöglichen, ohne die Unterschiede zu homogenisieren.
	Die Anforderung der **informalen Kommunikation** zur Förderung des synergetischen Einsatzes der Unternehmungsressource Kultur.
Organisation	Die Anforderung der **aufgabenbezogenen Differenzierung** der Informationsversorgung zur Unterstützung der Rollenverteilung und der Dezentralisierung des strategischen Management.
	Die Anforderung der **Integration** der weltweit verteilten Unternehmungseinheiten zur Unterstützung des dezentralen strategischen Management und der ausgeprägten Ressourcentransfers zwischen den Netzwerkknoten.

Organisation	Die Unterstützung der **Kooperation** zur Bewältigung der ausgeprägten Interdependenzen und der flexiblen Bildung von Teams.
	Die Möglichkeit der **informalen Kommunikation** zur Koordination funktionsfähiger Netzwerkstrukturen sowie als Quelle organisatorischen Lernens.
	Die Informationsversorgung muß eine ausreichende **Flexibilität** aufweisen, damit sie der Dynamik einer Netzwerkorganisation gerecht wird.
	Die Anforderung der **Standardisierung** ist die Voraussetzung für die weltweite Integration von Wissen.
	Die Anforderung der **personenbezogenen Differenzierung** zur Unterstützung der Wissenstransformation.
	Damit die Wissensbasis nicht durch veraltete Informationen degeneriert, muß die Informationsversorgung die Möglichkeit der **Bewertung** von Informationen bereitstellen.
Siemens	Die **Integration** der Geschäftsbereiche und Landesgesellschaften in ein weltweites Informationsversorgungssystem.
	Um die Landesgesellschaften mit lokalen Informationen zu versorgen, muß eine **landesbezogene Differenzierung** der Informationsversorgung erfolgen.
	Zur Generierung von Skalen-, Verbund- und Synergieeffekten im weltweiten Wettbewerb müssen die Unternehmungseinheiten in ihrer **Kooperation** unterstützt werden.
	Die **Kommunikation** muß über Landes- und Geschäftsbereichsgrenzen hinweg unterstützt und gefördert werden.
	Eine wichtige Grundvoraussetzung für die Multiplikation von Wissen ist die **Integration** aller Wissensträger in ein weltweites Informationsversorgungssystem.
	Die Dynamik des Geschäftsumfeldes setzt eine **flexible Infrastruktur** voraus, die sich landes-, personen- und aufgabenbezogenen Anforderungen anpaßt.
	Um die Integration aller weltweit verteilten Unternehmungseinheiten zu ermöglichen, muß außerdem die Anforderung der **Standardisierung** erfüllt sein.

Tab. 3-1 Anforderungen an die Transnationale Informationsversorgung
(systematisiert nach Quellen)

sind. Diese Gruppen werden gebildet von den Anforderungen 1-10, 11-20 sowie 21-27 und werden im folgenden näher beleuchtet.

Die Anforderungen in der ersten Gruppe haben gemein, daß sie eine **anpaßbare** Informationsversorgung implizieren. Eine **aufgabenbezogene** Differenzierung erfordert, daß sich die Informationsversorgungssysteme an die jeweiligen Aufgaben anpassen lassen (Anforderungen 1 und 2). Diese Anpassung muß in der Dimension der Informationsqualität und der Dimension der Informationsquantität möglich sein, um die Mitarbeiter mit den relevanten Informationen in der richtigen Menge zu versorgen. Damit die Mitarbeiter die Informationsversorgungssysteme akzeptieren und die individuellen Prozesse in der Wissenstransformation unterstützt werden, müssen die Informationsversorgungssysteme an die **personenbezogenen** Bedarfe und Fähigkeiten anpaßbar sein (Anforderungen 3 und 4). Die Anforderung der **landesbezogenen** Differenzierung (Anforderungen 5 bis 7) implizieren, daß die Informationsversorgung den lokalen Anforderungen und Besonderheiten der weltweiten Märkte gerecht werden müssen.

Die bisher genannten Anforderungen beziehen sich im wesentlichen auf die Informationsverwendung: Sie entstehen dadurch, daß Informationen in einem bestimmten Kontext (Aufgabe, Individuum oder Land) benötigt werden. Die Informationsversorgung muß sich darüber hinaus auch in der Informationshaltung als anpaßbar erweisen: Einerseits wird durch die Anforderung der **Bewertung** von Informationen sichergestellt, daß die Daten- bzw. Wissensbasis ein hohes qualitatives Niveau aufweist (Anforderung 8). Die Anforderung der **Flexibilität** der Informationsversorgung bzw. ihrer Infrastruktur impliziert andererseits, daß sich die Informationsversorgung der zeitlichen Dimension des Transnationalen Netzwerkes anpassen muß (Anforderungen 9 und 10). Zum Beispiel erfordert die temporäre Übernahme von strategischen Führungsfunktionen eine adäquate Versorgung mit

1	Die Anforderung der **aufgabenbezogenen Differenzierung** zur Unterstützung der Rollenverteilung und der Dezentralisierung des strategischen Management.	O
2	Die Anforderung der **aufgabenbezogenen Differenzierung** von Informationen zur Unterstützung der individuellen Strategien einzelner Unternehmungseinheiten.	S
3	Die Anforderung der **personenbezogenen Differenzierung** zur Berücksichtigung individueller Bedarfe und Fähigkeiten.	K
4	Die Anforderung der **personenbezogenen Differenzierung** zur Unterstützung der Wissenstransformation.	O
5	Die Anforderung der **landesbezogenen Differenzierung** zur Berücksichtigung und Unterstützung landesspezifischer Kulturen.	K
6	Um die Landesgesellschaften mit lokalen Informationen zu versorgen, muß eine **landesbezogene Differenzierung** der Informationsversorgung erfolgen.	F
7	Die Anforderung der **landesbezogenen Differenzierung** von Informationen zur Unterstützung der Generierung von Differenzierungsvorteilen	S
8	Die Anforderung der **Bewertung** vorhandener Informationen zur Pflege der Wissensbasis.	O
9	Die Anforderung der **Flexibilität**, damit die Informationsversorgung der Dynamik einer Netzwerkorganisation gerecht wird.	O
10	Die Dynamik des Geschäftsumfeldes setzt eine **flexible Infrastruktur** voraus, die sich den landes-, personen- und aufgabenbezogenen Anforderungen anpaßt.	F
11	Die Anforderung der **Integration** zur Förderung gemeinsamer Denkweisen und einer universellen Kultur.	K
12	Die Anforderung der **Integration** zur Unterstützung des dezentralen strategischen Management und der ausgeprägten Ressourcentransfers zwischen den Netzwerkknoten.	O
13	Die **Integration** der Geschäftsbereiche und Landesgesellschaften in ein weltweites Informationsversorgungssystem.	F
14	Die **Integration** von Informationsquellen und -verwendern als Grundvoraussetzung der länderübergreifenden Generierung von Wettbewerbsvorteilen.	S

15	Eine wichtige Grundvoraussetzung für die Multiplikation von Wissen ist die Integration aller Wissensträger in ein weltweites Informationsversorgungssystem.	F
16	Die **weltweite Verfügbarkeit** des Informationsversorgungssystems.	S
17	Die Anforderung der **Standardisierung** zur Gewährleistung der Integration kulturell unterschiedlicher Unternehmungseinheiten.	K
18	Die Anforderung der **Standardisierung** zum effizienteren Ausbau der Wissensbasis.	O
19	Um die Integration aller weltweit verteilten Unternehmungseinheiten zu ermöglichen, muß die Anforderung der **Standardisierung** erfüllt sein.	F
20	Die **Standardisierung** in der Informationsversorgung ermöglicht den Aufbau eines länderübergreifenden Informationsversorgungssystems.	S
21	Die Anforderung der Unterstützung der **Kombination** von weltweiten Ressourcen zur Generierung von Synergieeffekten.	S
22	Die Anforderung der **Kooperation** zur Bewältigung der ausgeprägten Interdependenzen und flexiblen Bildung von Teams.	O
23	Zur Generierung von Skalen-, Verbund- und Synergieeffekten im weltweiten Wettbewerb müssen die Unternehmungseinheiten in ihrer **Kooperation** unterstützt werden.	F
24	Die Anforderung der Unterstützung der **Kooperation** weltweit verstreuter Unternehmungseinheiten in gemeinsamen Projekten und Prozessen.	S
25	Die **Kommunikation** muß über Landes- und Geschäftsbereichsgrenzen hinweg unterstützt und gefördert werden.	F
26	Die Anforderung der **informalen Kommunikation** zur Förderung des synergetischen Einsatzes der Unternehmungsressource Kultur.	K
27	Die Möglichkeit der **informalen Kommunikation** zur Koordination einer funktionsfähigen Heterarchie sowie als eine Quelle des organisatorischen Lernens.	O

S = Strategie; K = Kultur; O = Organisation; F = Fallstudie

Tab. 3-2 Anforderungen an die Transnationale Informationsversorgung (systematisiert nach Gleichartigkeit)

strategisch relevanten Informationen. Da diese Rollenverteilungen in Transnationalen Unternehmungen dynamisch sind, muß sich die Infrastruktur den wechselnden Informationsbedarfen anpassen.

Vor dem Hintergrund dieser Überlegungen soll diese erste Gruppe von Anforderungen im folgenden als **Adaptierbarkeit** bezeichnet werden.

Bei der zweiten Gruppe von Anforderungen stehen die **Integration** (Anforderungen 11 bis 16) und die **Standardisierung** (Anforderungen 17-20) im Mittelpunkt. Die unterschiedlichen Märkte, Kulturen und Strategien sowie die Dynamik der Netzwerkorganisation machen ein **weltweit verfügbares Informationsversorgungssystem** erforderlich, welches die heterogenen Netzwerkknoten integriert. Voraussetzung für ein integriertes Informationsversorgungssystem ist die Verwendung von Standards in der Informationsverarbeitung, damit heterogene Systeme in ein weltweites Informationsversorgungssystem integriert werden können. Sowohl Integration als auch Standardisierung beziehen sich vor allem auf die Informationshaltung und -übermittlung: Ein weltweites Informationsversorgungssystem basiert auf einer integrierten Datenhaltung und der standardisierten Informationsübermittlung zwischen den Systemen.

Da die Standardisierung als Voraussetzung und Instrument ein wesentlicher Teilaspekt der Integration ist, soll die zweite Gruppe von Anforderungen zusammenfassend als **Integrierbarkeit** bezeichnet werden.

Die letzte Gruppe von Anforderungen wurzelt in der Zielsetzung der Transnationalen Unternehmung, das weltweite Potential der einzelnen Netzwerkknoten in Wettbewerbsvorteile umzusetzen. So können Synergieeffekte durch die **Kombination** weltweit verteilter Ressourcen generiert werden (Anforderung 21). Diese Ressourcen sind bspw. das Know-how einzelner Mitarbeiter und Teams oder Informationsquellen i.S.v. Datenbanken. Die Generierung von Skalen-, Verbund- und Synergieeffekten erfordert, daß die Informationsversorgung die **Kooperation** (Anforderungen 22 bis 24) zwischen weltweit verteilten Netzwerkknoten unterstützt und fördert. Die weltweite Kooperation wird vor allem durch die **(informale) Kommunikation** zwischen Unternehmungseinheiten bzw. einzelnen Mitarbeitern induziert und gefördert (Anforderungen 25 bis 27). Diese letzte Gruppe von Anforderungen zielt demzufolge darauf ab, die weltweiten Unternehmungsteile in ihrer Zusammenarbeit zu koordinieren. Sie soll daher im folgenden als **Koordinationsfähigkeit** bezeichnet werden. Diese Anforderungen beziehen sich auf sämtliche Phasen des Informationsversorgungsprozesses, denn die weltweite Zusammenarbeit basiert auf der Daten- bzw. Wissensbasis, der Informationsübermittlung und -verwendung.

Nach dieser systematisierenden Betrachtung der Anforderungen, die eine Transnationale Unternehmung an die Informationsversorgung stellt, läßt sich die Frage nach der Ausgestaltung einer Transnationalen Informationsversorgung näher untersuchen. Zu Beginn dieses Abschnittes wurde bereits dargelegt, daß eine idealtypische Transnationale Informationsversorgung eine solche sein muß, die die Anforderungen der Transnationalen Unternehmung erfüllt. Folgt man dieser Argumentation, dann lassen sich die Anforderungen der Transnationalen Unternehmung an die Informationsversorgung als **Dimensionen** einer Transnationalen Informationsversorgung **reinterpretieren**. Damit ergeben sich für die Transnationale Informationsversorgung drei Dimensionen (vgl. Abbildung 3-9):

– Adaption
– Integration
– Kooperation

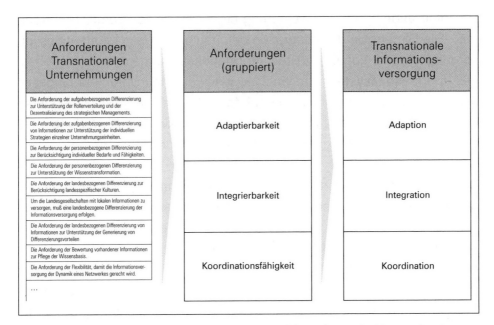

Abb. 3-9   Reinterpretation von Anforderungen als Dimensionen der Transnationalen
Informationsversorgung

Adaption [12] bedeutet „Anpassung an die Umwelt". Im Kontext der Transnationalen Unternehmung impliziert die Adaption der Informationsversorgung, daß diese fähig ist, die lokalen, kulturellen und individuellen Erfordernisse und die Dynamik der Netzwerkorganisation zu berücksichtigen.
Der Adaptionsgrad der Informationsversorgung ist umso höher, je besser
die Informationsversorgung an die transnationalen Erfordernisse angepaßt werden kann.

12   Adaption ist abgeleitet vom lateinischen „ad" = „an" und „aptare" = „anfü-
gen, anpassen".

Die **Integration** [13] ist die „Schaffung einer Einheit aus dem Differenzierten". Die Dimension der Integration der Transnationalen Informationsversorgung fügt die global verteilten Informationssysteme in ein übergreifendes Informationssystem ein, welches weltweit allen Unternehmungseinheiten zur Verfügung steht. Je mehr Informationssysteme sich integrieren
lassen und je weiter das Informationssystem geographisch verfügbar ist,
desto höher ist der Integrationsgrad der Informationsversorgung.

Die **Koordination** [14] ist die „gegenseitige Abstimmung" von Systemen in
der Transnationalen Unternehmung. Im Kontext der Transnationalen Unternehmung können diese Systeme sowohl Unternehmungseinheiten oder
Individuen (z.B. in der konkreten Zusammenarbeit eines Teams), als auch
Informationssysteme sein, die miteinander kombiniert werden. Je besser
die Zusammenarbeit bzw. Kombination von Unternehmungseinheiten und
Systemen unterstützt wird, desto höher ist der Koordinationsgrad der Informationsversorgung.

Die **idealtypische Transnationale Informationsversorgung** ist demzufolge
eine Informationsversorgung, die den höchstmöglichen Grad an Adaption,
Integration und Koordination aufweist. Die Subsysteme des Transnationalen Informationsversorgungssystems lassen sich an die aufgaben-, perso-
nen- und landesbezogenen Besonderheiten anpassen. Dadurch werden
mehrere Ziele erreicht:

– Eine Versorgung der Führungskräfte mit lokalen und regionalen Informationen zur Generierung von Differenzierungsvorteilen.

---

13 „Integratio" (lat.) = Wiederherstellung eines Ganzen, einer Einheit
14 Koordination ist abgeleitet vom lateinischen „co-ordinare" = „zusammen ord-
    nen, regeln".

– Die Unterstützung der strategischen Rollenverteilung durch die aufgabenbezogene individuelle Informationsversorgung.

– Die Pflege der pluralistischen Ebene der Unternehmungskultur durch die personen- und landesbezogene Anpassung der Informationsversorgung.

Die Transnationale Informationsversorgung stellt außerdem Systeme zur Verfügung, die die weltweit verstreuten Mitarbeiter und Unternehmungseinheiten integriert. Diese Integration von Informationen, Ressourcen und Mitarbeitern in ein länderübergreifendes Informationssystem stellt eine wichtige Grundlage der weltweiten Netzwerkorganisation dar. Sie ist quasi die informationstechnologische Umsetzung der logischen Netzwerkverbindungen in der Transnationalen Unternehmung. Die Dimension der Integration fördert darüber hinaus die universelle Ebene der Unternehmungskultur und das synergetische Potential der Transnationalen Kultur.

Die Subsysteme der Transnationalen Informationsversorgung ermöglichen ferner die Koordination innerhalb der Netzwerkorganisation: Sie unterstützen die weltweite Kooperation der Netzwerkknoten und die Kombination von Unternehmungsressourcen. Die Dimension der Koordination dient damit dem Ziel der Generierung von Skalen-, Verbund- und Synergieeffekten.

Mit den Ausführungen dieses Kapitels ist das Konstrukt „Transnationale Informationsversorgung" des Ausgangsbezugsrahmens konkretisiert (vgl. Abbildung 3-10). Im folgenden Kapitel soll nun untersucht werden, in welchem Maße die in der Praxis relevanten Informationstechnologien einer Transnationalen Informationsversorgung gerecht werden.

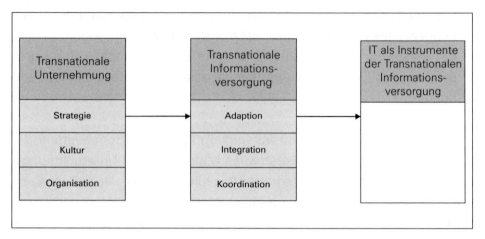

Abb. 3-10   Zweite Konkretisierungsstufe des Bezugsrahmens

4 Analyse moderner Informationstechnologien als Instrumente der Informationsversorgung

Nachdem in Kapitel 2 das Konstrukt Transnationale Unternehmung konkretisiert wurde, und mit Kapitel 3 die Anforderungen der Transnationalen Unternehmung an die Informationsversorgung bestimmt wurden, widmet sich das Kapitel 4 den Instrumenten, die zur Informationsversorgung eingesetzt werden. Dabei soll untersucht werden, inwiefern **moderne Informationstechnologien (IT)** den in Kapitel 3 abgeleiteten Anforderungen der Transnationalen Unternehmung gerecht werden.

Ausgehend von methodischen Vorüberlegungen in Abschnitt 4.1 werden in Abschnitt 4.2 Informationstechnologien vorgestellt, die im Mittelpunkt der aktuellen theoretischen Diskussion und des praktischen Interesses stehen. Neben der allgemeinen Darstellung findet in Abschnitt 4.2 die Analyse dieser Instrumente im Hinblick auf die Anforderungen einer Transnationalen Informationsversorgung statt.

In Abschnitt 4.3 werden dieser theoretischen Betrachtung die Ergebnisse der empirischen Untersuchung gegenübergestellt. Dazu werden die Bewertungen der einzelnen Instrumente aus der Sicht der Praxis wiedergegeben, die sich in den durchgeführten Interviews ergeben haben. Über diese Bewertung hinaus werden vertiefend drei Instrumente vorgestellt, die in der Praxis der Siemens AG von besonderer Bedeutung sind.

Abschnitt 4.4 faßt die theoretischen und praktischen Überlegungen zusammen und konkretisiert damit auf dem Weg einer spekulativen Transzendierung den Ausgangsbezugsrahmen (vgl. Wollnik 1977, S.42ff.).

4.1 Vorüberlegungen

Die Auswahl der Instrumente, die in diesem Kapitel betrachtet werden, erhebt keinen Anspruch auf Vollständigkeit. Vielmehr handelt es sich um eine repräsentative Auswahl relevanter IT-Instrumente, die durch ihre Aktualität häufig im Mittelpunkt theoretischer wie praktischer Diskussionen stehen. Da eine willkürliche Auflistung aktueller Informationstechnologien kaum einer systematischen Analyse gerecht werden kann, wird in Abschnitt 4.1.1 zunächst eine **Klassifizierung** der zu betrachtenden Informationstechnologien entwickelt und in Abschnitt 4.1.2 Aufbau und Ablauf der Analyse erläutert. Diese Klassifizierung und der systematische Aufbau bilden die Grundlage für die Abschnitte 4.2 und 4.3.

4.1.1 Grundüberlegungen zur Klassifizierung von Informationstechnologien

Als Grundlage eines systematischen Vorgehens werden die betrachteten Informationstechnologien zunächst einer **Klassifizierung** unterzogen. Hierbei ist zu beachten, daß der Klassifizierung eine ganzheitliche Systematik zugrundeliegt, die sich nicht nur – wie die meisten in der (Wirtschafts-)Informatik anzutreffenden Ansätze – an technischen Spezifika orientiert, sondern den Gesamtzusammenhang der Unternehmung als übergeordnetes System und den Informationssystemen als Subsysteme berücksichtigt.

Als sinnvoller Ansatz einer Klassifikation von Informationssystemen hat sich die **Informationssystem-Architektur** von Krcmar (1990) erwiesen. Auf dieser Basis soll im folgenden eine für die vorliegende Untersuchung hinreichende Klassifikation erarbeitet werden [1].

Die Übertragung des **Architekturbegriffes** auf die Informatik bzw. Wirtschaftsinformatik wurzelt in der Analogie, daß das unternehmungsweite Informationsversorgungssystem auf einer „Baukunst" basiert, die die einzelnen Bestandteile und ihre Beziehungen zueinander bestimmt (vgl. Österle/Brenner/Hilbers 1992, S.109ff.; Brenner 1994, S.115ff.; Schwinn/Dippold/Ringenberger/Schnider 1999, S.16f.; Hildebrand 2001, S.169ff.). Der Vorteil des Architekturansatzes liegt darin, daß er sich nicht nur auf die reine Gliederung und Strukturierung von Begriffen beschränkt (Heinrich 1999, S.64), sondern den **Gesamtzusammenhang** der erkenntnisrelevanten Objekte, Funktionen, Schnittstellen und Beziehungen beschreibt (Hildebrand 2001, S.169). Eine Informationssystem-Architektur bildet demzufolge die Teilsysteme des Informationssystems in ihren Beziehungen zueinander und zum System Unternehmung ab.

Ein Architekturmodell, das sich besonders diesem Gedanken der Ganzheitlichkeit widmet, ist die **ganzheitliche Informationssystem-Architektur**

---

1   Vergleiche zur Generierung und Qualität von Klassifikationen ausführlich Albert, 1967, S.56; Amshoff 1993, S.90f.; Friedrichs 1990, S.87ff.

(ISA) von Krcmar (1990) [2]. Das ISA-Modell besteht aus vier Schichten (vgl. Krcmar 1990, S.399f.; Krcmar 2000, S.30ff.; Heinrich 1999; 65ff.):

- Die erste Schicht umfaßt die **Strategie** der Unternehmung. Die Strategie wirkt sich auf alle Schichten des Modells, d.h. alle Ebenen des Informationssystems aus, indem sie die Gestaltung aller Subsysteme der Unternehmung determiniert.
- Die zweite Schicht repräsentiert die **Prozeß- und Aufbauorganisation**. Diese leiten sich im wesentlichen aus der Unternehmungsstrategie ab.
- Die dritte Schicht umfaßt die Architekturen für **Anwendungen, Daten und Kommunikation**. Informationssysteme wenden Methoden zur Verarbeitung von Datenobjekten zu Informationen an. Die Anwendungs-Architekturen umfassen diese Methoden und Funktionen sowie ihre Implementierung in Informationssysteme. Daten-Architekturen beschreiben die statischen Zusammenhänge zwischen den Datenobjekten, Kommunikations-Architekturen die logische Dimension der Informationsflüsse zwischen Anwendungen und Datenobjekten.
- Die vierte Schicht umfaßt die **Technologie-Architektur**, welche als informations- und kommunikationstechnologische Infrastruktur in der Unternehmung eingesetzt wird.

Die ISA enthält somit nicht nur die grundlegenden Elemente – Anwendungen, Daten, Kommunikation sowie Infrastruktur – sondern sie beinhaltet auch die Unternehmungsstrategie und die daraus abgeleiteten organisatorischen Strukturen (vgl. Abbildung 4-1). Mit der Darstellung als Kreisel verdeutlicht Krcmar die Notwendigkeit der Abstimmung aller Schichten:

---

2   Für einen ausführlichen Überblick der in der Literatur diskutierten unterschiedlichen Architekturmodelle siehe Krcmar 1990; Heinrich 1999, S.65ff.; Schwinn/Dippold/Ringenberger/Schnider 1999, S.16f.; Krcmar 2000, S.30ff.; Hildebrand 2001, S.171ff.

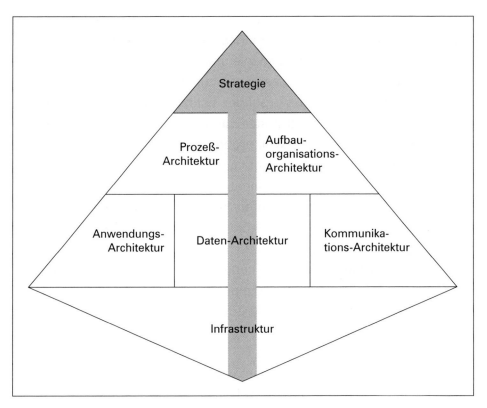

Abb. 4-1   Die ganzheitliche Informationssystem-Architektur (ISA).
            (Krcmar 1990, S.399)

„Wird auch nur eines der Teile entfernt, gerät das Ganze ‚aus dem Gleich-
gewicht'" (Krcmar 2000, S, 31). Die ISA versinnbildlicht somit auch die Bedeutung des Zusammenhanges von Transnationaler Strategie, Organisation und den Informationssystemen.

Betrachtet man das ISA-Konzept in diesem Kontext, dann lassen sich die grundlegenden Überlegungen zum idealtypischen Modell der Transnationalen Unternehmung auf den beiden ersten Schichten der Informationssystem-Architektur einordnen. Diese Schichten bestimmen die Anforderungen an die Informationssysteme auf den beiden nachfolgenden Schichten und deren Ausgestaltung. Dabei stellt die vierte Schicht mit der Infrastruktur die Basis des Informationsversorgungssystems dar. Sie repräsentiert die in der Unternehmung eingesetzten Informations- und Kommunikationstechnologien und bestimmt damit auch die Standards für Informationssysteme, Schnittstellen und Informationsflüsse. Im Kontext dieser Infrastruktur-Schicht sind vor allem die grundlegenden Technologien der Vernetzung und Datenübertragung zu betrachten. Bei der Vernetzung von Unternehmungseinheiten hat sich insbesondere auch im WAN-Segment [3] das TCP/IP-Protokoll [4] etabliert. Auf eine vertiefende Betrachtung und Analyse von Netzwerktechnologien und -topologien soll daher an dieser Stelle verzichtet werden.

Aufbauend auf der weltweiten Infrastruktur und bestimmt durch die Transnationale Strategie und Organisation lassen sich die Informationssysteme analog zur dritten Schicht des ISA-Modells nach ihrem primären **Verwendungszweck** klassifizieren.

---

3   Ein WAN (Wide Area Network) ist ein Netzwerk, welches mehrere Standorte – gegebenenfalls auch grenzüberschreitend – verbindet. Ein LAN (Local Area Network) ist hingegen auf einen Standort beschränkt.
4   Abkürzung für Transmission Control Protocol/Internet Protocol. Zur Übermittlung von Daten im Internet werden diese in kleine Pakete „zerschnitten" und über verschiedene Server im Internet weitergeleitet, bis sie den Empfänger erreichen und dort wieder zusammengeführt werden. Zerlegung, Übermittlung und Zusammenführung der Daten wird auf Basis des TCP/IP-Protokolls durchgeführt und kontrolliert.

Informationssysteme der **Anwendungs-Architektur** umfassen Methoden zur Bearbeitung von Datenobjekten. Sie unterstützen i.d.R. den Benutzer unmittelbar, d.h. es handelt sich um Systeme, mit denen der Benutzer interagiert. Im Kontext der vorliegenden Untersuchung werden folgende Informationstechnologien als Instrumente der Anwendungs-Architektur untersucht:

– Expertensysteme
– Führungsinformationssysteme
– Entscheidungsunterstützungssysteme
– Portalsysteme

Informationssysteme der **Daten-Architektur** sind primär auf die Datenhaltung und die Verarbeitung [5] umfangreicher Datenbestände fokussiert. Als Instrumente dieser Klasse werden untersucht:

– Data Warehouse
– Data Mining
– Elektronische Archivierung
– Dokumentenmanagementsysteme

Die letzte Klasse, die **Kommunikations-Architektur**, umfaßt Instrumente, bei denen der Aspekt der Kommunikation, d.h. der Informationsflüsse, im Vordergrund steht. Informationsflüsse können zwischen Systemen, Men-

---

5   Instrumente, die der Verarbeitung von Daten dienen, lassen sich als interagierende Systeme z.T. auch der Klasse der Anwendungs-Architektur zuordnen. Die hier genannten Instrumente stehen allerdings im engen Zusammenhang mit der Datenhaltung. So wäre bspw. das Data-Mining ohne moderne Data-Warehouse-Systeme nicht realisierbar. Data-Mining-Technologien lassen sich vielmehr als integrativer Bestandteil des Data-Warehouse-Konzeptes auffassen.

schen oder beiden bestehen. Im Kontext der Kommunikations-Architektur werden daher betrachtet:

- Diskussionsforen
- Pull- und Push-Technologien
- Groupware-Systeme
- Workflow-Managementsysteme

4.1.2 Aufbau und Vorgehen der Analyse

Der Aufbau der Analyse erfolgt analog zu der vorhergehend erläuterten Klassifizierung der Instrumente nach der Informationssystem-Architektur (ISA). In Abschnitt 4.2 erfolgt jeweils eine einleitende **allgemeine Darstellung**, welche die einzelnen Informationstechnologien vorstellt. Daran anschließend findet die **Bewertung** des jeweiligen Instrumentes im Kontext der erarbeiteten Anforderungen einer Transnationalen Unternehmung statt. Diese theoretische Betrachtung wird ergänzt durch die Bewertungen der Informationstechnologien, die sich aus der **praktischen Sicht** ergeben. Mit Abschnitt 4.3 werden damit die Erkenntnisse der empirischen Untersuchung, d.h. das Expertenwissen der befragten Gesprächspartner, in die Betrachtung mit einbezogen.

Die Bewertung der Instrumente erfolgt qualitativ. Die Instrumente werden hierzu den erarbeiteten Anforderungen Adaptierbarkeit, Integrierbarkeit und Koordinationsfähigkeit gegenübergestellt und diskutiert. Der Erfüllungsgrad der Anforderungen durch die jeweiligen Instrumente wird abschließend durch Symbole visualisiert. Hierzu wurden vier Kategorien entwickelt, die den Erfüllungsgrad symbolisieren (vgl. Tabelle 4-1):

– Informationstechnologien mit dem Symbol „0" tragen nicht zur Erfüllung der jeweiligen Anforderung bei.

– Das Symbol „+" repräsentiert einen minimalen Erfüllungsgrad, d.h. die Informationstechnologie leistet einen positiven, jedoch geringen Beitrag zur Erfüllung der jeweiligen Anforderung.

– Kann eine Anforderung durch die jeweilige Informationstechnologie vollständig erfüllt werden, so wird dieser Erfüllungsgrad durch das Symbol „++" repräsentiert.

– Trägt eine Informationstechnologie nicht nur zur vollständigen Erfüllung einer Anforderung bei, sondern fördert sie darüber hinaus die Transnationale Informationsversorgung, dann wird ihr Erfüllungsgrad mit dem Symbol „+++" gekennzeichnet.

In Abschnitt 4.3 werden die Ergebnisse der Interviews zunächst zusammenfassend wiedergegeben und vom Verfasser in das gleiche Bewertungsschema übertragen, welches in Abschnitt 4.2 angewandt wurde. Dadurch wird eine vergleichende Betrachtung von theoretischen und praktischen Erkenntnissen in Abschnitt 4.4 möglich. Dieses Zusammenfügen von Kognition und Wahrnehmung – d.h. theoretischem Verständnis und empirischer Erfahrung – läßt sich als erfahrungsvermittelte Spekulation bezeichnen, die der Transzendenz des Bezugsrahmens dient (vgl. Wollnik 1977, S.42ff.)

Symbol	Bedeutung
0	Die Informationstechnologie trägt nicht zur Erfüllung der jeweiligen Anforderung bei.
+	Die Informationstechnologie trägt nur wenig zur Erfüllung der jeweiligen Anforderung bei.
++	Die Informationstechnologie trägt wesentlich zur Erfüllung der jeweiligen Anforderung bei.
+++	Die Informationstechnologie trägt sehr stark zur Erfüllung der jeweiligen Anforderung bei.

Tab. 4-1   Bewertungssymbolik

4.2 Analyse ausgewählter IT-Instrumente aus theoretischer Perspektive

4.2.1 Instrumente der Anwendungs-Architektur

4.2.1.1 Expertensysteme

(a) Allgemeine Darstellung

Ein Expertensystem ist ein **wissensbasiertes System**, d.h. es basiert auf der Auswertung von gespeichertem menschlichen Wissen. Expertensysteme stellen fachspezifische Kenntnisse zur Verfügung, indem sie das Wissen von Experten in einem abgegrenzten Anwendungsbereich speichern und verarbeiten. (vgl. Stahlknecht/Hasenkamp 1997, S.459ff; Hansen/Neumann 2001, S.469ff.)

Die **wesentlichen Elemente** eines Expertensystems sind die **Wissensbasis** und die **Problemlösungskomponente** (Inferenzkomponente). Die Wissensbasis ist eine Datenbank, in welcher das Expertenwissen systematisch abgelegt wird. Die Problemlösungskomponente des Expertensystems wendet festgelegte Regelsysteme auf die in der Wissensbasis gespeicherten Daten an, um Lösungen für die vom Anwender eingegebenen Problemstellungen zu generieren. Die Lösungsregeln können bspw. in Ableitungs- oder Schlußregeln bestehen oder durch Methoden der Künstlichen Intelligenz realisiert werden. Die beiden Hauptkomponenten Wis-

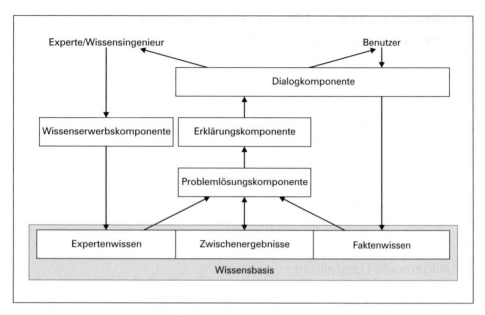

Abb. 4-2   Komponenten von Expertensystemen
(Stahlknecht/Hasenkamp 1997, S.462)

sensbasis und Problemlösungskomponente werden durch weitere Komponenten ergänzt (vgl. Abbildung 4-2):

- Die **Dialogkomponente** ist die Schnittstelle zwischen Expertensystem und Benutzer. Sie leitet den Benutzer bei der Dateneingabe und bereitet das systeminterne Wissen in angemessener Weise auf.
- Die **Wissenserwerbskomponente** dient der strukturierten Erfassung des Wissens für die Wissensbasis. Sie unterstützt über die Wissensakquisition hinaus auch die interaktive Wartung der Wissensbasis und somit deren kontinuierliche Weiterentwicklung.

– Die **Erklärungskomponente** erläutert die Arbeitsweise des Expertensystems und die ermittelte Lösung. Dadurch werden Nachvollziehbarkeit, Umsetzbarkeit und Akzeptanz des Arbeitsergebnisses erhöht.

Klassische Einsatzgebiete für Expertensysteme sind Diagnose-, Konfigurations-, Planungs- und Beratungsanwendungen. Einsatzschwerpunkte sind daher vor allem an der Schnittstelle zum Kunden (Beratung, Service und Vertrieb) sowie der Produktionsplanung (Planung und Konfiguration) zu sehen.

(b) Bewertung

Expertensysteme sind prinzipiell als Instrumente der Transnationalen Informationsversorgung geeignet: Sie integrieren Wissen, verarbeiten es mittels der Problemlösungskomponente und stellen es dem Benutzer zur Verfügung. Durch eine entsprechende Ausgestaltung des Expertensystems ließen sich Informationen weltweit sammeln und im gesamten Netzwerk verfügbar machen.

Betrachtet man das Expertensystem hingegen im Kontext der einzelnen Dimensionen einer Transnationalen Unternehmung, dann ist diese Eignung einzuschränken.

Hinsichtlich der **Adaptierbarkeit** trägt ein Expertensystem nur minimal zur Erfüllung der Anforderungen einer Transnationalen Unternehmung bei. Ist eine geeignete Wissensbasis vorhanden, dann kann diese durch Integration spezifischer Lösungsregeln bspw. an lokale Märkte angepaßt werden. Auch die Dialog- und Erklärungskomponenten lassen sich im internationalen Kontext anpassen. Die Problemlösungskomponente basiert hingegen auf komplexen Algorithmen, die durch den Benutzer selbst nicht verändert werden können. Eine Festlegung der Algorithmen erfolgt meist entweder einmalig bei der Implementierung des Expertensystems oder laufend, wenn ein entsprechend ausgebildeter Mitarbeiter mit der Betreuung und Weiterentwicklung des Expertensystems beauftragt ist. In beiden Fällen ist davon auszugehen, daß sich der Anwendungsbereich des Expertensystems nur auf bestimmte, abgegrenzte Teilbereiche der Unternehmung beziehen kann. Eine kontinuierliche Anpassung des Expertensystems an wechselnde Anforderungen (aufgabenbezogene Differenzierung) ist aus wirtschaftlicher Sicht kaum vertretbar.

Im Kontext der Anforderungen der **Integrierbarkeit** ergibt sich ein ähnliches Bild. Da das Expertensystem auf einer Datenbank als Wissensbasis beruht, ließe sich eine weltweite Integration der Daten in eine zentrale Wissensbasis bewerkstelligen. Auch die Dialogkomponente ließe sich weltweit verfügbar machen. Eine im Sinne der Transnationalen Informationsversorgung notwendige Integrationsfähigkeit von Expertensystemen scheitert hingegen daran, daß die Wissensbasis hohe Ansprüche an die Datenqualität stellt, damit die komplexen Problemösungsalgorithmen greifen können. Zur Gewährleistung dieser Datenqualität verwenden Expertensysteme meist proprietäre Datenbanken und lassen eine Dateneingabe nur durch die Wissenserwerbskomponente zu. Eine Anbindung bestehender, heterogener Informationssysteme auf Basis offener Standards ist daher kaum möglich.

Da Expertensysteme auf die Lösung spezifischer Einzelprobleme fokussiert sind, erfüllen sie die Anforderung der **Koordinationsfähigkeit** im Kontext einer Transnationalen Unternehmung nicht. Tabelle 4-2 faßt die Bewertung des Expertensystems zusammen.

	Adaption	Integration	Koordination
Expertensysteme	+	0	0

Tab. 4-2 Anforderungsorientierte Bewertung von Expertensystemen aus theoretischer Perspektive

4.2.1.2 Führungsinformationssysteme

(a) Allgemeine Darstellung

Ein Führungsinformationssystem (FIS, engl.: Executive Information System (EIS)) ist ein Anwendungssystem, das der „entscheidungsbezogenen Verarbeitung und Aufbereitung von Daten zu Informationen dient" (Reichmann 2001, S. 661). Der Teilbegriff „Führung" impliziert, daß sich ein FIS an Führungskräfte wendet. FIS zählen daher zur Gruppe der **Managementunterstützungssysteme** (MUS) (vgl. Stahlknecht/Hasenkamp 1997, S. 427). Synonym wird für FIS in Literatur und Praxis häufig der Begriff des Management Information System (MIS) verwendet. Der MIS-Begriff stammt historisch betrachtet aus den späten 60er Jahren. MIS waren die notwendige Konsequenz des in der EDV-Euphorie der 60er Jahre entstandenen Wildwuchses operativer Systeme (vgl. Gluchowski/Gabriel/Chamoni 1997, S. 149ff.). Sie ermöglichen Führungskräften verschiedener hierarchischer Ebenen, detaillierte und verdichtete Informationen aus den operativen Systemen ohne aufwendige Modelle und Methoden zu extrahieren.

Unter einem FIS ist darüber hinaus – und damit in Abgrenzung zum MIS – ein einfach zu bedienendes, grafisch orientiertes Abfrage- und Berichtsystem zu verstehen, welches einfache Entscheidungsunterstützungsfunktionen enthält (vgl. Hansen/Neumann 2001, S.476; Nölken 1998, S.120). **Wesentliche Bestandteile** eines FIS sind (vgl. Steinbock 1994, S.158ff.; Gluchowski/Gabriel/Chamoni 1997, S.203ff.; Reichmann 2001, S.660ff.; Hansen/Neumann 2001, S.476ff.):

– **Auswertungsfunktionen**
  Operative Datenbasen und periodische Berichte sind elementare Informationsquellen für die Führungskräfte jeder Unternehmung. Ein FIS muß in der Lage sein, interne und externe Informationen aus unterschiedlichen Datenquellen zu integrieren und in angemessener Form aufbereitet zu präsentieren (vgl. Abbildung 4-4).
– **Analytische Funktionen**
  Der Nutzen eines FIS liegt vor allem auch in den analytischen Funktionen. Diese Funktionen ermöglichen individuelle Datenanalysen durch den Benutzer und Berichte, die eine spezifische Problemstellung wesentlich gezielter beleuchten als ein Standardbericht. Klassische Analysefunktionen in FIS sind:
    – Die **Drill-Down-Analyse**, durch die der Benutzer aggregierte Informationen auf hierarchischen Ebenen aufschlüsseln und Detailanalysen durchführen kann.
    – **Ad-hoc-Analysen** ermöglichen den einfachen und flexiblen Datenzugriff über die Grenzen vordefinierter Berichte hinaus.
    – **Ausnahmeberichte** (Exception Reports) machen auf die Abweichung spezifischer Schwellenwerte aufmerksam. Einem FIS kann somit auch eine gewisse Frühwarnfunktion zukommen.
    – Trendanalysen, Soll-Ist-Vergleiche und weiterführende analytische Methoden ermöglichen **Prognose- und Simulationsfunktionen**.

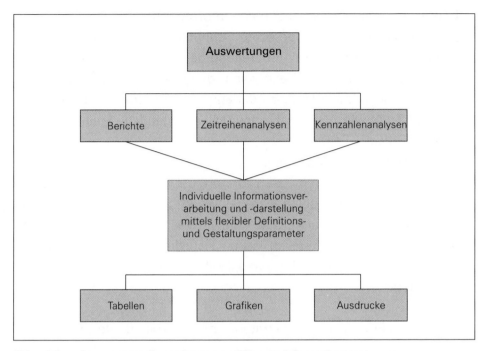

Abb. 4-3   Auswertungsdimensionen von Führungsinformationssystemen
(Reichmann 2001, S.663)

FIS übernehmen damit – in beschränktem Umfang – Funktionen
der Entscheidungsunterstützung.

– **Einfache Benutzerschnittstelle**

Für die Akzeptanz und die Effektivität eines FIS ist die Benutzerschnittstelle von nicht zu unterschätzender Bedeutung. Dateneingaben soll-
ten schnell und einfach möglich sein, so daß eine intuitive Benutzung
durch die Führungskräfte möglich ist. Diese Anforderung wird durch
die mittlerweile üblichen grafischen Benutzerschnittstellen erfüllt.

– Benutzergerechte Präsentation von Informationen

Ebenso wie die benutzergerechte Schnittstelle auf der Eingabeseite, ist eine benutzergerechte Aufbereitung der Informationen auf der Ausgabeseite erforderlich. Diese kann durch aggregierte Kennzahlen, durch grafische Darstellungen oder auch durch moderne Formen strukturierter Texte wie z.B. HTML oder XML erfolgen (vgl. Steinbock 1994, S.163).

– Weiterverarbeitungsfunktionen

Führungsinformationen müssen komfortabel weiter verarbeitet werden können, d.h. das FIS sollte sich nahtlos in die Arbeitsumgebung der Führungskräfte integrieren. Durch die Verwendung standardisierter Dateiformate und Schnittstellen lassen sich die Daten an Textverarbeitungs- und Tabellenkalkulationsapplikationen übergeben oder per E-Mail versenden.

Inhaltlich sind FIS vor allem auf **strategische Controlling-Informationen** fokussiert (Reichmann 2001, S.660f.; Hansen/Neumann 2001, S.476). Daher ist für die Implementierung eines FIS das Vorhandensein geeigneter Kennzahlen für die Unternehmungssteuerung eine wichtige Voraussetzung. FIS sind nicht als „fertige" Produkte am Markt erhältlich. Die am Markt erhältlichen Produkte sind eher als Entwicklungswerkzeuge aufzufassen, die der Entwicklung eines konkreten, unternehmungsspezifischen FIS dienen. Demzufolge kommt der Planung und Konzeption eine große Bedeutung bei der Implementierung eines FIS zu. Die Konzeption muß die Entwicklung bzw. Integration geeigneter **Kennzahlen** ebenso umfassen, wie die Integration der relevanten Datenquellen. Durch die verfügbaren und mittlerweile weit verbreiteten standardisierten Datenbankschnittstellen können FIS auf bereits in der Unternehmung bestehende Datenbanksysteme

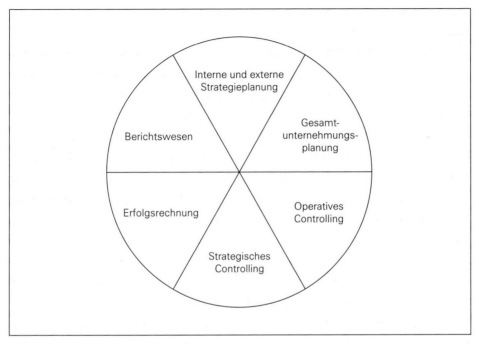

Abb. 4-4   Thematische Schwerpunkte von Führungsinformationssystemen
(Hansen/Neumann 2001, S.478)

aufsetzen. Abbildung 4-4 stellt abschließend typische Einsatzgebiete von FIS dar.

(b) Bewertung

FIS sind ein wichtiger Bestandteil der Transnationalen Informationsversorgung. Sie sind in der Lage, Datenquellen zu integrieren und benutzergerecht aufbereitet zur Verfügung zu stellen. In der Benutzerorientierung liegt ein wesentliches Ziel von FIS: Sie stellen über eine einfach zu bedienende Benutzerschnittstelle wichtige Analyse- und Präsentationsfunktionen für betriebliche Daten zur Verfügung. Die Funktionen des FIS sind dabei keine statischen Auswertungsroutinen, sondern flexible Werkzeuge, die der Benutzer an seine Anforderungen anpassen kann. Durch die individuelle Festlegung von Selektionskriterien kann er auf lokale oder aufgabenbezogene Daten zugreifen und diese kombinieren. Durch diese weitgehenden Möglichkeiten der Anpassung des FIS an lokale, personen- und aufgabenbezogene Informationsbedarfe werden FIS der Anforderung der **Adaptierbarkeit** im Kontext der Transnationalen Informationsversorgung gerecht.

Der Schwerpunkt von FIS ist vor allem in den zur Verfügung gestellten Funktionen zu sehen und weniger in der Datenhaltung. Daher greifen moderne FIS über standardisierte Schnittstellen auf bereits bestehende Datenquellen zu. Die Integration externer und interner Datenquellen gehört somit zum Gesamtkonzept eines FIS und ermöglicht sowohl den Zugriff als auch die Verteilung von Informationen in einem länderübergreifenden Informationsversorgungssystem. Auch die Anforderungen der **Integration** werden somit durch ein FIS unterstützt.

Die **Koordinationsfähigkeit** ist hingegen nur minimal gegeben. Zwar findet eine mittelbare Koordination dadurch statt, daß weltweit operierende Führungskräfte mit den gleichen Daten und Kennzahlen arbeiten. Die Nutzung von FIS erfolgt jedoch weniger zur Kooperation als zur kontinuierlichen Planung und Kontrolle von Entscheidungsprozessen. Für einen weitergehenden Koordinationsbeitrag fehlen unmittelbare Kommunikations- und Feedbackmechanismen, die eine Interaktion mit anderen Mitarbeitern zuläßt.

	Adaption	Integration	Koordination
Führungsinformations-systeme	+ +	+ +	+

Tab. 4-3 Anforderungsorientierte Bewertung von Führungsinformationssystemen aus theoretischer Perspektive

4.2.1.3 Entscheidungsunterstützungssysteme

(a) Allgemeine Darstellung

Entscheidungsunterstützungssysteme (EUS, engl.: Decision Support Systems (DSS)) dienen – wie auch MIS und FIS – der Managementunterstützung. Wesentliches Merkmal von EUS ist die Fähigkeit, die Entscheidungsfindung durch Modelle und Methoden zu unterstützen und so die Analyse von Handlungsalternativen zu ermöglichen (vgl. Gluchowski/Gabriel/Chamoni 1997, S.168; Hansen/Neumann 2001, S.459).

EUS verwenden **Entscheidungsmodelle**, die durch Variablen und Formeln eine Modellrechnung im Hinblick auf ein im Modell vorgegebenes Zielsystem ermöglichen. Hierbei repräsentieren die Variablen reale Phänomene im Modell, deren Beziehungen zueinander durch die Formeln abgebildet werden (Hansen/Neumann 2001, S.460). Nach der Problembestimmung und Festlegung eines Lösungsraumes im Entscheidungsmodell kommen **Methoden** zum Einsatz, die zur Auswahl einer optimalen Lösung führen sollen. Eine Methode ist dabei als systematische Vorgehensweise zur Lösung des Problems zu verstehen. Diese Vorgehensweisen basieren auf

mathematischen Verfahren, wie z.B. Konsolidierungs- und Aggregations-
verfahren, Regressions-, Korrelations- und Zeitreihenanalysen bis hin zu
komplexen, linearen und nicht-linearen Optimierungs- und Simulationsver-
fahren (Gluchowski/Gabriel/Chamoni 1997, S. 182). Die zur Verfügung stehenden Modelle und Methoden orientieren sich am Benutzer des EUS:
Die Unterstützung von Führungskräften bei der Entscheidungsfindung
wird durch die Berücksichtigung von Management-Know-how und finanz-
mathematischen Methoden optimiert. Analog lassen sich EUS auch für
andere Zielgruppen wie bspw. Mitarbeiter in der Forschung und Entwicklung aufbauen. In der Praxis richten sich EUS vor allem an Fachspeziali-
sten, die in der Lage sind, die grundlegenden Modelle und Methoden zu
verstehen, sie zu formulieren und zu interpretieren.

Ein EUS umfaßt die folgenden sechs **Komponenten** (vgl. Abbildung 4-5):

– Das **Dialogsystem** dient der Benutzerführung und damit auch der Akzeptanz des Systems. Da sich der Benutzer mit häufigen Wechseln
  zwischen interaktiven Bedienungsschritten, strukturierten Modellrech-
  nungen und komplexen Ergebnissen konfrontiert sieht, ist eine intensive Benutzerführung mit kontextsensitiven Hilfestellungen erforderlich. Tabelle 4-4 stellt die wesentlichen Anforderungen an eine EUS-
  Dialogkomponente dar.
– Die **Modellbank** verwaltet die dem Benutzer zur Verfügung stehenden
  Modelle. Diese können vorgegeben oder durch den Benutzer bestimmt bzw. erweitert werden. Je nach Art der Entscheidungsvariablen
  und funktionalen Zusammenhänge lassen sich
    – deterministische und stochastische,
    – statische und dynamische,
    – lineare und nicht-lineare,
    – ein- und mehrkriterielle,

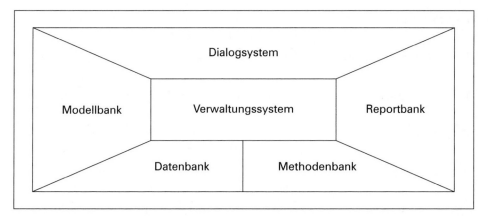

Abb. 4-5   Komponenten eines Entscheidungsunterstützungssystems
(Gluchowski/Gabriel/Chamoni 1997, S. 176)

 – scharfe und unscharfe (fuzzy) sowie
 – optimierende und satisfizierende Modelle
unterscheiden.
– Die **Methodenbank** umfaßt die zur Verfügung stehenden mathematischen und statistischen Methoden, die der Auswahl einer optimalen
Lösungsalternative dienen.
– Die **Datenbankkomponente** verwaltet die Erstellung, Modifizierung, Si-
cherung und Löschung der verwendeten Daten. Sie leistet außerdem
die Integration interner und externer Datenquellen. Die Datenablage
selbst kann in einer EUS-internen Datenbank erfolgen oder in einem
externen Datenbanksystem, welches durch die Datenbankkomponente des EUS integriert wird.

Aufgabenangemessen-heit	Genügende, aber nicht belastende Unterstützung (Umfang der Funktionen)
Erwartungskonformität	Erfüllung der gesetzten Unterstützungserwartungen
Fehlerresistenz	Automatische Korrektur oder Angabe zur Bearbeitung von Fehlern (Hilfe-Funktionen)
Flexibilität	Anpassungsfähigkeit an unterschiedliche Benutzerprofile und unterschiedliche Problemstellungen
Transparenz	Klarheit der logischen Abläufe und Verständlichkeit der Informationsdarstellung (Nachvollziehbarkeit)
Übersichtlichkeit	Logische Anordnung der Bedienungsoberfläche und Bezugsobjekte

Tab. 4-4   Software-ergonomische Anforderungen an EUS-Dialogkomponenten (Gluchowski/Gabriel/Chamoni 1997, S. 178)

– Die **Reportbank** hält vordefinierte Standardberichte ebenso bereit, wie die Möglichkeit, durch Kommandosprachen und Reportgeneratoren individuelle Berichte zu erstellen.

– Als letzte Komponente stellt das **Verwaltungssystem** ein zentrales Werkzeug zur Steuerung und Konfiguration der obengenannten Komponenten zur Verfügung.

(b) Bewertung

Der Einsatz von EUS unterstützt die Transnationale Informationsversorgung nur minimal. Die Leistungsfähigkeit von EUS basiert auf den Modellen und Methoden, die ihnen zugrundeliegen. Die Modelle orientieren sich an bestimmten Anwendungszwecken, d.h. sie sind einem aufgabenbezogenen Informationsbedarf angepaßt. Diese Anpassung erfolgt entweder durch die Auswahl geeigneter EUS-Produkte oder durch eine einmalige Adaption während der Implementierung des Systems. Zwar lassen sich Modell- und Methodenbank bei den meisten Produkten erweitern, jedoch setzt dieses ein hohes Know-how hinsichtlich der teilweise komplexen Modelle und mathematischen Methoden voraus. Eine flexible Anpassung an wechselnde Aufgabenfelder erscheint daher als unpraktikabel. Der Einsatz von EUS beschränkt sich zudem auf Kreise von kompetenten Spezialisten, welche die grundlegenden Modelle und Methoden nachvollziehen und anwenden können. Die **Adaptierbarkeit** von EUS beschränkt sich somit im wesentlichen auf die Lokalisierung der Dialogkomponente.

Auch die **Integrierbarkeit** ist nur zu einem minimalen Grad gegeben: Die Integration beschränkt sich im Kontext eines EUS auf eine mögliche Einbindung weltweiter Datenquellen. Dabei steht nicht die Portabilität von Informationen in einem weltweiten Kontext im Vordergrund, sondern die Verwendung an einem einzelnen Arbeitsplatz. Ein Beitrag von EUS zu einem integrierten, länderübergreifenden Informationsversorgungssystem kann somit nicht festgestellt werden.

EUS leisten keinen nennenswerten Beitrag zur Dimension der **Koordination** der Transnationalen Informationsversorgung. Sie dienen nicht der Kooperation von verteilten Unternehmungseinheiten, sondern der isolierten Entscheidungsunterstützung.

	Adaption	Integration	Koordination
Entscheidungsunter-stützungssysteme	+	+	0

Tab. 4-5   Anforderungsorientierte Bewertung von Entscheidungsunterstützungssystemen aus theoretischer Perspektive

4.2.1.4 Portalsysteme

(a) Allgemeine Darstellung

Portalsysteme übertragen die Idee des „Eingangstores" einer Unternehmung auf die Ebene der Informationssysteme. Portale sind auf Internettechnologien basierende Anwendungen, die durch Web-Portale wie Yahoo oder Lycos im **Internet** populär geworden sind (vgl. Hess/Herwig 1999, S.S.67). Portale im **Extranet** einer Unternehmung stellen eine Schnittstelle zu Kunden und Lieferanten dar. Im Fokus dieses Abschnittes stehen jedoch Portale im **Intranet** einer Unternehmung, die als Schnittstelle zum Mitarbeiter und damit dessen Informationsversorgung dienen. Das Portal erscheint im Web-Browser des Benutzers als Startseite und bietet ihm verschiedene Funktionen und Informationen an.

Ursprünglich beschränkten sich Portale auf Suchdienste und die Aggregation von Inhalten. Modernere Varianten zeichnen sich jedoch dadurch aus, daß sie neben Daten auch Anwendungen integrieren (vgl. Bauer 2001, S.114ff.) und vom Benutzer selbst angepaßt werden können (vgl. Voß/Gutenschwager 2001, S.213f.; Hansen/Neumann 2001, S.537f.). Die Integrationsfähigkeiten von Portalen basieren darauf, daß Anwendungen durch

Internettechnologien flexibel und plattformunabhängig verfügbar werden: Anwendungen werden von **Applikations-Servern** im Intranet zur Verfügung gestellt (vgl. Bauer 2001, S. 123ff.). Der Applikations-Server führt die Anwendungen zentral oder auf mehreren Servern verteilt aus und ist in der Lage, Teile der Anwendungen auf die zugreifenden Arbeitsplatzrechner auszulagern. Eine grundlegende Technologie, die diese Verteilung von Anwendungen ermöglicht, ist der Java-Standard. Er ermöglicht die plattformunabhängige Entwicklung und Verteilung von Anwendungen. Da der Zugriff auf derartige Anwendungen mittels eines einfachen Web-Browsers erfolgen kann, lassen sich diese für eine Integration in Portalsysteme relativ einfach anpassen.

Die Bereitstellung und Konfiguration des Portals sowie die Verwaltung von Benutzern und Benutzerrechten erfolgt durch den **Portalserver**. Er determiniert darüber hinaus auch die Schnittstellen zu den integrierten Anwendungen, Applikations-Servern und externen Informationsquellen. Abbildung 4-6 zeigt den schematischen Aufbau eines Portalsystems.

Die Akzeptanz und der Nutzen von Portalsystemen basieren vor allem auch auf ihrer **Anpassungsfähigkeit**. Der Benutzer kann Erscheinungsbild und Informationstiefe bestimmen sowie die Inhalte und Anwendungen selektieren, die in seinem Portal erscheinen sollen. **Typische Inhalte** von Portalen sind:

- Informationen
    - aktuelle Marktinformationen
    - unternehmungsbezogene Nachrichten
    - kritische Kennzahlen und Schwellenwerte
    - Balanced Scorecard
- Suchdienste und Katalogfunktionen

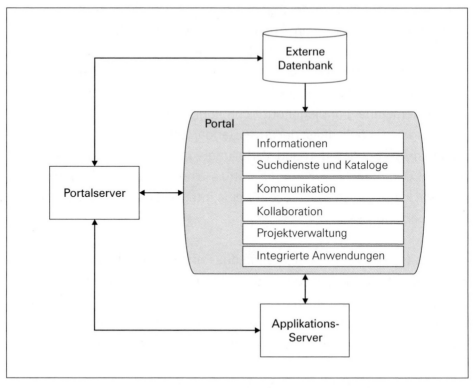

Abb. 4-6   Schematische Darstellung eines Portalsystems

- Kommunikation
    - E-Mail-Funktionen
    - Diskussionsforen
- Kollaboration
    - Gruppenkalender
    - Teammanagement
- Projektverwaltung

- Projektmanagement
- Projektdokumentation
- Integrierte Anwendungen
  - Kalkulationsfunktionen
  - Beschaffung

Durch den grundlegenden Aufbau der Portalsysteme sowie die Verwendung offener Standards lassen sich beliebige andere Kombinationen und Erweiterungen realisieren.

(b) Bewertung

Portalsysteme können einen wichtigen Beitrag zur Transnationalen Informationsversorgung leisten. So lassen sich Portale für Gruppen von bestimmten Aufgabenträgern oder für einzelne bzw. lokale Unternehmungseinheiten erstellen. Portalsysteme sind somit aufgaben- und landesbezogen adaptierbar. Da sich moderne Portalsysteme durch den Benutzer selbst flexibel an seine individuellen Bedarfe anpassen lassen, ist eine personenbezogene Adaptierbarkeit ebenfalls gegeben. Die Anforderungen der **Adaptierbarkeit** der Transnationalen Informationsversorgung werden somit insgesamt unterstützt. Einschränkend ist festzuhalten, daß der Raum, der für Anpassungen zur Verfügung steht, durch die verfügbaren Inhalte und Anwendungen – und nicht das Portalsystem selbst – bestimmt wird.

Da Portalsysteme auf weitestgehend standardisierten Technologien basieren, sind sie in der Lage, weltweit verfügbare Daten und auch Applikationen zu integrieren. Portalsysteme stellen selbst allerdings keine originären Daten zur Verfügung – vielmehr sind sie auf die Integration von Daten angewiesen. Die **Integrierbarkeit** von Portalsystemen ist ergibt sich demzufolge daraus, daß sie auf offenen Standards basieren und weltweit zur Verfügung stehende Informationen in ein zentrales Werkzeug für den Benutzer integrieren. Sie dienen somit vornehmlich dem Zugriff auf weltweit verteilte Informationen und leisten keinen eigenen Output zur länderübergreifenden Informationsversorgung.

Der Beitrag von Portalsystemen zur **Koordination** ist hingegen nur minimal. Er basiert darauf, daß den Mitarbeitern inhaltlich und kulturell identische Informationen bereitgestellt werden. Zwar sind Portale auch Plattform für die formale und informale Kommunikation. Diese koordinierenden Funktionen werden jedoch durch die integrierten Anwendungen geleistet, und nicht durch das Portalsystem selbst.

	Adaption	**Integration**	**Koordination**
Portalsysteme	+ +	+ +	+

Tab.   4-6   Anforderungsorientierte Bewertung von Portalsystemen aus theoretischer Perspektive

4.2.2 Instrumente der Daten-Architektur

4.2.2.1 Data Warehouse

(a) Allgemeine Darstellung

Im vorhergehenden Abschnitt wurden mit dem FIS und EUS bereits wichtige Instrumente vorgestellt, die der Informationsversorgung von Führungskräften dienen. Mit zunehmender Quantität und Komplexität der innerbetrieblichen Datenverarbeitung stoßen diese Technologien jedoch an Grenzen (vgl. Stahlknecht/Hasenkamp 1997, S.430; Mertens/Bodendorf/König/Picot/Schumann 2000, S.60ff.; Hansen/Neumann 2001, S.462; Schwarze 2000, S.260):

– Die für die Informationsversorgung der Führungskräfte notwendigen Informationen entstammen den operativen Systemen der Datenverarbeitung. Diese Systeme sind im Laufe der Zeit unabhängig voneinander konzipiert worden. Die Implementierung moderner Managementunterstützungssysteme (MUS) ist daher mit dem Problem verbunden, die relevanten Daten aus einer weitgehend heterogenen Landschaft operativer Systeme extrahieren zu müssen. Es mangelt damit sowohl an einer horizontalen wie auch an einer vertikalen Integration der Daten.

– Für die Führungskräfte selbst bedeutet die Heterogenität der Systemlandschaft eine zusätzliche Komplexitätsstufe in der ohnehin vorhandenen Informationsflut: Für sie wird es zunehmend schwerer, zu erken-

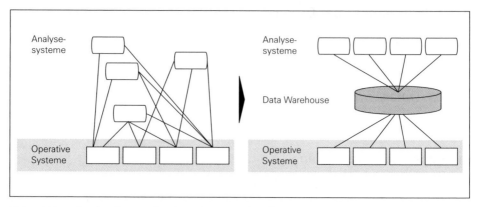

Abb. 4-7   Strukturierung der Datenhaltung: Der Übergang zu einem Data Warehouse
(Voß/Gutenschwager 2001, S. 258)

nen, welche Quellen welche Informationen bereithalten und wie diese
zusammengeführt werden.

– Das Prinzip der MUS, unmittelbar auf die Daten der operativen Systeme zuzugreifen, führt dazu, daß die operativen Systeme ihre eigentlichen Funktionen nur mit verminderter Leistung erfüllen können, da
die notwendigen Datentransfers die Kapazität des Systems beanspru-
chen. Die zunehmende Quantität und Komplexität der operativen Systeme führt somit nicht nur zu immer zeitaufwendigeren Auswertungs-
läufen, sondern auch zu Leistungseinbußen im operativen Bereich.

Als **Lösung** dieser Probleme bietet es sich an, eine parallele Datenhaltung
zu etablieren, welche die Daten der operativen Systeme **extrahiert** und
zentral zur weiteren Verarbeitung bereithält (vgl. Abbildung 4-7). IBM hat
bereits Ende der siebziger Jahre ein solches Konzept unter der Bezeich-

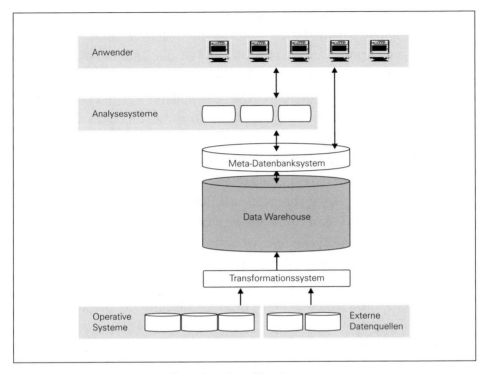

Abb. 4-8   Schematischer Aufbau eines Data Warehouse

nung „Information Warehouse" entwickelt. Synonym wird mittlerweile überwiegend der Begriff „Data Warehouse" (DWH) verwendet.

Abbildung 4-8 zeigt den schematischen Aufbau eines DWH. Es umfaßt folgende **Komponenten** (vgl. Schwarze 2000, S. 201f.; Hansen/Neumann 2001, S. 463f.):

- Das **Transformationssystem** selektiert Daten aus den operativen Systemen, transformiert diese in ein standardisiertes Datenformat, aggregiert sie gegebenenfalls und transferiert die Daten in die Datenbasis. Die Extrahierung der Daten aus internen und externen Quellen erfolgt in definierten Perioden. Die Zeitpunkte können so gewählt werden, daß die operativen Systeme in ihren primären Funktionen nicht beeinträchtigt werden.

- In der **Datenbasis** werden alle Daten, die das Transformationssystem aus internen und externen Quellen extrahiert, gespeichert. Die Datenbasis wächst im Zeitablauf stark an, so daß eine entsprechend leistungsfähige Hard- und Software erforderlich ist. Sie ermöglicht langfristige Zeitreihenanalysen und Modelle, die allein auf Basis der operativen Systeme nicht möglich wären.

- Das **Meta-Datenbanksystem** beinhaltet Informationen über die im DWH abgelegten Daten in Form einer technischen und semantischen Beschreibung dieser, über die Datenherkunft sowie die zugrundeliegenden Transformationsprozesse. Das Meta-Datenbanksystem stellt durch seine gespeicherten Informationen ein Navigationsinstrument für das DWH dar, mit der sich in der eigentlichen Datenbasis Informationen auffinden, selektieren und extrahieren lassen. Es kann daher auch als Schnittstelle für Anwender und Auswertungsapplikationen angesehen werden. Darüber hinaus beinhaltet es jedoch auch vordefinierte und anpaßbare Auswertungen, so daß sich mit seiner Hilfe Berichte für die Informationsversorgung von Führungskräften generieren lassen.

Auch ein DWH läßt sich nicht „fertig" am Markt erwerben (vgl. Jung/Winter 2000b, S.5). Die erhältlichen Produkte sind als Werkzeuge zu betrachten, die im Rahmen eines DWH-Projektes die Konzeption unterstützen und Basis für die Teilsysteme des DWH bilden (vgl. Schwinn/Dippold/Ringgenberg/Schnider 1999, S. 202). Die Implementierung eines DWH ist als **strategische Aufgabe** zu betrachten, da die Integration einer heterogenen Landschaft nur langfristig gelingen kann und das Ergebnis – eine unternehmungsweite Datenmodulierung – ebenso langfristige Auswirkungen hat.

(b) Bewertung

Das DWH stellt aus theoretischer Sicht ein elementares Werkzeug der Transnationalen Informationsversorgung dar: Es ermöglicht das Zusammenführen weltweit verteilter Datenquellen in ein zentrales Informationsversorgungssystem. Dazu stehen zum einen standardisierte Schnittstellen und zum anderen leistungsfähige Transformationssysteme zur Verfügung, die periodisch Daten aus unterschiedlichsten Datenquellen importieren und in eine einheitliche Datenstruktur umwandeln können. Die Daten werden somit in einer standardisierten Datenstruktur abgelegt, so daß parallel zu den weltweit in heterogenen Informationssystemen verteilten Daten eine zentrale und standardisierte Datenbasis entsteht. Das Meta-Datenbanksystem des DWH stellt eine Schnittstelle für den Zugriff auf diese Datenbasis durch Anwender oder Anwendungssysteme dar. Dabei ist der Standort des Benutzers bzw. zugreifenden Systems unerheblich – das DWH ermöglicht Datenzugriffe über ein internationales Intranet. Das DWH integriert somit nicht nur die weltweit vorhandenen Datenbestände, sondern es stellt diese auch für die Verwendung in einem länderübergreifenden Informationsversorgungssystem zur Verfügung. Die Dimension der **Integration** der Transnationalen Informationsversorgung wird durch ein DWH folglich unterstützt und gefördert.

Auch die Anforderung der **Koordinationsfähigkeit** wird durch ein DWH unterstützt. Zwar stellt das DWH keine Werkzeuge zur Kommunikation und Kollaboration zur Verfügung, jedoch führt es Informationen und Know-how zusammen und stellt damit eine wichtige Voraussetzung für die Kombination dieser Ressourcen dar. Durch die standardisierte Datenstruktur ist es darüber hinaus in der Lage, kooperierenden Mitarbeitern, die über unterschiedliche Informationssysteme an ihrem Arbeitsplatz verfügen, mit identischen Informationen zu versorgen.

Die **Adaption** wird im Sinne der Transnationalen Informationsversorgung hingegen nicht unterstützt: Die in den Transformationsprozessen stattfindenden Anpassungen sind eine Normierung der Daten hinsichtlich einer standardisierten Datenstruktur. Die Anpassung dieser Daten an personen-, aufgaben- oder landesbezogene Informationsbedarfe obliegt hingegen den Anwendungssystemen, die sich des DWH bedienen.

Zusammenfassend läßt sich urteilen, daß das DWH eine wichtige Voraussetzung für die Integrations- und Koordinationsfähigkeit der Transnationalen Informationsversorgung ist. Da das DWH die Informationen für eine weitere Verarbeitung lediglich passiv bereithält, sind zur Ausschöpfung dieser Potentiale weitere Informationssysteme erforderlich, die sich dieser Daten bedienen. Diese können die in Abschnitt 4.2.1 erläuterten Managementunterstützungssysteme sein oder innovative Technologien wie das im folgenden Abschnitt beschriebene Data Mining.

	Adaption	Integration	Koordination
Data Warehouse	0	+++	++

Tab. 4-7 Anforderungsorientierte Bewertung des Data Warehouse aus theoretischer Perspektive

4.2.2.2 Data Mining

(a) Allgemeine Darstellung

Spätestens mit dem Einzug der Data-Warehouse-Technologie ist es möglich, Daten in großem Umfang zu speichern. Damit diese Datenlager nicht zu „Datenwüsten" werden, sondern Informationen als wichtige Unternehmungsressource genutzt werden können, ist es notwendig, effiziente Auswertungswerkzeuge einzusetzen.

Mögliche Werkzeuge sind die in Abschnitt 4.2.1 vorgestellten MUS, die auf Basis der bestehenden Daten Auswertungen generieren. Die Suche nach Informationen mit Hilfe eines MUS ist **verifikationsgesteuert**, d.h. der Benutzer löst eine Informationsabfrage aus, die auf seinem Informationsbedarf und seinen Kenntnissen der Inhalte und deren Zusammenhänge des Datenbestandes basiert (vgl. Schwarze 2000, S.327). Betrachtet man dieses Vorgehen vor dem Hintergrund der permanent anwachsenden Datenmengen im Data Warehouse – insbesondere wenn es Daten aus einem transnationalen Netzwerk integriert – , dann ist anzunehmen, daß die Potentiale des Data Warehouse schon aus dem Grunde nicht genutzt werden können, daß die Benutzer keine vollständige Kenntnis der verfügbaren Daten und Datenbeziehungen haben können.

Um die vorhandenen Daten als Ressource zu nutzen, die z. B. durch Kombination von Informationen Quelle von Wettbewerbsvorteilen ist, bedarf es daher weniger eines verifikations- als eines **entdeckungsorientierten** Ansatzes. Dieser ist durch das Data Mining (Datenmustererkennung [6]) ge-

6   Vergleiche Mertens/Bissantz/Hagedorn 1997a, S.243f.

geben. Data Mining ist die automatische, methodische Gewinnung von entscheidungs- und führungsrelevanten Informationen über bisher **unbekannte** Zusammenhänge, Muster und Trends aus dem Datenbestand komplexer Datenbanksysteme bzw. des Data Warehouse (vgl. Schwarze 2000, S.327; Hansen/Neumann 2001, S.474f.; Mertens/Bissantz/Hagedorn 1997b; Stahlknecht/Hasenkamp 1997, S.432f.; Mucksch/Behme 2000b, S.31ff.).

Ein Data-Mining-System [7] ist in der Lage, mittels **Methoden** der Mathematik, Statistik und der Künstlichen Intelligenz (vgl. Tabelle 4-8), Daten in der Datenbasis zu analysieren und Zusammenhänge aufzudecken und somit neues Wissen zu generieren. Dabei lassen sich, in Anlehnung an den ursprünglich aus der Statistik stammenden Begriff, Systeme, die eine hypothesenfreie Suche nach Datenmustern ermöglichen, von solchen unterscheiden, die durch die Hypothesenformulierung des Anwenders initiiert werden (vgl. Abbildung 4-9). Erstere werden als Data-Mining-Systeme im engeren Sinne bezeichnet, während man letztere als Data-Mining-Systeme im weiteren Sinne auffaßt (vgl. Bissantz/Hagedorn/Mertens 2000, S.380f.; Voß/Gutenschwager 2001, S.346).

Data Mining ist als **Prozeß** zu verstehen (vgl. Grob/Bensberg 1999, S.4; Schinzer 2000; S.427f.; Schwinn/Dippold/Ringgenberger/Schnider 1999, S.227ff.), der drei grundlegende Schritte umfaßt:

- Die **Präparationsphase** dient der Selektion relevanter Daten bzw. Datenbereiche und der Transformation der Daten in ein einheitliches, für das Data-Mining-System verwendbares Datenmaterial. Hierbei ist ins-

---

7 Einen Überblick über die am deutschen Markt verfügbaren Data Mining Systeme bietet Schinzer (2000).

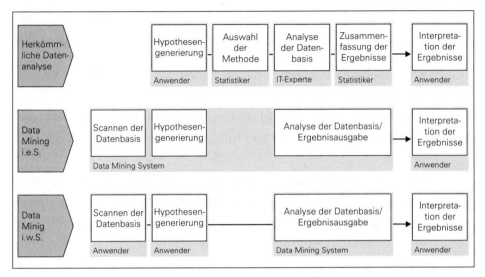

Abb. 4-9   Herkömmliche Datenanalyse und Data-Mining-Konzepte im Vergleich
            (Bissantz/Hagedorn/Mertens 2000, S.381)

besondere die Bereinigung der Daten von inhaltlichen und semantischen Fehlern wichtig, um sinnvolle Ergebnisse zu erzielen. Durch die
zunehmende Verbreitung von Data-Warehouse-Systemen können
Data-Mining-Systeme zwar meist auf vereinheitlichte und gut strukturierte Daten zugreifen, jedoch läßt sich nicht ausschließen, daß auch
im Datenbestand eines DWH Defizite in der Datenqualität bestehen [8].

– Zu Beginn der **Analysephase** findet die Auswahl einer geeigneten Methode zur Durchführung des eigentlichen Data Mining statt. Hierbei ist

8   Interessant ist an dieser Stelle, daß Data Mining zur Suche von Datenfehlern
    im DWH eingesetzt werden kann (vgl. Bissantz/Hagedorn/Mertens 2000,
    S.389f.)

zunächst das grundsätzliche Vorgehen festzulegen, welches an der Zielsetzung des Data-Mining-Vorhabens orientiert sein sollte (vgl. Grob/ Bensberg 1999, S. 9ff.; Voß/Gutenschwager 2001, S. 349f.):

- **Klassifikationsmethoden** bilden Daten auf bestehenden Klassen ab und unterstützen die Klassenbildung.
- **Abweichungsanalysen** identifizieren Objekte, die sich keinem Muster zuordnen lassen und führen diese weiteren Analyseschritten zu.
- **Assoziationsanalysen** suchen nach signifikanten Abhängigkeiten zwischen Objekten. Solche Verbundeffekte lassen sich bspw. durch **Warenkorbanalysen** aufdecken, die das Käuferverhalten analysieren und Aussagen nach dem Muster „wenn Kunden Produkte A und B kaufen, dann kaufen 80% von ihnen auch Produkt C" zulassen. **Sequenzanalysen** decken hingegen zeitliche Verbundeffekte auf. Hierbei werden die einzelnen Phasen und zeitlichen Abstände wiederkehrender Prozesse aufgedeckt („wenn Kunden Produkt A kaufen, dann kaufen 40% von ihnen innerhalb 8 Wochen Produkt B").
- **Clusteranalysen** suchen ohne vordefinierte Klassen nach wiederkehrenden Mustern in der Datenbasis und bilden Gruppen von Objekten mit gleichen Ausprägungen.

Ausgehend von dieser Auswahl, ist die Festlegung einer geeigneten technischen Methode bzw. eines Algorithmus zum eigentlichen Data Mining notwendig. Tabelle 4-8 führt die wichtigsten Data-Mining-Algorithmen auf. Aufgabe des Data-Mining-Systems ist neben der Bereitstellung geeigneter Methoden und der eigentlichen Durchführung der Analyse vor allem auch die Unterstützung des Anwenders bei der Auswahl der Methode und der Formulierung des Analyseziels.

- Die **Interpretationsphase** dient der Aufbereitung und Präsentation der erzielten Ergebnisse. Dabei sollte der Rückgriff auf einzelne Stufen des

Entscheidungsbäume	Baumähnliche Repräsentation von Entscheidungspfaden. Die Äste (Entscheidungen) des Baumes bestimmen die Regeln für die Segmentierung der Daten.
Regelbasierte Systeme	Vergleichbar einem Entscheidungsbaum bestimmen wenn-dann-Regeln die Segmentierung der Daten.
Fallbasiertes Schließen	Ansatz zur Lösung von Problemen auf Basis analoger Fälle in der Vergangenheit.
Automatische Clusteranalyse	Auffinden von Ähnlichkeiten zwischen Datenobjekten und Generierung von Gruppen mittles statistischer Verfahren.
Bayes Ansatz	Ähnlich der Clusteranalyse findet eine Gruppeneinteilung statt, die jedoch auf der Wahrscheinlichkeit der Gruppenzugehörigkeit des jeweiligen Objektes anstelle von Ähnlichkeiten basiert.
Genetische Algorithmen	Problemlösung in Anlehnung an die genetische Kombination (Mutation und Kreuzung) in der Natur und iterativem Vorgehen.
Fuzzy-Technik	Mustererkennung auf Grundlage der Theorie der unscharfen Mengen. Anwendung insbesondere in der Clusteranalyse.
Neuronale Netze	Nicht-lineares Vorhersagemodell, welches lernfähig ist und an die Funktionsweise des menschlichen Gehirns angelehnt ist.

Tab. 4-8 Methoden des Data Mining
(vgl. Küppers 1998, S.51ff.; Kafka 1999, S.20ff.;Voß/Gutenschwager 2001, S.350)

Data-Mining-Prozesses und die statistische Überprüfung aller Aussagen auf ihre Fehlerwahrscheinlichkeit möglich sein. Das Data-Mining-

System stellt in dieser Phase somit ziel- und anwendergerechte Prä-
sentationsformen zur Verfügung und unterstützt den Anwender bei der
Überprüfung und Interpretation der Ergebnisse.

(b) Bewertung

Das Data Mining kann ein wichtiger Bestandteil der Transnationalen Informationsversorgung sein. Data Mining Systeme erfüllen die Anforderung
der **Adaptierbarkeit** der Transnationalen Informationsversorgung, da sie
sich mit verschiedensten Methoden und Analysen an aufgaben-, perso-
nen- und landesbezogene Fragestellungen anpassen lassen. Die Ergebnisse des Data Mining Prozesses können darüber hinaus auch zur Bewertung
der im DWH abgelegten Informationen verwendet werden. Einschränkend
ist allerdings anzumerken, daß die Benutzung eines Data Mining Systems
ein methodisches Know-how des Benutzers voraussetzt.

Zur **Integration** im Sinne der Transnationalen Informationsversorgung tragen sie nicht bei, denn trotz ihrer Fähigkeit, Daten aus unterschiedlichen
Quellen zu verarbeiten, sind Data Mining Systeme darauf angewiesen,
daß die Daten in geeigneter Form zur Verfügung stehen. Die eigentliche
Integration von Informationen findet im vorgelagerten Datenbankmanage-
mentsystem oder DWH statt.

Die **Koordinationsfähigkeit** des Data Mining ist hingegen als hoch einzuschätzen. Zwar ist das Data Mining nicht in der Lage, durch Kommunika-
tionsfunktionen den direkten Austausch zwischen Mitarbeitern zu fördern.
Jedoch ist kein anderes Instrument in der Lage, im transnationalen Netzwerk verfügbare Daten so zu kombinieren, daß aus vollkommen unabhängigen immateriellen Ressourcen neues Wissen generiert wird. Gerade in

der Autonomie der transnationalen Netzwerkknoten besteht die Problematik, daß Führungskräfte in einem Land nicht die Datenbestände und Zusammenhänge in einem anderen Land überblicken können. Ein Data-Mining-System ist jedoch in der Lage, z.B. länderübergreifend agierende Kunden und Wettbewerber zu identifizieren, Käuferverhalten zu analysieren und Muster über nationale und organisatorische Grenzen hinweg zu erkennen.

	Adaption	Integration	Koordination
Data Mining	++	0	+++

Tab. 4-9 Anforderungsorientierte Bewertung des Data Mining aus theoretischer Perspektive

4.2.2.3 Elektronische Archivierung

(a) Allgemeine Darstellung

Elektronische Archivsysteme dienen der langfristigen Speicherung von Daten, die i.d.R. in Form vom Dokumenten vorliegen. Grundsätzlich ist die Archivierung von „Coded"- (CI) und „Non-Coded-Information" (NCI) zu unterscheiden. Die Archivierung von CI-Dokumenten ist möglich, wenn die Dokumente in kodierter Form vorliegen, d.h. sie wurden in einem Anwendungssystem (z.B. Textverarbeitung) erstellt und liegen in einem Datenformat vor, das eine Bearbeitung in anderen Anwendungssystemen ermöglicht. Bei NCI-Dokumenten handelt es sich hingegen um solche Dokumen-

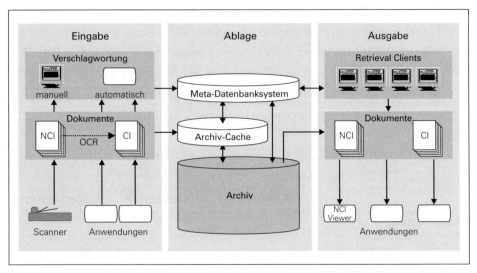

Abb. 4-10   Schematischer Aufbau eines elektronischen Archivsystems

te, deren Inhalte in nicht kodierter Form vorliegen. Dieses sind bspw. digitalisierte Abbilder von Dokumenten oder Faxe, die elektronisch eingegangen sind. NCI-Dokumente können durch den Einsatz von Texterkennungsapplikationen (Optical Character Recognition (OCR)) in CI-Dokumente umgewandelt werden. **Ziel** der Archivierung ist es, Dokumente am Ende ihres Lebenszyklus langfristig zu speichern und auffindbar zu machen (vgl. Stahlknecht/Hasenkamp 2000, S. 455). Abbildung 4-10 stellt schematisch den Aufbau eines elektronischen Archivsystems dar.

Auf der **Eingabeseite** werden zunächst die Dokumente von den Anwendungssystemen (CI) oder einem Scanner (NCI) bereitgestellt. NCI-Dokumente werden gegebenenfalls durch OCR-Anwendungen in CI-Dokumente umgewandelt.

Um eine systematische Ablage und damit das spätere Wiederauffinden zu ermöglichen, ist die **Verschlagwortung** der Dokumente erforderlich. Hierzu werden Indexdaten wie Kundennummer, Belegnummer, Datum und weitere Daten manuell oder automatisch erfaßt. Bei CI-Dokumenten kann die automatische Verschlagwortung aufgrund des kodierten Datenformates unmittelbar erfolgen. Bei NCI-Dokumenten wird entweder vor dem Scannen ein Barcode aufgebracht, der mit den Indexdaten in einer Datenbank verknüpft ist, oder bestimmte Formularbereiche des Dokumentes werden mit Hilfe von OCR-Methoden ausgelesen. Die so generierten Indexdaten gelangen in der **Meta-Datenbank** des Archivsystems zur **Ablage**, während die Dokumente selbst im eigentlichen Archiv abgelegt werden. Dabei kommen sie zunächst in einen Zwischenspeicher – den **Archiv-Cache** –, aus dem die Dokumente periodisch auf optische Speichermedien übertragen werden. Die Meta-Datenbank enthält – analog zum Aufbau des DWH – Informationen über den Aufbau der Archivsysteme und der abgelegten Daten. Sie ist damit im Zuge der **Ausgabe** die primäre Schnittstelle der Retrieval-Clients.

Die **Retrieval-Clients** stellen dem Anwender Werkzeuge zur gezielten Suche von Dokumenten im Archivsystem zur Verfügung. Als Suchkriterien dienen die während der Verschlagwortung generierten Indexdaten. Sofern es sich bei dem Meta-Datenbanksystem um eine Volltext-Datenbank handelt, wurde während der Verschlagwortung ein Volltextindex generiert, der eine Volltextsuche durch den Retrieval-Client erlaubt. Das Ergebnis einer Suche stellt der Retrieval-Client in einer Trefferliste zur Verfügung, aus welcher der Anwender sich einzelne Dokumente anzeigen lassen kann. Handelt es sich dabei um NCI-Dokumente, dann werden diese an ein graphisches Anzeigeprogramm (Viewer) übergeben. CI-Dokumente können zur weiteren Bearbeitung an Anwendungen übergeben werden. Eine Bearbeitung verändert allerdings nicht das ursprüngliche Dokument, sondern erstellt eine neue Fassung.

Der Hauptnutzen der elektronischen Archivierung liegt in der Verarbeitung und Verwaltung von **Massen- und Belegdaten**. Durch eine sinnvolle Verschlagwortung bzw. Volltextindizierung der in der Unternehmung archivierten Dokumente kann darüber hinaus eine Wissensbasis generiert werden. In diesem Falle spricht von auch von einem **Document Warehouse**.

(b) Bewertung

Ein elektronisches Archiv ist im Kontext der Transnationalen Informationsversorgung nur von geringer Bedeutung. Die Erfüllung der Anforderung der **Adaptierbarkeit** beschränkt sich auf die Anpassung des Archivsystems an die landesbezogenen Vorschriften und die Anpassung der Retrieval-Clients an bestimmte Aufgabenprofile. Die Adaption wird dabei vor allem durch die landesbezogenen Anforderungen dominiert, so daß eine flexible Anpassung nur innerhalb der Grenzen der lokalen gesetzlichen Vorschriften möglich ist. Aufgrund dieser Einschränkungen ist die Adaptierbarkeit im Kontext der Transnationalen Informationsversorgung als gering einzuschätzen.

Auch die **Integrierbarkeit** wird nur minimal erfüllt: Prinzipiell können Daten aus weltweit verteilten Systemen integriert werden, jedoch scheitert ein zentrales Archiv an den lokal unterschiedlichen Vorschriften hinsichtlich Aufbau und Betrieb eines Archivsystems. Da das primäre Ziel bei der Einführung zunächst die Reduktion des Papieraufkommens ist, werden Ar-

chivsysteme unter Beachtung dieser lokalen – meist steuer- und handels-
rechtlichen – Vorschriften konzipiert. Insofern ist in weltweit tätigen Unternehmungen eher eine Landschaft heterogener, nationaler Archivsysteme
zu erwarten.

Auch wenn die Idee eines weltweiten Archivsystems, in welchem Mitarbeiter aus allen Unternehmungseinheiten recherchieren können aus Sicht
der Koordination sehr reizvoll wäre, so ist dieses aufgrund der oben genannten Überlegungen in der Realität als schwer durchführbar anzusehen.
Eine **Koordinierungsfähigkeit** von elektronischen Archiven kann vor diesem Hintergrund nicht festgestellt werden.

	Adaption	**Integration**	**Koordination**
Elektronische Archivierung	+	+	0

Tab. 4-10 Anforderungsorientierte Bewertung der Elektronischen Archivierung aus theoretischer Perspektive

4.2.2.4 Dokumentenmanagementsysteme

(a) Allgemeine Darstellung

Während elektronische Archivsysteme vor allem für die Ablage von Dokumenten am Ende ihres Lebenszyklus konzipiert sind, steht im Vordergrund
von Dokumentenmanagementsystemen (DMS) die Unterstützung des gesamten Lebenszyklus. DMS sind historisch gesehen Weiterentwicklungen

von elektronischen Archiven, d.h. viele am Markt erhältliche Produkte umfassen Archivierungs- und DMS-Funktionalitäten. Da DMS den Lebenszyklus eines Dokumentes abbilden, beinhalten sie darüber hinaus Funktionen aus dem Bereich des Workflow-Management. Tabelle 4-11 grenzt vor
diesem Hintergrund diese Technologien voneinander ab.

Elektronische Archivierung	Dokumentenmanagement	Workflow-Management
Dokumenten - erfassung - indizierung - speicherung - recherche - ausgabe - zugriffsschutz	Dokumenten - erfassung - indizierung - speicherung - recherche - ausgabe - zugriffsschutz	- Integration von Archivsystemen
	- Einheitliche Benutzeroberfläche - Integration von Dokumentenerstellung und -bearbeitung - Dokumentenrouting - Administration	- Einheitliche Benutzeroberfläche - Integration von Dokumentenerstellung und -bearbeitung - Dokumentenrouting - Administration
		- Prozeßdesign und -kontrolle - Automatisierung des Dokumentenrouting – termingesteuert – ereignisgesteuert - Applikationsintegration

Tab. 4-11 Begriffliche Abgrenzung von Dokumentenmanagementsystemen

DMS sind zunächst dadurch gekennzeichnet, daß sie dem Anwender eine **einheitliche Oberfläche** (DMS-Client) zur Verfügung stellen, die alle Funktionen der Dokumentenerstellung und -verwaltung integriert (vgl. Versteegen 2002, S.51f.). Der Prozeß der Dokumentenerstellung beginnt für den Anwender direkt im DMS, in welchem er Dokumentenvorlagen oder die integrierten Büroanwendungen verwenden kann. Durch die Auswahl einer Dokumentenvorlage werden vordefinierte Schlagworte sofort mit dem Dokument verknüpft und im Meta-Datenbanksystem abgelegt (vgl. Abbildung 4-10). Weitere Schlagworte fragt das DMS während der Dokumentenerstellung direkt vom Anwender ab. Bei den meisten DMS kann der Benutzer im DMS-Client eine eigene Ordnerstruktur erstellen, die es ihm ermöglicht, Dokumente lokal abzulegen und zu verwalten, bevor sie endgültig im elektronischen Archiv gespeichert werden (vgl. Voß/Gutenschwager 2001, S.281). Die **Dokumentenverwaltung** umfaßt neben der Recherche von Dokumenten im lokalen und im archivierten Datenbestand auch ein **Versionsmanagement** (vgl. Karagiannis/Telesko 2001, S.326). So können Dokumente aus dem Archiv zur weiteren Bearbeitung geöffnet und anschließend als neue Version gespeichert werden. Das DMS speichert Zeitpunkt der Bearbeitung und Benutzer, so daß eine vollständige Dokumentation des Versionsverlaufes möglich wird.

Durch das **Dokumentenrouting** können Dokumente an Mitarbeiter weitergeleitet werden. So können bspw. gescannte Eingangsdokumente von der Poststelle manuell oder automatisch nach festgelegten Regeln an den DMS-Client eines Mitarbeiters weitergeleitet werden. Der Mitarbeiter findet das Dokument im „Postkorb" des DMS-Clients und kann es weiterbearbeiten. Ebenso kann er das Dokument nach teilweiser oder vollständiger Bearbeitung über das DMS an einen anderen Mitarbeiter weiterleiten.

Die umfangreichen Funktionen eines DMS bedürfen entsprechender **Administrationswerkzeuge** (vgl. Voß/Gutenschwager 2001, S. 285). Diese ermöglichen die:

- Verwaltung von Benutzern und Benutzergruppen
- Vergabe von Zugriffsrechten
- Verwaltung und Durchführung von Datensicherungen
- Erstellung von Status- und Fehlerberichten

Durch die Definition von Benutzergruppen ist es möglich, für bestimmte Aufgabenbereiche entsprechend vorkonfigurierte DMS-Clients zur Verfügung zu stellen. So können für bestimmte Rollen die notwendigen Zugriffsrechte, Ordnerstrukturen, Dokumentenvorlagen, Standardrecherchen und Funktionen im DMS-Client abgebildet werden.

(b) Bewertung

Dokumentenmanagementsysteme unterstützen die Transnationale Informationsversorgung in allen Dimensionen. Ein DMS-Client läßt sich an aufgaben-, personen- und landesbezogene Informationsbedarfe anpassen. So können bspw. für bestimmte Aufgabenbereiche Suchabfragen und Ablagestrukturen vordefiniert werden. Auf diesem Wege lassen sich rollenbasierte DMS-Clients konfigurieren. Bei den meisten Produkten ist es darüber hinaus möglich, daß der Benutzer selbst Anpassungen vornehmen kann. Die Anforderungen der **Adaptierbarkeit** werden von DMS daher erfüllt.

DMS sind systembedingt durch eine offene Architektur gekennzeichnet, damit die Anbindung von Anwendungen und Datenbanken möglich ist. Sie lassen sich darüber hinaus auf mehrere Server und Standorte verteilen und bieten web-basierte DMS-Clients. DMS tragen somit zur **Integration** von Datenquellen in ein umfassendes Informationsversorgungssystem bei und können Informationen weltweit zur Verfügung stellen.

Durch die Möglichkeit des Dokumentenrouting läßt sich eine länderübergreifende Zusammenarbeit auf Dokumentenebene realisieren und steuern. Dadurch können die weltweit verteilten Führungskräfte in gemeinsamen Entscheidungsfindungsprozessen relevante Dokumente austauschen, bearbeiten und kommentieren. Die Recherchemöglichkeiten innerhalb eines länderübergreifend integrierten DMS eröffnet zudem Potentiale für die Kombination von Know-how. Die Anforderung der **Koordinationsfähigkeit** wird somit von DMS ebenfalls unterstützt.

	Adaption	**Integration**	**Koordination**
Dokumentenmanage-mentsysteme	++	++	++

Tab. 4-12   Anforderungsorientierte Bewertung von Dokumentenmanagementsystemen aus theoretischer Perspektive

4.2.3 Instrumente der Kommunikations-Architektur

4.2.3.1 Diskussionsforen

(a) Allgemeine Darstellung

Diskussionsforen sind seit den Anfängen der ersten computerbasierten Kommunikationsnetzwerke weit verbreitet. Sie stellen die elektronischen Äquivalente von schwarzen Brettern dar (vgl. Schwarze 2000, S.123; Hansen/Neumann 2001, S.428ff.). Das auch heute noch weltweit populärste Netzwerk von Diskussionsforen ist das über das Internet verbreitete **Usenet** (vgl. Picot/Sennewald 1998, S.64; Bullinger/Baumann/Fröschel/Mack/Trunzer/Waltert 2002, S.33f.) mit über 80.000 Foren.

Der Suchdienst Google bietet Recherchen in den seit 1995 archivierten Diskussionsbeiträgen an. Die dabei durchsuchten 700 Millionen [9] Diskussionsbeiträge umfassen ein Speichervolumen von über einem Terabyte und verdeutlichen die Dimensionen des Usenets. Auch Unternehmungen bedienen sich des Usenet, um die Kundenbindung zu erhöhen oder Serviceinformationen anzubieten. [10]

Der Einzug der Internet-Technologie in die Unternehmungen hat auch die Etablierung unternehmungsinterner Diskussionsforen im **Intranet** ermög-

---

9   Stand September 2002
10   Microsoft bietet bspw. eine ganze Hierarchie von Diskussionsforen im Usenet an. Ein Beispiel dafür ist das deutsche Forum für Windows NT Server: microsoft.public.de.german.windowsnt.server

licht. Die Mitarbeiter können – wie im Internet auch – über einen Newsreader an den Diskussionsforen teilnehmen, die ein interner Newsserver über das NNTP-Protokoll (Network News Transfer Protocol) zur Verfügung stellt. Gegenüber dieser herkömmlichen Internet-Technologie haben sich gerade in Unternehmungen jedoch Lösungen durchgesetzt, die in Portale oder Groupware-Systeme integriert sind. Vorteile solcher Foren-Systeme liegen nicht nur in der einheitlichen Benutzeroberfläche, sondern auch in einem größeren Funktionsumfang:

- Umfangreiche Werkzeuge der **Administration** ermöglichen es, Benutzergruppen mit unterschiedlichen Zugriffsrechten zu verwalten. So können bspw. Projektleiter das Recht erhalten, ein neues Diskussionsforum für ein bestimmtes Projekt selbst zu erstellen und den Mitgliedern des Projektteams individuelle Schreib-/ Leserechte einzuräumen.
- **Suchdienste** ermöglichen es den Mitarbeitern, gezielt nach Informationen im Datenbestand des Foren-Servers zu recherchieren. Diese Funktion wird i.d.R. durch eine automatische Indizierung des Datenbestandes beschleunigt.
- **Filterfunktionen** durchsuchen neue Beiträge nach Suchkriterien, die der Benutzer festlegen kann. Treffen neue Beiträge ein, die diesen Kriterien entsprechen, dann können diese markiert oder in lokale Ordner verschoben werden, so daß der Benutzer diese schnell finden und aufnehmen kann.
- Darüber hinaus kann der Benutzer durch **Benachrichtigungsfunktionen** darüber informiert werden, daß eine direkte Antwort auf eine seiner Anfragen in einem Forum vorliegt oder neue Beiträge eingegangen sind, die seinen Suchkriterien entsprechen. Eine solche Benachrichtigung erfolgt über das E-Mail-System oder eine entsprechende Meldung beim Öffnen der Groupware- oder Portalapplikation.

– Die **Auswertungsfunktionen** erlauben eine Bewertung der im Forensystem gespeicherten Beiträge z.B. nach Häufigkeit der Abfrage durch den Benutzer. Sie ermöglichen ebenso eine Bewertung der Benutzer des Forensystems. Diese Daten können herangezogen werden, um Anreizsysteme für die Nutzung der Diskussionsforen als Medium zum Erfahrungsaustausch zu schaffen.

Forensysteme ermöglichen es, projekt- oder themenbezogene Foren einzurichten, in denen die Mitarbeiter standortunabhängig und asynchron miteinander kommunizieren. So können Teams über mehrere Standorte hinweg kooperieren und relevante Themen unternehmungsweit verfügbar gemacht werden (vgl. Kunow/Schwickert 1999, S.25).

Der Nutzen von Diskussionsforen liegt nicht nur in den Informationen, die dort abgegeben und gespeichert werden, sondern auch in der multiplikativen Nutzung dieses Erfahrungswissens. Neben den Aspekten der Explikation impliziten Wissens und den in den Foren stattfindenden Wissenstransfers haben Forensysteme auch einen Einfluß auf die Kultur der Unternehmung. Forensysteme ermöglichen nicht nur die Kontaktaufnahme und das Auffinden geeigneter Ansprechpartner, sondern sie sind auch ein Medium der informalen Kommunikation.

(b) Bewertung

Diskussionsforen können ein wichtiger Baustein der Transnationalen Informationsversorgung sein. Forensysteme stellen die inhaltliche Gestaltung der Diskussionsforen vollkommen frei. Dadurch lassen sich Foren einrichten, die landes- oder aufgabenbezogene Informationsbedarfe abdecken. Die Administrationsfunktionen dieser Systeme erlauben es, bestimmten

Benutzergruppen individuelle Rechte zuzuordnen. So können bspw. Projektleiter das Recht zur Einrichtung neuer Foren erhalten, so daß eine flexible Anpassung an den Informationsbedarf möglich ist. Die Benutzerschnittstelle eines Forensystems erlaubt dem Anwender eine personenbezogene Anpassung – er kann neben obligatorischen Foren weitere Foren auswählen, mit Hilfe der Filterfunktionen relevante Beiträge suchen oder sich über relevante Beiträge benachrichtigen lassen. Der Erfüllungsgrad der **Adaptierbarkeit** ist als sehr hoch einzustufen, denn die Transnationale Informationsversorgung wird in der Dimension der Adaption gefördert.

Da Forensysteme auf Grundlage offener Standards und der weltweit verbreiteten Internet-Technologie realisiert werden können, ist die Anforderung der **Integrierbarkeit** erfüllt: Forensysteme lassen sich einfach in ein weltweites Intranet und beliebige Anwendungssysteme mit entsprechenden Schnittstellen integrieren (z. B. Portalsysteme).

Die formale und auch informale Kommunikation sind die Kernfunktion eines Forensystems. Es stellt damit eine Kommunikationsplattform dar, über die Mitarbeiter Informationen austauschen können. Forensysteme unterstützen damit die Explikation und den Transport von Wissen und fördern die Kombination dieser immateriellen Ressource. Die weltweite Kommunikation fördert zudem die Entwicklung einer universalistischen Kultur in der Unternehmung als gemeinsamen Verständigungshorizont der Mitarbeiter. Diskussionsforen sind demzufolge von großer Bedeutung für die Dimension der **Koordination** im Kontext der Transnationalen Informationsversorgung.

	Adaption	Integration	Koordination
Diskussionsforen	+++	++	+++

Tab. 4-13 Anforderungsorientierte Bewertung von Diskussionsforen aus theoretischer Perspektive

4.2.3.2 Pull- und Push-Technologien

(a) Allgemeine Darstellung

Eine grundlegende Aufgabe der Informationssysteme einer Unternehmung ist die Weitergabe von Informationen. Dazu lassen sich zwei Verfahrensweisen unterscheiden: die Pull- und die Push-Technologien.

Traditionelle **Pull-Technologien** sind Kommunikationsdienste, die auf Anfrage des Benutzers dessen Informationsbedarfe stillen (vgl. Seufert 1997, S.82; Hansen/Neumann 2001, S.450). Auch das „Surfen" mit dem Webbrowser im Inter- bzw. Intranet ist den Pull-Technologien zuzuordnen: Der Benutzer sucht für seine individuellen Informationsbedarfe Quellen geeigneter Informationen (vgl. Horstmann/Timm 1998, S.242). Initiator der Informationsübermittlung ist damit der Benutzer. Pull-Dienste lassen sich über Suchdienste im Intranet, Portalsysteme oder innerbetriebliche Datenbanken realisieren. Problematisch ist beim Pull-Verfahren, daß die wachsende Zahl verfügbarer Informationsquellen die Suche nach geeigneten Informationen immer schwieriger und langwieriger werden läßt und nicht selten in einer Informationsflut endet, in der die tatsächlich relevanten Informationen untergehen. Für eine bedarfsgerechte Informationsversorgung ist daher ein **geleitetes Pull-Verfahren** besser geeignet, d.h. der Benutzer wird vom Pull-Dienst bei der Festlegung des Informationsbedarfes angeleitet. Hierbei kann der Benutzer aus vorgegebenen Kategorien oder durch freie Eingabe Schlagwörter festlegen, die seinen Informationsbedarf näher spezifizieren.

Push-Technologien im weiteren Sinne sind solche Kommunikationsdienste, die Informationen gleichmäßig und in regelmäßigen Intervallen an Gruppen von Benutzern weitergeben, ohne explizit deren individuelle Informationsbedarfe zu berücksichtigen (vgl. Horstmann/Timm 1998, S. 242; Hansen/Neumann 2001, S. 449). Auslöser der Informationsübermittlung ist der Push-Dienst selbst. Ein typisches Beispiel einer Push-Technologie sind elektronische **Newsletter**, die als E-Mails versendet werden. In Unternehmungen werden diese zur Information über Unternehmungsnachrichten, Produktneuheiten, Weiterbildungsmaßnahmen u.ä. eingesetzt. Dabei erhalten alle Mitarbeiter den gleichen Newsletter und damit die gleichen Informationen. Zwar sind gruppenspezifische Newsletter durchaus üblich (z.B. pro Abteilung, Region oder Aufgabengebiet) und auch eine individuelle Abonnierung bzw. Abbestellung einzelner Newsletter ist technisch realisierbar, jedoch bleiben die Inhalte unternehmens- bzw. gruppenspezifisch homogen. Um diese Einschränkungen aufzuheben, wurden fortschrittlichere Push-Technologien entwickelt, die eine Individualisierung der Informationsversorgung erlauben. Dazu legt der Benutzer Themen fest oder bestimmt selbst Suchbegriffe, die seinen Informationsbedarf spezifizieren. Dieses **Benutzerprofil** wird abgespeichert, so daß eine automatisierte und kontinuierliche Übermittlung von Informationen für den Benutzer durch den Push-Dienst möglich ist.

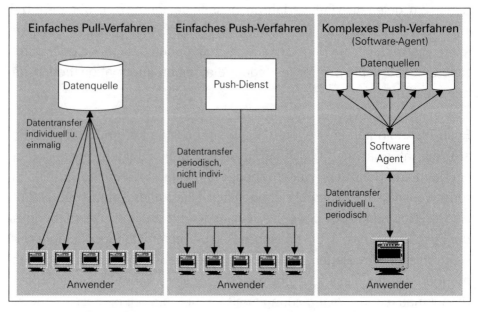

Abb. 4-11 Abgrenzung unterschiedlicher Pull- und Push-Verfahren

Für die Realisierung fortschrittlicher Push-Verfahren bieten sich **Software-Agenten** an. Dabei handelt es sich um Informationssysteme, die durch drei wesentliche Merkmale geprägt sind (vgl. Zarnekow 1999, S. 9ff.):

– Software-Agenten nehmen eine **Repräsentationsfunktion** wahr, d. h. sie repräsentieren über das Benutzerprofil den Bedarf des Benutzers und führen an dessen Stelle bestimmte Aktionen aus.

– Dabei ist das Handeln eines Software-Agenten von einer hohen **Autonomie** geprägt. Der Benutzer legt vor Beginn der Aktivitäten des Agenten Ziele und Aufgaben fest. Diese führt der Software-Agent anschließend selbständig, unter eigener Kontrolle und ohne Interaktion des Benutzers aus.

- Zur Erfüllung seiner Aufgaben muß der Software-Agent über eine hohe **Kommunikationsfähigkeit** verfügen, damit er mit anderen Informationssystemen und seiner Umwelt in Interaktion treten kann. Nur so kann er z.B. in verschiedenen Datenbanken die gesuchten Informationen abfragen.

Ein Software-Agent, der der individuellen Informationsbeschaffung dient, wird als **Informationsagent** bezeichnet (vgl. Zarnekow 1999, S.26). Er unterstützt den Benutzer bei der Suche nach Informationen in heterogenen Netzwerken, indem er Informationsquellen identifiziert, Informationen extrahiert, sie gemäß dem gespeicherten Benutzerprofil filtert und die aus verschiedenen Quellen gesammelten Informationen automatisiert und regelmäßig an den Benutzer übermittelt. Abbildung 4-11 grenzt die unterschiedlichen Pull- und Push-Verfahren voneinander ab.

Im Kontext komplexer Unternehmungen sind Pull- und Push-Verfahren keine einander ausschließenden Alternativen, sondern vielmehr **komplementär** wirkende Technologien: Pull-Verfahren dienen der gezielten und individuellen Informationsbeschaffung durch den Benutzer. Push-Verfahren hingegen ermöglichen die automatisierte Versorgung der Mitarbeiter mit unternehmungsweit relevanten bzw. individuell determinierten Informationen durch einen zentralen Dienst. Eine adäquate Informationsversorgung läßt sich daher nur durch eine Kombination von Pull- und Push-Verfahren gewährleisten (vgl. Carbon 1999, S.67f.)

(b) Bewertung

Pull- und Push-Verfahren unterstützen vor allem die Dimension der Adaption der Transnationalen Informationsversorgung. Pull-Verfahren allein ermöglichen eine Anpassung der Informationsversorgung an den individuellen Informationsbedarf durch den Benutzer selbst. Fortschrittliche Push-Verfahren und Software-Agenten ermöglichen darüber hinaus eine automatisierte Versorgung des Benutzers mit Informationen, die an sein Benutzerprofil, d.h. seine aufgaben- und personenbezogene Informationsbedarfe angepaßt sind. Die Anforderung der **Adaptierbarkeit** wird durch den kombinierten Einsatz von Pull- und Push-Verfahren somit in hohem Maße erfüllt.

Die Anforderung der **Integrierbarkeit** wird von Pull- und Push-Verfahren hingegen nur minimal erfüllt: Die Integrationsfähigkeit konzentriert sich im wesentlichen auf die Fähigkeiten der Software-Agenten, in Datenbeständen heterogener Informationsquellen zu recherchieren. Dabei handelt es sich jedoch um individuell gesteuerte und isoliert agierende Informationssysteme, welche lediglich Informationen abrufen und keinen Output für ein länderübergreifendes Informationsversorgungssystem leisten. Pull- und Push-Verfahren tragen somit zur Integration im Sinne der Transnationalen Informationsversorgung nur wenig bei.

Eine **Koordinationsfähigkeit** läßt sich lediglich für die Push-Verfahren feststellen. Unternehmungsweite Newsletter unterstützen bspw. die Entwicklung einer gemeinsamen Kultur. Pull- und Push-Verfahren beinhalten jedoch keine Kommunikationsmöglichkeiten zwischen den Mitarbeitern, so daß eine unmittelbare Koordination nicht gegeben ist.

	Adaption	Integration	Koordination
Pull- und Push-Techno-logien	+++	+	+

Tab. 4-14 Anforderungsorientierte Bewertung von Pull- und Push-Technologien aus theoretischer Perspektive

4.2.3.3 Groupware-Systeme

(a) Allgemeine Darstellung

Die zunehmende Leistungsfähigkeit und Standardisierung der Vernetzung von Informationssystemen macht es möglich, auf der Ebene der Arbeitsplatzrechner Anwendungen einzusetzen, welche die Kommunikation und Kooperation zwischen Mitarbeitern unterstützen. Die Wirtschaftsinformatik beschäftigt sich unter dem Schlagwort **Workgroup Computing** bzw. der Abkürzung CSCW (**computer supported cooperative work**) mit der Unterstützung von Kommunikation und Kooperation durch Informationssysteme (vgl. Schwarze 2000, S.313f.; Hansen/Neumann 2001, S.438f.; Römer 1997, S.242ff.). Ausgehend vom Gegenstand der Zusammenarbeit lassen sich zwei grundlegende Typen des Workgroup Computing unterscheiden (vgl. Hansen/Neumann 2001, S.438f.):

– **Automatisierbare Aufgaben** sind strukturiert oder teilstrukturiert und wiederkehrend. Automatisierbare Aufgaben – wie z.B. die Bearbeitung einer Schadensmeldung in einer Versicherung – können als **Prozesse** mit definiertem Anfang und Ende dargestellt werden. Die Unterstützung derartiger Aufgaben wird durch **Workflow-Managementsysteme** realisiert, die in Abschnitt 4.2.3.4 erläutert werden.

- **Kreative Aufgaben** sind hingegen wenig strukturiert und selten wiederkehrend. Der Entwurf von Konzepten oder das Treffen von Entscheidungen sind bspw. kreative Aufgaben: Sie sind nicht automatisierbar und bedürfen einer intensiven Kommunikation zwischen den Teammitgliedern. Informationssysteme, die diese kooperative Aufgabenstellung unterstützen, werden als **Groupware-Systeme** bezeichnet und im folgenden näher betrachtet.

Tabelle 4-15 stellt Groupware- und Workflow-Managementsysteme einander gegenüber. Beim Einsatz eines Groupware-Systems steht dem Mitarbeiter ein Groupware-Client zur Verfügung, der verschiedene Funktionen integriert, welche der Kommunikation und Kooperation im Team dienen. Der Funktionsumfang eines Groupware-Systems kann je nach Schwerpunkt des Produktes bzw. des Herstellers sehr unterschiedlich ausfallen. Als **Kernelemente** eines Groupware-Systems werden jedoch die folgenden Systeme angesehen (vgl. Krcmar 1993, S.424ff.; Schwarze 2000, S.314; Riggert 2000, S.230f.; Haberstock 2000, S.84ff.; Hansen/Neumann 2001, S.440ff.):

- **E-Mail-Systeme** unterstützen die asynchrone Kommunikation zwischen den Teammitgliedern.
- **Konferenzsysteme** dienen der synchronen Kommunikation zwischen den Teammitgliedern.
- **Mehrbenutzereditoren** ermöglichen das gemeinsame Erstellen und Bearbeiten von Dokumenten. Die Bearbeitung kann synchron erfolgen, d.h. das Dokument ist zeitgleich bei den Teammitgliedern geöffnet und Änderungen werden unmittelbar allen Beteiligten dargestellt, oder asynchron, d.h. zeitlich nacheinander, erfolgen. Mehrbenutzereditoren

Kriterium	Workflow	Groupware
Hauptziel	Effizienz	Flexibilität
Anwendungsbereich	Optimierung eines arbeitsteiligen Arbeitsflusses	Bearbeitung eines gemeinsamen Problems
Anzahl der Beteiligten	eher hoch	eher niedrig
räumliche Verteilung der Beteiligten	an einem oder an verschiedenen Orten	an einem oder an verschiedenen Orten
zeitliche Verteilung	synchron oder asynchron	asynchron
Strukturierungsgrad der Aufgaben	hoch	gering
Wiederholungsfrequenz	hoch	gering
Regelungsbedarf	hoch	niedrig
Einbindung in die Gesamtorganisation	stark	gering
Steuerung und Verfolgung des Arbeitsfortschrittes	ja	nein

Tab. 4-15 Unterschiede zwischen Groupware- und Workflow-Managementsystemen (Schwarze 2000, S.317)

müssen ferner über Funktionen zur Rechtevergabe und des Versionsmanagement verfügen.

– Groupware-Systeme stellen Datenbanken zur Verfügung, in welchen die Teammitglieder projektrelevante Dokumente und Informationsobjekte ablegen können. Die Groupware-Clients verfügen über eigene Datenbanken, so daß die Mitarbeiter unabhängig vom Zugriff auf das

Netzwerk arbeiten können. Damit die Informationen allen Teammitgliedern in identischer Form vorliegen, sorgt die **Datenbank-Replikation** dafür, daß die Dokumente nach einer Bearbeitung auf allen Arbeitsplätzen aktualisiert werden.

– **Gruppenkalender** erlauben die terminliche Koordination der Teammitglieder und halten gruppenrelevante Ereignisse fest.

Neben diesen Kernelementen integrieren einige Produkte Funktionen aus dem Bereich des Dokumentenmanagement (vgl. Abschnitt 4.2.2.4), des Workflow-Management (vgl. Abschnitt 4.2.3.4) oder stellen Diskussionsforen zur Verfügung, damit die Teammitglieder gemeinsam projektrelevante Themen diskutieren können. Groupware-Systeme integrieren somit Funktionen und Systeme, die auch in anderen Zusammenhängen genutzt werden (vgl. Schwarze 2000, S. 315). Wesentliche Anforderung an Groupware-Systeme ist daher die optimale Verknüpfung der einzelnen Komponenten, um die Gruppenarbeit zu unterstützen.

(b) Bewertung

Groupware-Systeme können ein wichtiges Element der Transnationalen Informationsversorgung sein. Sie stellen eine Sammlung von Werkzeugen zur Verfügung, welche sich an aufgaben- und landesbezogene Informationsbedarfe anpassen lassen. Der Groupware-Client führt Werkzeuge und Informationsquellen in einer einheitlichen Benutzerschnittstelle zusammen, die der Benutzer selbst an seine individuellen Informationsbedarfe anpassen kann. Die Fähigkeit von Groupware-Systemen, schnell und unkompliziert neue Teamstrukturen abzubilden, weist auf eine adäquate Flexibilität hin. Die Anforderung der **Adaptierbarkeit** wird somit erfüllt.

Ebenso sind Groupware-Systeme in der Lage, weltweit verteilte Mitarbeiter in ein länderübergreifendes System der Kooperation zu integrieren. Die Fähigkeiten der Datenbank-Replikation lassen sich neben der groupware-internen Verteilung von Informationen zwischen den Teammitgliedern auch zur Anbindung von bzw. an externe Datenquellen einsetzen. Groupware-Systeme integrieren somit weltweit verteilte Mitarbeiter bzw. Datenquellen in ein gemeinsames, länderübergreifendes Informationsversorgungssystem. Sie erfüllen damit auch die Anforderung der **Integrierbarkeit**.

Der größte Nutzen von Groupware-Systemen zeigt sich jedoch im Kontext der Dimension der Koordination der Transnationalen Informationsversorgung. Groupware-Systeme unterstützen die Kooperation von Mitarbeitern durch gemeinsame Terminplanungs- und Überwachungsfunktionen, Mehrbenutzereditoren und die Replikation von Datenbeständen. Konferenz- und E-Mail-Funktionen ermöglichen die formale und informale Kommunikation zwischen weltweit verteilten Mitarbeitern. Diese Kommunikation fördert den Austausch von Wissen und die Entwicklung der universellen Ebene der Unternehmungskultur. Die Replikation von Daten ermöglicht die Kombination von Know-how in Teamstrukturen. Die **Koordinationsfähigkeit** ist somit das wesentliche Merkmal und Ziel von Groupware-Systemen.

	Adaption	Integration	Koordination
Groupware-Systeme	++	++	+++

Tab. 4-16 Anforderungsorientierte Bewertung von Groupware-Systemen aus theoretischer Perspektive

4.2.3.4 Workflow-Managementsysteme

(a) Allgemeine Darstellung

Workflow-Managementsysteme (WfMS) lassen sich – wie bereits in Abschnitt 4.2.3.3 erläutert – dem Workgroup-Computing zuordnen. Der mittlerweile auch im deutschen Sprachraum geläufige Begriff „Workflow" bezeichnet den Ablauf eines Geschäftsprozesses. Zur Unterstützung durch WfMS sind insbesondere solche Prozesse geeignet, die **stark strukturiert** sind, sich **häufig wiederholen, wenig Ausnahmefälle** aufweisen und in die **mehrere Personen involviert** sind (vgl. Hasenkamp/Syring 1993, S. 406; Carbon 1999, S. 60). Je nach Ausprägung des Prozesses lassen sich drei grundlegende Workflow-Arten unterscheiden:

– Der **Ad-hoc-Workflow** ist nicht wiederkehrend, sondern wird im Einzelfall durch einen Mitarbeiter initiiert, der die Struktur und den Ablauf des Prozesses für einen einmaligen Durchlauf festlegt. Ad-hoc-Workflows werden von verschiedenen DMS- und Groupware-Produkten unterstützt. Sie sind nicht die Kernanwendung von WfMS.

– Im Gegensatz zum Ad-hoc-Workflow ist der **Production-Workflow** stark strukturiert. Der Prozeß ist in allen Schritten, den beteiligten Mitarbeitern und Ressourcen sowie den zeitlichen Abhängigkeiten genau definiert. Er kann mit identischem Ablauf beliebig oft wiederholt werden.

– Zwischen diesen beiden Polen ist der **Flexible-Workflow** einzuordnen. Der zugrundeliegende Prozeß ist wie beim Production-Workflow genau definiert. Die Definition ist jedoch eher als Vorlage zu betrachten, nach der sich ein Workflow flexibel mit situationsbedingten Anpassungen gestalten läßt. Diese „Vorlage" wird durch wiederkehrende Durchläufe des Prozesses iterativ optimiert.

Ein WfMS unterstützt den Ablauf eines Geschäftsprozesses, indem automatisch nach vordefinierten Regeln Dokumente, Informationen oder Aufgaben zu den zuständigen Mitarbeitern weitergeleitet werden. Auf dem Arbeitsplatzrechner des Mitarbeiters werden die benötigten Anwendungen gestartet, mit den Daten des Prozesses versorgt und gesteuert. Nach erfolgreicher Erledigung wird der nächste Bearbeitungsschritt angesteuert, wobei das WfMS kontinuierlich Fristen und Ausnahmesituationen überwacht (vgl. Hansen/Neumann 2001, S.445).

Damit die arbeitsplatz- und anwendungsübergreifende Steuerung des Geschäftsprozesses durch ein WfMS möglich ist, muß die Kommunikation zwischen diesem und den involvierten Informationssystemen gewährleistet sein. Aus diesem Grunde wurde von Informationssystemanbietern und Anwendern 1993 die **Workflow Management Coalition** (WfMC) gegründet, die mittlerweile fast 300 Mitglieder hat. Ziel der WfMC ist es, die Schnittstellen zwischen den Anwendungen zu standardisieren. Dazu hat sie ein **Workflow-Referenzmodell** verabschiedet, welches die wichtigsten **Komponenten** eines WfMS umfaßt (vgl. Voß/Gutenschwager 2001, S.373f.):

- **Process Definition Tools** dienen der Analyse und Modellierung von Organisationsstrukturen und Prozessen. Sie können integrativer Bestandteil des WfMS sein oder eigenständige Produkte, deren standardisierter Output in das WfMS übertragen wird, um dort als Grundlage für den Workflow zu dienen.
- Der **Workflow Enactment Service** interpretiert die Workflow-Definition und steuert die Verteilung der Daten und Aufgaben auf die einzelnen Instanzen des Workflow.

- Das **Invoked Applications Interface** ermöglicht den standardisierten Aufruf von (Server-)Applikationen durch den Workflow Enactment Service, die keinen Benutzereingriff benötigen.
- Das **Workflow Client Applications Interface** unterstützt hingegen die Kommunikation des Workflow Enactment Service mit den Anwendungen, die durch den Benutzer bedient werden.
- Die **Workflow Client Application** präsentiert dem Benutzer eine Liste der zu erledigenden Aufgaben bzw. Prozeßschritte. Sie kann darüber hinaus zur Integration der im Workflow beteiligten Anwendungen in eine einheitliche Benutzeroberfläche eingesetzt werden.
- **Administration and Monitoring Tools** ermöglichen die Verwaltung und Überwachung des Workflow sowie die Koordination der eingesetzten Komponenten unterschiedlicher Hersteller.

Der Vorteil des Referenzmodells der WfMC liegt vor allem darin, daß die dort definierten Standards die Verwendung beliebiger Produkte für die verschiedenen Komponenten erlaubt, solange diese den Standards entsprechen. Abbildung 4-12 stellt den Ablauf eines Workflows und die dabei zum Tragen kommenden Komponenten gegenüber.

(b) Bewertung

Workflow-Managementsysteme unterstützen die Transnationale Informationsversorgung nur in geringem Maße. Die Stärke von WfMS liegt in der Unterstützung von Production- oder Flexible-Workflows. Die Dynamik der Aufgabenverteilung in Transnationalen Unternehmungen lassen den Einsatz dieser Workflow-Typen zur Unterstützung von Führungskräften unwahrscheinlich erscheinen. Naheliegender ist hier der Ad-hoc-Workflow

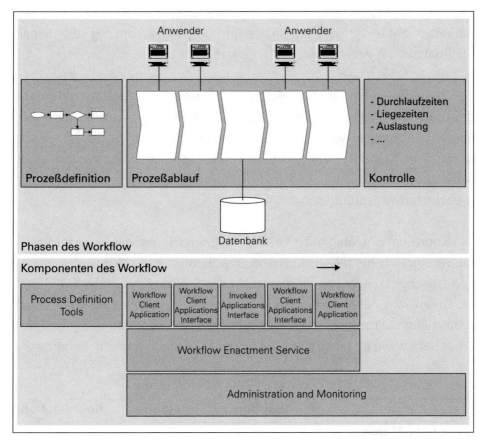

Abb. 4-12   Phasen und Komponenten eines Workflow-Managementsystems

zur spontanen und flexiblen Koordination von weltweit verteilten Ressourcen. Dieser setzt jedoch eine Dokumentation aller verfügbaren Ressourcen in der Phase der Prozeßdefinition voraus – eine Voraussetzung, die in
der komplexen Netzwerkorganisation einer Transnationalen Unterneh-

mung schon aus ökonomischen Gründen kaum erfüllbar ist. Die **Adaptierbarkeit** im Sinne der Transnationalen Informationsversorgung ist daher als minimal einzustufen.

Durch die Verwendung offener Standards wird die Anforderung der **Integrierbarkeit** erfüllt: Das Invoked Applications Interface sowie das Workflow Client Application Interface stellen sicher, daß Applikationen – unabhängig vom Standort – integriert werden können. Auf diese Weise können Arbeitsabläufe realisiert werden, die Mitarbeiter und Systeme über ländergrenzen hinweg integrieren.

Die **Koordinationsfähigkeit** ist im Kontext einer Transnationalen Informationsversorgung hingegen minimal: Zwar koordinieren WfMS den Ablauf von Geschäftsprozessen, jedoch nicht die flexible Kooperation von weltweit verteilten Führungskräften im Sinne eines „non-routine informationprocessing". Dazu fehlt es an Möglichkeiten der (informalen) Kommunikation ebenso wie an einer synergetischen Kombination von Ressourcen.

	Adaption	Integration	Koordination
Workflow-Managementsysteme	+	++	+

Tab. 4-17 Anforderungsorientierte Bewertung von Workflow-Managementsystemen aus theoretischer Perspektive

4.2.4 Zusammenfassende Betrachtung – Idealprofil

Die Analyse der IT-Instrumente führt aus theoretischer Perspektive zu sehr unterschiedlichen Ergebnissen. Einige der untersuchten Instrumente, wie z. B. die Expertensysteme, tragen nur unwesentlich zu einer Transnationalen Informationsversorgung bei. Andere Instrumente können hingegen eine zentrale Rolle einnehmen: Das Data Warehouse ist das einzige der untersuchten Instrumente, welches die Dimension der Integration innerhalb der Transnationalen Informationsversorgung fördert.

Auch zwischen den Systemklassen bestehen deutliche Unterschiede. Keines der Anwendungssysteme trägt nennenswert zur Koordination bei, während die Dimension der Adaption nur von Systemen der Kommunikations-Architektur gefördert wird. Betrachtet man alle Ergebnisse in einem Gesamtbild, dann läßt sich das Ergebnis als ein **Idealprofil** interpretieren, welches die Eignung der IT-Instrumente für eine idealtypische Transnationale Informationsversorgung repräsentiert. Tabelle 4-18 bildet dieses Idealprofil ab.

Bevor die Erkenntnisse der Analyse vertiefend diskutiert werden, wird im folgenden Abschnitt 4.3 zunächst die Bewertung der IT-Instrumente aus praktischer Perspektive dargestellt. Abschnitt 4.4 erlaubt dann die eingehende Diskussion eines idealtypischen Instrumentenprofils unter Berücksichtigung des praktischen Erfahrungswissens.

	Adaption	Integration	Koordination
Expertensysteme	+	0	0
Führungsinformations-systeme	+ +	+ +	+
Entscheidungs-unterstützungssysteme	+	+	0
Portalsysteme	+ +	+ +	+
Data Warehouse	0	+ + +	+ +
Data Mining	+ +	0	+ + +
Elektronische Archivierung	+	+	0
Dokumenten-managementsysteme	+ +	+ +	+ +
Diskussionsforen	+ + +	+ +	+ + +
Pull- und Push-Technologien	+ + +	+	+
Groupware-Systeme	+ +	+ +	+ + +
Workflow-Management-systeme	+	+ +	+

Tab. 4-18   Idealprofil der Informationsversorgungsinstrumente in Transnationalen Unternehmungen

4.3 Analyse ausgewählter IT-Instrumente aus praktischer Perspektive

Nachdem im vorhergehenden Abschnitt untersucht wurde, wie gut moderne Informationstechnologien aus theoretischer Perspektive geeignet sind, um die Anforderungen einer Transnationalen Unternehmung an die Informationsversorgung zu erfüllen, werden in den nun folgenden Abschnitten die Instrumente aus praktischer Perspektive bewertet. Dazu werden die Ergebnisse der persönlichen Interviews, die während der empirischen Datenerhebung geführt wurden, zusammenfassend dargestellt. Um einen Vergleich von theoretischer und praktischer Perspektive zu ermöglichen, wurden die Gesprächsergebnisse vom Verfasser interpretiert und in das gleiche Bewertungsschema eingeteilt, das der theoretischen Analyse zugrunde liegt.

In den Gesprächen während der Datenerhebung hat sich gezeigt, daß einige Instrumente von besonderer Bedeutung für den weltweiten Informationsaustausch im Siemens Konzern sind. So soll der Zugang der Mitarbeiter zu Informationen durch ein weltweit einheitliches **Mitarbeiterportal** ermöglicht und die Kooperation durch ein **Dokumentenmanagementsystem** unterstützt werden. Der globale Austausch von Wissen und Informationen wird durch die Einführung einer **Kommunikationsplattform** gefördert. In den Abschnitten 4.3.1.4.2, 4.3.2.4.2 und 4.3.3.1.2 werden diese Technologien als praktische Beispiele für die Instrumente einer transnationalen Informationsversorgung näher betrachtet.

4.3.1 Instrumente der Anwendungs-Architektur

4.3.1.1 Expertensysteme

Siemens hat in den achtziger Jahren intensiv mit Expertensystemen experimentiert. Produktiv werden diese jedoch nur in spezifischen Umgebungen und einzelnen Anwendungsfällen, wie z.B. im Servicebereich, eingesetzt.

Die **Adaptierbarkeit** von Expertensystemen wird als eher schwierig angesehen: Kernproblem von Expertensystemen sei letztendlich das „Füttern" des Systems mit Wissen und Regeln. Erst wenn ein Expertensystem funktioniere und Experten vorhanden seien, die es adaptieren können, sei eine Anpassung durch bspw. lokale Ergänzungen möglich. Den Anforderungen der **Integrierbarkeit** und **Koordinationsfähigkeit** genügen Expertensysteme aus praktischer Sicht nicht, da sie relativ fokussiert eingesetzt würden. Insofern wurde auch die Eignung für die Siemens AG als sehr fokussiert auf bestimmte Einsatzgebiete bewertet.

Die folgende Unterscheidung eines der Gesprächspartner macht deutlich, warum Expertensysteme aus praktischer Perspektive wenig geeignet erscheinen: „Sie können entweder ein technisches Expertensystem machen, also ein IT-orientiertes, oder sie können ein menschlich basiertes Expertensystem machen." In der Praxis seien vor allem menschlich basierte Expertensysteme von Bedeutung. Bei einem menschlich basierten Expertensystem sind die Experten mit ihrem Know-how direkt in das System mit eingebunden, d.h. der IT kommt primär die Aufgabe zu, die Mitarbeiter in ein weltweites Informationssystem zu integrieren. Da die Antworten auf

Informationsanfragen im Falle eines menschlich basierten Expertensystems direkt von anderen Mitarbeitern stammen, beschränken sie sich nicht auf statische, technische Fakten, sondern umfassen ein viel reichhaltigeres Lösungsspektrum.

	Adaption	Integration	Koordination
Expertensysteme	+	0	0

Tab. 4-19   Anforderungsorientierte Bewertung von Expertensystemen aus praktischer Perspektive

4.3.1.2 Führungsinformationssysteme

Führungsinformationssysteme werden im Siemens-Konzern in verschiedensten Ausprägungen eingesetzt. Sie werden dazu an die unterschiedlichen Informationsbedarfe in den einzelnen Geschäftsbereichen angepaßt. FIS werden daher als **adaptierbar** eingeschätzt.

Auch die **Integrierbarkeit** von FIS ist aus praktischer Sicht gegeben: FIS seien die Lösung vieler Probleme aus der Mainframe-Zeit, als Daten nur durch umfangreiche Batchverarbeitungsprozeduren ausgewertet werden konnten. Heute könnten die Mitarbeiter dank FIS weltweit relativ schnell auf Daten zugreifen und sie zu personen- und aufgabenbezogenen Kennzahlen verdichten.

Einen Beitrag zur **Koordination** leisten FIS aus praktischer Sicht nicht direkt: FIS trügen nicht unmittelbar zur Koordination von Mitarbeitern bei, sondern nur mittelbar, indem sie allen Mitarbeitern die gleichen Informationen zur Verfügung stellten. Auf Basis gleicher Informationen könne die Kommunikation in Teams verbessert und eine Ausrichtung auf gemeinsame Ziele erreicht werden. So werden in den Produktionsstätten von Siemens Balanced Scorecards eingesetzt, welche der Motivation der Mitarbeiter und der Kommunikation strategischer Ziele dienen. Dieser Einsatz findet noch relativ fokussiert statt und sollte nach Auffassung eines der Gesprächspartner weiter gesteigert werden: „Ich würde mir wünschen, daß wir das [11] stärker verteilen, weil wir dadurch die Mitarbeiter mehr an unseren strategischen Zielen beteiligen". Insgesamt werden FIS für den Einsatz im Siemens-Konzern als geeignet angesehen.

	Adaption	Integration	Koordination
Führungsinformations-systeme	++	++	+

Tab. 4-20 Anforderungsorientierte Bewertung von Führungsinformationssystemen aus praktischer Perspektive

4.3.1.3 Entscheidungsunterstützungssysteme

Entscheidungsunterstützungssysteme befinden sich bei Siemens in der Einführungsphase, d.h. sie werden in Pilotprojekten implementiert und getestet. Prinzipiell lassen sich EUS aus praktischer Sicht anpassen, jedoch seien dazu komplexe Produkte notwendig, deren Einsatz ein großes

---

11 Gemeint ist der Einsatz von FIS.

Know-how voraussetze und die sehr teuer seien. Die **Adaptierbarkeit** wird daher als minimal eingeschätzt.

Auch die **Integrierbarkeit** wird als gering eingeschätzt: Grundsätzlich sei eine Integration zwar möglich, jedoch würden EUS eher punktuell bei einzelnen, grundlegenden Entscheidungen und in Planungsprozessen eingesetzt. Eine **Koordinationsfähigkeit** wurde nicht festgestellt.

Die Eignung von EUS wurde aus Sicht der Gesprächspartner sehr skeptisch betrachtet. Problematisch sei insbesondere, daß die Ergebnisse eines EUS für die Führungskräfte nur schwer nachvollziehbar und daher ebenso schwer vertretbar seien: „Das Problem ist, daß Sie als normaler Mensch die Schlußfolgerungen nicht mehr nachvollziehen können. Damit sind Sie nicht gut zu Fuß mit dieser Entscheidung - es ist also ein emotionales Thema". In der Praxis finde der Einsatz von EUS daher meist parallel zum herkömmlichen Weg der Entscheidungsfindung statt, so daß am Ende des Prozesses die Ergebnisse miteinander verglichen werden können.

	Adaption	**Integration**	**Koordination**
Entscheidungsunter-stützungssysteme	+	+	0

Tab. 4-21 Anforderungsorientierte Bewertung von Entscheidungsunterstützungssystemen aus praktischer Perspektive

4.3.1.4 Portalsysteme

4.3.1.4.1 Anforderungsgerechte Bewertung von Portalsystemen aus praktischer Perspektive

Siemens setzt Portaltechnologien ein, um ein Mitarbeiter-Portal zu etablieren. Dabei wird die **Adaptierbarkeit** aktueller Portalsysteme als zu gering eingeschätzt. In der Praxis habe sich gezeigt, daß die Portaltechnologien noch nicht so flexibel seien, wie Siemens es sich wünsche. Zwar sei eine personenbezogene Anpassung durch den Benutzer selbst realisierbar. Wichtiger sei jedoch eine prozeß- und rollenbasierte Anpassung des Portals, d.h. eine Anpassung des Portals an die Rolle eines Mitarbeiters, die er einerseits in einem Prozeß und andererseits lokal wahrnimmt. Aktuellen Portalsystemen mangele es damit an einer aufgabenbezogenen Adaptierbarkeit. Durch eine rollenbasierte Anpassung werde das Vorkonfektionieren von Portalen für bestimmte Einsatzzwecke – wie z.B. Technik oder Vertrieb – möglich.

Die **Integrierbarkeit** von Portalsystemen sei hingegen gegeben. Portalsysteme dienten einerseits der Integration von verschiedenen Applikationen in ein einheitliches System für den Mitarbeiter. Der Einsatz eines unternehmungsweit identischen Portalssystems im Intranet unterstütze andererseits die weltweite Integration in ein einheitliches Informationsversorgungssystem.

Die **Koordinationsfähigkeit** von Portalsystemen wurde als gering eingeschätzt. Zwar könne man bspw. durch den Einsatz von Portalsystemen in Teamstrukturen die Koordination innerhalb des Teams fördern. Dazu würden allerdings verschiedene Technologien und Applikationen in das Portal integriert. Das Portalsystem an sich habe keine Mechanismen zur direkten Kommunikation zwischen Mitarbeitern oder zur Rückkopplung. Vor diesem Hintergrund wurde die Eignung von Portalsystemen für den Siemens-Konzern auf die reine Zugangsfunktion beschränkt.

	Adaption	**Integration**	**Koordination**
Portalsysteme	+	+ +	+

Tab. 4-22   Anforderungsorientierte Bewertung von Portalsystemen aus praktischer Perspektive

4.3.1.4.2 Das Mitarbeiterportal der Siemens AG als Fallbeispiel aus der Praxis [12]

Das Mitarbeiterportal der Siemens AG ist ein wesentlicher Bestandteil des Siemens-Transformationsprogrammes (vgl. Abschnitt 2.2.2.3). Das Transformationsprogramm impliziert eine stärkere organisatorische Vernetzung sowie die Unterstützung interner Prozesse durch moderne Informationstechnologien, um Geschäftsprozesse schneller, kundennäher und effizienter zu gestalten. Um diesen Transformationsprozeß auch auf der Mitarbeiterebene zu realisieren, wurde das **E-Readiness-Projekt** aufgestellt. Dieses soll durch vier Entwicklungs- bzw. Implementierungsphasen die Unterstützung der einzelnen Arbeitsplätze und Mitarbeiter durch moderne Informationstechnologien gewährleisten (vgl. Abbildung 4-13):

12   Zur Erstellung dieses Abschnittes wurden neben Gesprächsnotizen die folgenden Textquellen verwendet: Goller/Kleiber/Schoen 2002; Franz et al. 2002.

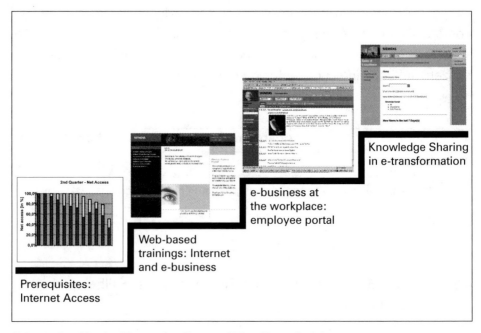

Abb. 4-13   Die vier Phasen des Siemens E-Readiness-Projektes

- Ziel der ersten Phase ist es, daß sämtliche Arbeitsplätze über einen Internetzugang verfügen. Dadurch wird die Grundlage für den weltweiten Zugang zu Informationsressourcen geschaffen.
- Im zweiten – z.T. parallel ablaufenden – Schritt sollen die Mitarbeiter durch webbasierte Trainingsprogramme mit den Zielen und der Benutzung moderner Informationstechnologien vertraut gemacht werden.
- Die Implementierung eines weltweit standardisierten Mitarbeiterportals ist ein Schritt von besonderer Bedeutung für das E-Readiness-Projekt. Das Mitarbeiterportal stellt den zentralen Zugangspunkt des Mitarbeiters zu Siemens dar und integriert eine Vielzahl wichtiger Funktio-

nen in eine einheitliche Bedieneroberfläche. Ziele, Funktionen und Bedeutung des Mitarbeiterportals werden im folgenden noch eingehend diskutiert.

– Der letzte Schritt des E-Readiness Prozesses besteht in der Integration von Kommunikationsplattformen in das Mitarbeiterportal, die dem Informations- und Wissensaustausch zwischen den Mitarbeitern dienen. Zentrales Instrument ist hier das von Siemens entwickelte Sharenet, welches in Abschnitt 4.3.3.1.2 vorgestellt wird.

Während die ersten beiden Phasen des E-Readiness Projektes die Voraussetzungen für eine weltweit integrierte Informationsversorgung im Sinne der technologischen Infrastruktur und der Aus- bzw. Weiterbildung der Benutzer beinhalten, ist das Mitarbeiterportal selbst ein zentrales Instrument der transnationalen Informationsversorgung. Dieses wird an den **Zielen** deutlich, die Siemens mit dem Mitarbeiterportal verbindet:

– Das Mitarbeiterportal soll über eine weltweit einheitliche und durchgängige **Bedieneroberfläche** verfügen.

– Dennoch soll das Mitarbeiterportal eine **Anpassung** an die Bedürfnisse des einzelnen Benutzers erlauben. Eine Adaption ist sowohl an kulturelle Merkmale (z.B. die Landessprache) als auch an aufgabenbezogene Aspekte gewünscht.

– Zur Vereinfachung der Implementierung sollte das Portalsystem für landes- und aufgabenspezifische **Benutzergruppen** vorkonfektionierbar sein.

– Die Zielsetzung des Mitarbeiterportals beschränkt sich nicht nur auf eine **Integration** der Mitarbeiter in ein weltweites Informationsversorgungssystem. Die Integration umfaßt vielmehr auch weltweit verteilte Inhalte und Applikationen, welche im Mitarbeiterportal zusammengeführt werden.

Die Effektivität und vor allem auch die Akzeptanz eines solchen Portalsystems hängt im wesentlichen von dem Nutzen, d.h. den **Funktionen**, die es den Mitarbeitern bietet, ab. Das Mitarbeiterportal der Siemens AG umfaßt u.a. die folgenden Funktionen:

- Das **Single-Sign-On** ermöglicht dem Mitarbeiter nach einmaliger Anmeldung (Authentifizierung) an das System den Zugriff auf sämtliche ihm freigegebenen Informationsressourcen und Applikationen. Das bisher übliche, wiederholte Anmelden an die unterschiedlichen Informationssysteme entfällt.
- Der Mitarbeiter kann **Personalprozesse** (z.B. Urlaubsanträge, Reisemittelbestellungen, Zeiterfassung u.ä.) im Portal selbst erledigen.
- Dem Mitarbeiter werden **Hilfsmittel** wie Suchdienste, Übersetzer und Formulare zur Verfügung gestellt.
- Das Mitarbeiterportal dient als **Nachrichtenzentrale**, indem es allgemeine Unternehmungsinformationen, Personalnachrichten, Presseinformationen, Informationen des Zentralvorstandes und externe Nachrichtendienste anbietet, aus denen der Benutzer z.T. selbst für ihn relevante Informationslieferungen auswählen kann.
- Im Portalsystem findet der Mitarbeiter Informationen zu **Weiterbildungsmaßnahmen** und kann diese direkt buchen. Webbasierte Weiterbildungsmaßnahmen können im Mitarbeiterportal durchgeführt werden.
- **Standortbezogene Dienstleistungen** umfassen bspw. den aktuellen Speiseplan oder Lagepläne und Anfahrtskizzen.

Neben diesen informatorischen Funktionen und sekundären Prozessen ist ebenso der Zugriff auf die produktiven Systeme zu gewährleisten. Dieses geschieht bspw. durch die Anbindung des SAP R/3 Systems an das Mitar-

Abb. 4-14   Das Siemens Mitarbeiterportal

beiterportal oder die Integration entsprechend aufgabenspezifischer Informationssysteme.

4.3.2 Instrumente der Daten-Architektur

4.3.2.1 Data Warehouse

Data Warehouse Systeme werden bei Siemens sowohl in Pilotprojekten wie auch in produktiven Einzelfällen eingesetzt. Der Einsatz von DWH beschränkt sich im wesentlichen auf die Geschäftsbereiche, d.h. die Geschäftsbereiche können zentral auf Daten zugreifen, die weltweiten Quellen entstammen und in einem DWH zusammengeführt wurden. Die **Adaptierbarkeit** beschränke sich daher vor allem auf die Anpassung an die Geschäftsbereiche und ggf. die Anpassung der eigentlichen Informationsabfragen.

Geschäftsbereichübergreifende DWH gibt es derzeit nicht, d.h. eine Integration der Daten über Geschäftsbereiche hinweg findet nicht statt. Als Grund hierfür wurde genannt, daß die Datenstrukturen (z.B. Kundendaten) zu unterschiedlich seien. Einen Beitrag zur **Integration** lieferten DWH aus praktischer Sicht nicht. Auch sei eine **Koordinationsfähigkeit** nicht festzustellen. Prinzipiell gebe es geschäftsbereichübergreifende Verknüpfungen, jedoch fänden diese vorwiegend bei Großkunden durch das Key Account Management und nicht durch DWH statt. Grundsätzlich wurden DWH als für den Siemens-Konzern geeignetes Informationssystem betrachtet. Im Kontext der diskutierten Fragestellungen wurden sie jedoch mit Skepsis betrachtet.

	Adaption	Integration	Koordination
Data Warehouse	+	0	0

Tab. 4-23 Anforderungsorientierte Bewertung des Data Warehouse aus praktischer Perspektive

4.3.2.2 Data Mining

Das Data Mining wurde von den Gesprächspartnern als Bestandteil des DWH-Konzeptes bewertet und somit analog eingeschätzt. Data Mining wird im Siemens-Konzern in Einzelfällen eingesetzt und grundsätzlich als geeignet betrachtet. Es wurde im Gespräch allerdings ebenso mit Skepsis beurteilt wie das DWH.

	Adaption	Integration	Koordination
Data Mining	+	0	0

Tab. 4-24 Anforderungsorientierte Bewertung des Data Mining aus praktischer Perspektive

4.3.2.3 Elektronische Archivierung

Elektronische Archive werden bei Siemens schon aus rechtlichen Gründen eingesetzt. Da die rechtlichen Vorschriften unterschiedlich ausgeprägt sind, findet die Archivierung meist dezentral statt. Die **Adaptierbarkeit** beschränkt sich daher vorwiegend auf die Anpassung an die lokalen gesetzlichen Vorschriften. Auch die **Integration** sei zum derzeitigen Zeitpunkt nur minimal: derzeit seien die Archive nur dezentral verfügbar. Ziel sei es aber, die Standardisierung der IT-Landschaft voranzutreiben, so daß durch den Einsatz standardisierter Archivsysteme eine übergreifende Integration möglich werde.

Eine **Koordinationsfähigkeit** wurde aus praktischer Sicht nicht festgestellt: Die Eignung der Elektronischen Archivierung beschränke sich auf die rechtlich notwendige Archivierung von Dokumenten. Eine darüber hinausgehende koordinierende Wirkung sei daher nicht zu erwarten.

	Adaption	**Integration**	**Koordination**
Elektronische Archivierung	+	+	0

Tab. 4-25 Anforderungsorientierte Bewertung der Elektronischen Archivierung aus praktischer Perspektive

4.3.2.4 Dokumentenmanagementsysteme

4.3.2.4.1 Anforderungsgerechte Bewertung von Dokumentenmanagementsystemen aus praktischer Perspektive

Im Siemens-Konzern werden Dokumentenmanagementsysteme eingesetzt. Diese werden nicht nur als persönliche Dateiablage des Mitarbeiters angesehen, sondern sie verfolgen einen umfassenderen Ansatz: Das DMS soll in ein Portal integriert und somit weltweit im Intranet verfügbar sein. Dabei solle das DMS rollenbasiert anpaßbar und vorkonfektionierbar sein (vgl. Abschnitt 4.3.1.4). Die **Adaptierbarkeit** eines DMS sei daher gegeben.

Die **Integrierbarkeit** des DMS wurde ebenfalls als hoch eingeschätzt, da man einen webbasierten Ansatz und die Integration in ein Portalsystem verfolge. Durch die im DMS implementierten Mechanismen der Rückkopplung (Mitarbeiter können Dokumente mit Kommentaren versehen und den Bearbeitungsstatus verfolgen) sei auch eine grundlegende **Koordinationsfähigkeit** gegeben. Insgesamt stelle das DMS einen wichtigen Baustein in der Informationsversorgung des Siemens-Konzerns dar.

Um ein möglichst breites Einsatzspektrum des DMS zu gewährleisten, hat Siemens das Produkt Livelink des Herstellers Opentext ausgewählt. Im Jahr 2002 waren bei Siemens 80.000 Lizenzen von Livelink installiert. Im folgenden soll dieses sehr praxisrelevante Instrument näher beleuchtet werden.

	Adaption	Integration	Koordination
Dokumentenmanage-mentsysteme	+ +	+ +	+ +

Tab. 4-26 Anforderungsorientierte Bewertung von Dokumentenmanagementsystemen aus praktischer Perspektive

4.3.2.4.2 Livelink als Beispiel eines Dokumentenmanagementsystems in der Praxis der Siemens AG [13]

Livelink ist ein webbasiertes, flexibel gestaltbares Dokumentenmanagementsystem. Für den Einsatz in der Praxis eines weltweiten Netzwerkes bietet es somit zwei grundlegende Vorteile:

- Die zugrundeliegenden Internettechnologien ermöglichen die **Integration** des Systems in das weltweite Intranet von Siemens. Mitarbeiter können an verschiedenen Orten auf dieselben Dokumente zugreifen.
- Die Flexibilität des Systems ermöglicht die **Adaption** durch die Benutzer selbst.

In der Praxis wird Livelink bei Siemens u.a. eingesetzt, um die **Koordination** in Projekten zu unterstützen. Mitglieder eines Projektteams können sich bereits in den projektspezifischen Diskussionsforen des Sharenet (vgl. Abschnitt 4.3.3.1.2) austauschen. Durch die Anbindung von Livelink an Sharenet wird diese Kommunikation auch durch die Hinterlegung und gemeinsame Nutzung von Dokumenten ergänzt. Dokumente werden somit nicht mehr in großen E-Mails ausgetauscht, sondern sie liegen zentral, für alle Teammitglieder erreichbar, im Livelink-System.

Abbildung 4-15 zeigt exemplarisch den „Workspace" – d.h. den von Livelink zur Verfügung gestellten Arbeitsbereich – des Projektes „Enterprise Portal Services". Auf der Ebene „Items" hat der Benutzer die Möglichkeit, Strukturen in Form von Ordnern und Unterordnern anzulegen, in welchen Dokumente angelegt, bearbeitet und recherchiert werden können. Die Or-

---

13 Dieser Abschnitt basiert auf Gesprächsnotizen, Produktinformationen der Opentext GmbH sowie Adelson/Joyce 2002.

ganisation eines Projektes in Teilprojekte wird durch die Einrichtung entsprechender Workspaces im Bereich „Subprojects" unterstützt. Besonders relevante Objekte können auf die oberste Ebene verschoben werden (hier: Program Management, Quality and Compliances etc.), so daß ein

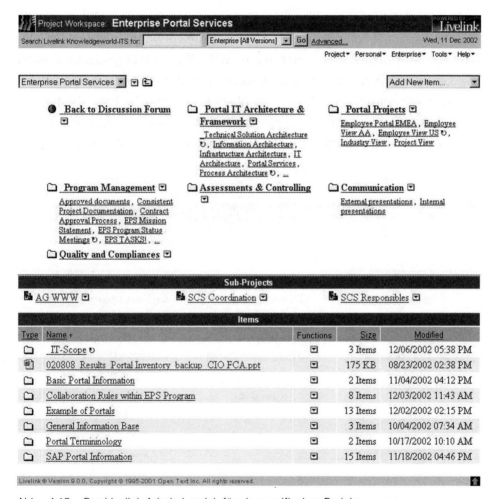

Abb. 4-15 Der Livelink Arbeitsbereich für ein spezifisches Projekt

schneller Zugriff auf die jeweiligen Unterordner und Dokumente möglich ist. Durch den Eintrag „Back to Discussion Forum" gelangt der Benutzer wieder in das Diskussionsforum des Projektes im Sharenet. Somit ist eine weitgehende Verzahnung von Daten- und Kommunikations-Architektur gegeben.

Abbildung 4-16 zeigt den Zugriff auf das Objekt „Program Management" des Workspace. In diesem werden Dokumente verwaltet, die dem Projektmanagement zuzuordnen sind („Team List", „Program Organization" etc.). Die Generierung der Strukturen (Ordner und Unterordner) erfolgt durch den Projektleiter bzw. durch Teammitglieder, welchen der Projektleiter entsprechende Berechtigungen zugewiesen hat. Neben der Recherche von Dokumenten in den angelegten Ordnerstrukturen ist auch eine Volltextsu-

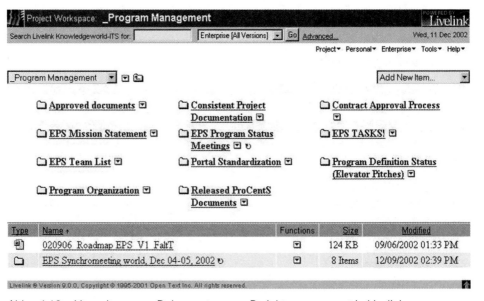

Abb. 4-16 Verwaltung von Dokumenten zum Projektmanagement in Livelink

che über sämtliche Dokumente möglich. Dem Benutzer stehen somit vielfältige Möglichkeiten zur individuellen Informationsversorgung zur Verfügung.

Abbildung 4-17 zeigt exemplarisch einen produktiven Livelink-Workspace aus dem Enterprise Portal Services Projekt. In diesem werden Dokumente zur technischen Konzeption und Umsetzung des Projektes abgelegt. Hierzu gehören bspw. Dokumente zur IT-Architektur, zur Prozeßarchitektur oder zu den im Portal geplanten Dienstleistungen.

Über die bisher dargestellten Funktionen hinaus bietet Opentext weitere Module für Livelink an, die insbesondere im Kontext der Integrationsanfor-

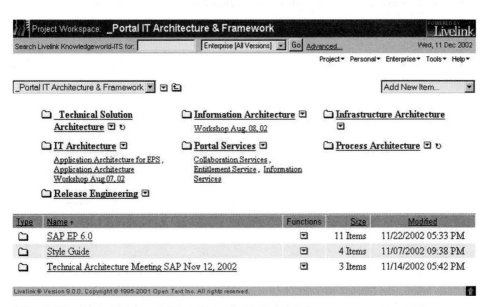

Abb. 4-17 Verwaltung produktiver Dokumente in Livelink

derungen einer Transnationalen Unternehmung wie Siemens hervorzuheben sind:

- Der **Livelink Activator for CORBA** [14] **Development** ermöglicht die Integration von Anwendungen, die den Standards der CORBA Architektur entsprechen.
- Der **Livelink Activator for SAP R/3** ist die Schnittstelle zwischen dem Livelink Portalserver und SAP R/3.
- Das Modul **Livelink Spider** ist ein Suchagent, der verschiedene Informationsressourcen durchsucht und den Benutzer auf einmalige Anfrage hin oder periodisch informiert.

Mit den dargestellten Technologien steht Siemens eine Plattform zur Verfügung, Informationen in Form von Dokumenten aus verschiedenen Quellen in ein weltweites Informationsversorgungssystem zu integrieren.

14 Die Abkürzung CORBA steht für Common Object Request Broker Architecture und bezeichnet eine standardisierte Architektur für verteilte Objekte in heterogenen Umgebungen.

4.3.3 Instrumente der Kommunikations-Architektur

4.3.3.1 Diskussionsforen

4.3.3.1.1 Anforderungsgerechte Bewertung von Diskussionsforen aus praktischer Perspektive

Siemens hat die Idee der Diskussionsforen aufgenommen und eine eigene Plattform entwickelt, um diese weltweit in der Unternehmung zu etablieren: das „Sharenet". Sharenet sind „Communities of Practice", d.h. Foren, in denen Mitarbeiter zusammenkommen und ihr Erfahrungswissen austauschen können. Diese Foren können für Teams, bestimmte Mitarbeitergruppen, Niederlassungen und nach beliebigen anderen Kriterien eingerichtet werden.

Da man Foren je nach Zielsetzung flexibel einrichten kann, werde die Anforderung der **Adaptierbarkeit** durch Diskussionsforen erfüllt. Darüber hinaus könne man durch den Einsatz von Softwareagenten, die die Foren nach für den Mitarbeiter relevanten Beiträgen durchsuchen, an den individuellen Informationsbedarf anpassen. Da der Sharenet-Ansatz auf Internet-Technologien basiert und durch die Integration in das Mitarbeiter-Portal weltweit im Intranet verfügbar sein soll, sei die **Integrierbarkeit** dieser Technologie ebenfalls gegeben.

Die **Koordinationsfähigkeit** von Diskussionsforen wurde als sehr hoch eingeschätzt. Die Koordination sei das wesentliche Ziel von Sharenet. Die Verbreitung von Best-Practice-Fällen über das System führe zur Vermittlung von Erfahrungswissen, d.h. der Kombination immaterieller Ressourcen. Das Lesen eines Best-Practice-Berichtes motiviere auch dazu, mit dem Autor in Kontakt zu treten, so daß die (informale) Kommunikation und die Bildung von Netzwerken gefördert werde.

Insgesamt wurden Diskussionsforen sehr positiv beurteilt. Sie seien insbesondere dann gut geeignet, wenn es sich nicht nur um alleinstehende Foren handele, sondern um Systeme, die bspw. mit einem DMS verknüpft seien, so daß neben der reinen Kommunikation auch der Austausch begleitender Dokumente möglich sei. Eine solche Verknüpfung wird durch die Integration von Sharenet und Livelink angestrebt.

Im folgenden Abschnitt wird das Sharenet der Siemens AG als Fallbeispiel eines Diskussionsforensystems näher betrachtet.

	Adaption	Integration	Koordination
Diskussionsforen	+ +	+ +	+ + +

Tab. 4-27 Anforderungsorientierte Bewertung von Diskussionsforen aus praktischer Perspektive

4.3.3.1.2 Sharenet als Fallbeispiel aus der Praxis der Siemens AG [15]

Das Siemens Sharenet entstand ursprünglich als eine Initiative von Siemens ICN. Der Teilbereich Siemens ICN bietet komplexe Kommunikations- und Netzwerklösungen an und ist in einem dynamischen, wettbewerbsintensiven, internationalen Markt tätig (vgl. Abschnitt 2.2.1). In diesem Umfeld hat sich gezeigt, daß die bisherigen Informationsstrukturen nicht mehr den Anforderungen des schnellebigen Marktes gerecht werden. Bisher verliefen alle Informationsflüsse zentralisiert, d.h. alle Anfragen wurden von den Niederlassungen an die Zentrale gerichtet und von dort beantwortet. Konnten Anfragen nicht unmittelbar durch die in der Zentrale verfügbaren Informationen beantwortet werden, wurden die übrigen Niederlassungen von der Zentrale kontaktiert. Auch deren Antworten erfolgten wieder an die Zentrale (vgl. Abbildung 4-18). Diese Informationsstruktur hat zwei schwerwiegende Nachteile: Einerseits haben die Niederlassungen keinen unmittelbaren Zugriff auf die in anderen Niederlassungen verfügbaren Informationen, andererseits sind die Reaktionszeiten auf Informationsanfragen zu lang, wenn sie über die Zentrale abgewickelt werden.

Mit Sharenet wurde ein Instrument geschaffen, welches den Austausch von Informationen und Wissen über Geschäftsbereichs- und Landesgrenzen hinweg ermöglicht. In Sharenet ist die Zentrale ein Netzwerkknoten wie jede andere Niederlassung auch, und Kommunikation ist zwischen allen Netzwerkknoten möglich. Ein wichtiges Anwendungsszenario ist die

15 Zur Erstellung dieses Abschnittes wurden neben Gesprächsnotizen die folgenden Textquellen verwendet: Gibbert et al. 2002; Enkel et al. 2002; Franz et al. 2002; Goller/Kleibert/Schoen 2002.

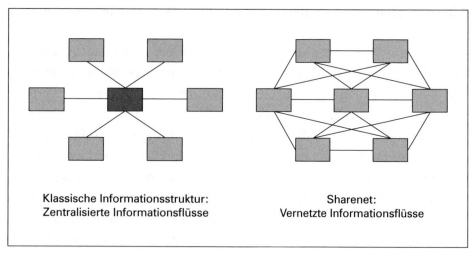

Abb. 4-18   Informationsflüsse im Siemens Konzern mit und ohne Sharenet

Suche von Ressourcen in anderen Niederlassungen. So war bspw. eine dringende Anfrage der Siemens Niederlassung in Indien nach Glasfaserkabel an die Zentrale ohne Ergebnis. Durch die gleiche Anfrage in Sharenet konnte binnen Stunden ein ausreichender Lagerbestand von Glasfaserkabel bei Siemens in China lokalisiert werden. So konnte nicht nur die Informationsanfrage durch Sharenet schneller und erfolgreich abgewickelt werden, sondern auch ein Erfolgsbeitrag durch die innerbetriebliche Beschaffung geleistet werden. Die Vorteile von Sharenet zeigt auch das Fallbeispiel des „Multimedia Super Corridor" in Malaysia [16]:

16   URL: http://w4.siemens.de/de2/html/press/edesk/2000/adhm_015_00.html
(Stand: 15.01.2003)

Siemens Malaysia bewarb sich um eine Ausschreibung der staatlichen Telefongesellschaft Telekom Malaysia für mehrere Tausend ADSL-Breitbandzugänge, mit denen sich bspw. Spielfilme in Echtzeit aus dem Internet herunterladen lassen. Die ADSL-Technik sollte im Multimedia Super Corridor (MSC), einem Industriepark der mit modernster IT-Infrastruktur ausgestattet ist, eingesetzt werden. Da dem MSC von der malaysischen Regierung höchste Priorität eingeräumt wird, hatte der Auftrag eine hohe strategische Bedeutung für Siemens. Ein Angebot über die nötige Hardware zu unterbreiten, stellte für die ICN-Experten vor Ort kein Problem dar. Doch um der harten Konkurrenz einen Schritt voraus zu sein, wollte man Telekom Malaysia ein Referenzprojekt liefern, also auf ein bereits von Siemens installiertes und funktionstüchtiges ADSL-System verweisen. Nachdem er sich mit einem „urgent request" nach einem vergleichbaren Referenzprojekt an die Kollegen im Sharenet gewandt hatte, erhielt der Projektmanager binnen 24 Stunden eine Antwort der Kollegen aus Dänemark, welche bereits ein Jahr zuvor ein ganz ähnliches System an Tele Danmark ausgeliefert hatten. Außerdem konnte der Projektleiter in Sharenet wertvolle Hinweise über potentielle Probleme bei der Installation sowie über Strategien zur Verbesserung der Bewerbungsposition sammeln. Der Projektleiter zeigte sich über die Resonanz begeistert: „Es gibt kein vergleichbares Medium, mit dem man so effektiv Ideen, Initiativen und Erfahrungen austauschen und aus den Erfolgen und Fehlern anderer lernen kann." Aufgrund des überzeugenden Angebots und der offensichtlichen ADSL-Erfahrung des Konzerns erhielt Siemens Malaysia den Zuschlag für das Pilotprojekt sowie einen millionenschweren Folgeauftrag.

Vor dem Hintergrund der positiven Erfahrungen, die ICN mit Sharenet gemacht hat, soll das System nun siemensweit in allen Geschäftsbereichen eingeführt werden. Da Sharenet ein webbasiertes System ist, ist eine weltweite Implementierung sowie die Integration in das Mitarbeiterportal technisch problemlos möglich. Es stellt damit ein Kernelement der vierten Stufe des E-Readiness-Programmes dar (vgl. Abbildung 4-13) und soll folgende **Ziele** realisieren:

- weltweite Verfügbarkeit von Informationen zu bestimmten Themen
- Verknüpfung von Know-how über Landes- und Geschäftsbereichsgrenzen hinweg
- Kommunikation über Landes- und Geschäftsbereichsgrenzen hinweg auf Mitarbeiterebene
- Förderung von Cross-Selling-Effekten
- Förderung von Geschäften zwischen Niederlassungen bzw. Geschäftsbereichen

Die Erreichung dieser Ziele basiert im wesentlichen auf der Realisierung organisatorischer Lernprozesse und dem Austausch von Wissen (vgl. Abschnitt 2.1.2.3.5). Zentrales Element von Sharenet sind daher „Wissensobjekte", d.h. sämtliche Informationen werden als eigenständige Wissensobjekte betrachtet und gespeichert. Um die Benutzung des Systems zu fördern, hat Siemens ein **Anreizsystem** entwickelt. Dieses basiert auf einem Punktesystem, welches sowohl das Einstellen wie auch das Nutzen von Informationen belohnt. So erhält der Benutzer Punkte, wenn er Informationen verwendet, die er in Sharenet gefunden hat. Dabei muß er die verwendeten Informationen bewerten und seine Bewertung begründen. Durch diese Bewertung wird einerseits das Qualitätsniveau der gespeicherten Informationen kontrolliert und andererseits eine Gewichtung der Punkte möglich, die der Autor der Informationen erhält. Zwar werden weltweite Ranglisten geführt und am Jahresende Sachprämien für die besten Sharenet-Benutzer bzw. -Autoren vergeben. Doch der Sinn des Anreizsystems liegt vielmehr in einem reinen Anstoßeffekt: Ziel ist es, daß die Vorteile, die die Benutzer aus Sharenet ziehen, Anreiz genug sind, um das Sy-

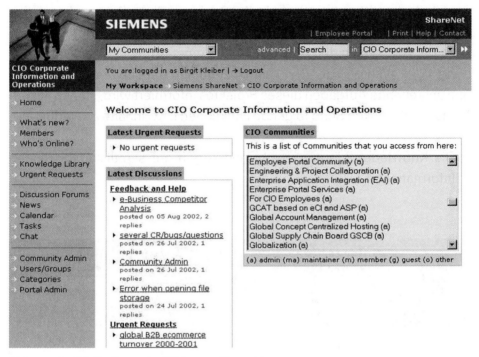

Abb. 4-19   Die Bedieneroberfläche von Sharenet

stem zu nutzen – das Anreizsystem soll sie zunächst motivieren, Sharenet kennenzulernen. Aus diesem Grund wird das Anreizsystem nicht mehr in allen Sharenet-Realisierungen implementiert.

Abbildung 4-19 gibt exemplarisch die Sharenet-Bedieneroberfläche des Zentralbereiches Corporate Information and Operations (CIO) wieder. Im zentralen Bereich bekommt der Benutzer nach Anmeldung an Sharenet für ihn individuell aufbereitete Informationen, wie z. B. aktuelle Diskussionsbeiträge oder Nachrichten, angezeigt. Im Feld „CIO-Communities" kann er eine Diskussionsgruppe zur Bearbeitung auswählen. In Abbildung 4-19 ist u.a. auch das schon in Abschnitt 4.3.2.4.2 erwähnte Projekt „Enterprise Portal Services" erkennbar. Durch Selektion dieser Diskussionsgruppe gelangt der Benutzer in den zugehörigen Sharenet-Arbeitsbereich (vgl. Abbildung 4-20). Während der Benutzer im zentralen Bereich über Neuigkeiten und anstehende Aufgaben dieses Projektes informiert wird, stehen ihm im Menü auf der linken Seite folgende Funktionen bzw. Inhalte zur Verfügung:

– Die **Knowledge Library** erlaubt den Zugriff auf sämtliche abgelegten Informationen.

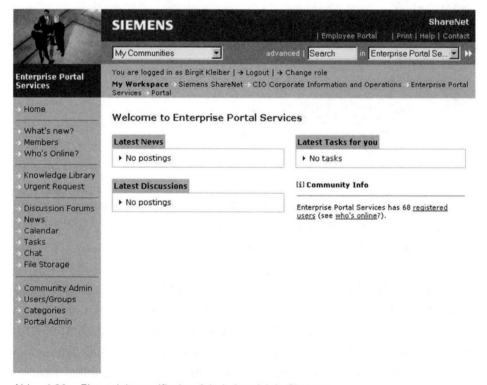

Abb. 4-20   Ein projektspezifischer Arbeitsbereich in Sharenet

– **Urgent Requests** ist eine Sicht auf sämtliche Dringlichkeitsanfragen, die im Sharenet aktiv sind. So können diese schnell und auf breiter Basis kommuniziert werden.

– **Discussion Forums** ermöglichen die Einrichtung von und den Zugriff auf themenspezifische Diskussionsforen.

– **News** dient dem zentralen Zugriff auf projektspezifische Nachrichten.

– Der Punkt **Calendar** ermöglicht eine teamübergreifende Terminplanung und -verwaltung.

– Im Menü **Tasks** können aktive Aufgaben verwaltet werden.

– Online-Konferenzen sind im **Chat** möglich.

– **File Storage** stellt die Verbindung zum Livelink-System her, d.h. durch Aufruf dieses Menüpunktes erlangt der Benutzer Zugriff auf die projektspezifischen Dokumente, die in Livelink abgelegt wurden (vgl. Abbildung 4-15).

Sharenet ist ein wichtiges Element in Siemens' Transnationaler Informationsversorgung. Es ermöglicht eine länder- und aufgabenbezogene Informationsversorgung ebenso, wie die Anpassung an individuelle Informationsbedarfe. Auch durch die hohe Flexibilität des Systems wird die Dimension der **Adaption** der Transnationalen Informationsversorgung unterstützt. Da Sharenet auf Internettechnologien basiert und in das Mitarbeiterportal integriert werden kann, ist das System auch für die **Integrationsfähigkeit** der Informationsversorgung von großer Bedeutung. Die Tatsache, daß Kommunikation und Koordination eine wesentliche Grundlage des Sharenetprinzipes sind, unterstützt und fördert die Dimension der **Koordination**. Die Vorteile von Sharenet lassen sich mittlerweile auch quantifizieren: 2001 betrug der nachweislich durch Sharenet erzeugte Umsatz 131 Mio. Euro.

4.3.3.2 Pull- und Push-Technologien

Im Siemens-Konzern werden sowohl Pull- als auch Push-Technologien eingesetzt. Dabei sind insbesondere die Push-Technologien relativ fortschrittlich: Einerseits stehen Newsletter zur Verfügung, die sich an den Informationsbedarfen orientieren. Darüber hinaus ermöglichen Softwareagenten eine individuelle Informationsversorgung: Findet der Agent Informationen, die dem Informationsprofil des Mitarbeiters entsprechen, dann wird dieser alarmiert und kann die Informationen einsehen. Die **Adaptierbarkeit** dieser Technologien wurde daher als sehr hoch eingeschätzt.

Die **Integrierbarkeit** wurde hingegen als minimal eingestuft. Zwar sei die Integration der Mitarbeiter in ein übergreifendes Informationsversorgungssystem Ziel der Pull- und Push-Technologien, jedoch trage sie nur als Ergänzung zu Technologien wie dem Sharenet dazu bei.

Auch die **Koordinationsfähigkeit** der Pull- und Push-Technologien wurde als eher gering eingeschätzt. Sie basiere lediglich darauf, daß die Auslösung spezifischer Alarme durch Softwareagenten entsprechende Handlungen implizierten und daß die Mitarbeiter über eine gemeinsame Informationsbasis verfügten.

Die Eignung von Pull- und Push-Technologien für Siemens wurde ambivalent betrachtet: Einerseits stellten diese Technologien einen wichtigen Bestandteil der unternehmungsweiten Informationsversorgung dar, andererseits resultiere insbesondere die Push-Technologie in einer Informationsflut, die dazu führe, daß die Mitarbeiter die Informationen - bewußt oder unbewußt - nicht mehr aufnähmen.

	Adaption	Integration	Koordination
Pull- und Push-Techno-logien	+++	+	+

Tab. 4-28 Anforderungsorientierte Bewertung von Pull- und Push-Technologien aus praktischer Perspektive

4.3.3.3 Groupware-Systeme

Die Siemens AG baut bei der Realisierung von Groupware-Systemen auf die Kombination unterschiedlicher Komponenten: Grundlegende Kommunikations- und Kalenderfunktionalitäten werden auf Basis von Microsoft Exchange realisiert. Die Erweiterung um kollaborative Funktionen wie Aufgabenmanagement und Gruppenkalender wird durch das Portalsystem Livelink unterstützt (vgl. 4.3.1.4.2).

Da sich Groupware-Systeme rollenbasiert und teamspezifisch anpassen ließen, sei die **Adaptierbarkeit** gegeben. Prinzipiell sei bspw. auch die Anpassung der Benutzeroberfläche an verschiedene Sprachen möglich. Bisher sei siemensweit zwar Englisch üblich, jedoch sei die Umschaltung zwischen verschiedenen Sprachen während des Betriebes geplant und explizit als Anforderung an Livelink formuliert.

Durch die Integration verschiedener Komponenten in das Groupware-System sei auch die **Integrierbarkeit** gegeben. Groupware-Systeme integrieren sich damit nicht nur in eine weltweite Informationsversorgung, sondern sie stellen auch eine Integrationsplattform für andere Systeme dar.

Die **Koordinationsfähigkeit** von Groupware-Systemen wurde als besonders hoch eingeschätzt - schließlich sei die Koordination ein wesentliches Ziel des Groupware-Gedankens.

Die Eignung von Groupware-Systemen wurde für Siemens als besonders hoch eingeschätzt. Das Groupware-System stelle für den Mitarbeiter einen festen Platz dar, an dem er seine laufenden Projekte verwalten und bearbeiten könne, in dem er seine Ablagen finde und der ihm auch private Bereiche einräume.

	Adaption	Integration	Koordination
Groupware-Systeme	+ +	+ +	+ + +

Tab.   4-29   Anforderungsorientierte Bewertung von Groupware-Systemen aus praktischer Perspektive

4.3.3.4 Workflow-Managementsysteme

Workflow-Managementsysteme sind bei Siemens in unterschiedlichen Ausprägungen vertreten: Productive Workflows werden durch entsprechende SAP-Module realisiert, Ad-hoc-Workflows hingegen werden durch das Livelink-System unterstützt (vgl. Abschnitt 4.3.1.4.2). Als besonders bedeutsam wurden die Ad-hoc-Workflows hervorgehoben. Diese ließen sich flexibel initiieren und anpassen und seien damit ein wichtiger Beitrag zur Kollaboration. Aus praktischer Perspektive werden alle Anforderungen durch WfMS erfüllt.

WfMS seien für Siemens von besonderer Bedeutung, denn die Kollaboration soll als strategisches Ziel weiter ausgebaut werden. Daher nimmt das Livelink-System auch im Bereich der WfMS eine wichtige Rolle wahr.

	Adaption	Integration	Koordination
Workflow-Managementsysteme	+ +	+ +	+ +

Tab. 4-30 Anforderungsorientierte Bewertung von Workflow-Managementsystemen aus praktischer Perspektive

4.3.4 Zusammenfassende Betrachtung – Realprofil

Auch aus der praktischen Perspektive führt die Analyse der IT-Instrumente zu sehr unterschiedlichen Ergebnissen. Betrachtet man diese ebenfalls in einem Gesamtbild, dann läßt sich das Ergebnis als ein **Realprofil** interpretieren, welches die Eignung der IT-Instrumente für eine Transnationale Informationsversorgung aus praktischer Sicht repräsentiert. Tabelle 4-31 bildet dieses Realprofil ab.

Die Übereinstimmung mit den theoretisch erarbeiteten Ergebnissen ist allerdings relativ hoch: lediglich fünf Instrumente weisen andere Erfüllungsgrade der Anforderungen einer Transnationalen Unternehmung an die Informationsversorgung auf. Diese Unterschiede stellen den Anknüpfungspunkt für eine erfahrungsvermittelte Spekulation dar, die im folgenden Ab-

	Adaption	Integration	Koordination
Expertensysteme	+	0	0
Führungsinformations-systeme	+ +	+ +	+
Entscheidungs-unterstützungssysteme	+	+	0
Portalsysteme	+	+ +	+
Data Warehouse	+	0	0
Data Mining	+	0	0
Elektronische Archivierung	+	+	0
Dokumenten-managementsysteme	+ +	+ +	+ +
Diskussionsforen	+ +	+ +	+ + +
Pull- und Push-Technologien	+ + +	+	+
Groupware-Systeme	+ +	+ +	+ + +
Workflow-Management-systeme	+ +	+ +	+ +

Tab. 4-31 Realprofil der Informationsversorgungsinstrumente auf Grundlage der empiri-schen Untersuchung

schnitt 4.4 zu einer Transzendierung des Ausgangsbezugsrahmens beitragen soll.

4.4 Das idealtypische Instrumentenprofil der Transnationalen Informationsversorgung

In den vorhergehenden Abschnitten 4.2 und 4.3 wurden ausgewählte IT-Instrumente einer anforderungsgerechten Bewertung sowohl aus theoretischer als auch aus praktischer Perspektive unterzogen. Der nun folgende Abschnitt soll diese kognitiven und empirischen Erkenntnisse zusammenführen (Abschnitt 4.4.1) und das resultierende idealtypische Instrumentenprofil der Transnationalen Informationsversorgung diskutieren (Abschnitt 4.4.2).

4.4.1 Vergleichende Diskussion von Ideal- und Realprofil

Vergleicht man das erarbeitete Idealprofil mit dem Realprofil, dann zeigt sich zunächst eine große Übereinstimmung zwischen beiden (vgl. Tabelle 4-32). Da der vorliegenden Untersuchung keine Prüfstrategie im Sinne des kritischen Rationalismus zugrundeliegt (vgl. Abschnitt 1.2), sind diese Übereinstimmungen von eher nachrangigem Interesse. Der Beitrag der empirischen Untersuchung ergibt sich im Kontext der Konstruktionsstrategie vor allem aus dem erhobenen Erfahrungswissen, welches neue Aspekte in die Überlegungen einbringt, d.h. sich von den bisherigen Erkenntnissen unterscheidet. Derartige Ansatzpunkte finden sich bei fünf der untersuchten Instrumente (vgl. Tabelle 4-32):

- Portalsysteme
- Data Warehouse
- Data Mining
- Diskussionsforen

– Workflow-Managementsysteme

Die unterschiedliche Bewertung von **Portalsystemen** aus theoretischer und praktischer Perspektive ist auf den derzeitigen Stand der verfügbaren Produkte zurückzuführen. Aus theoretischer Perspektive erfüllen Portalsysteme die Anforderung der Adaptierbarkeit voll und ganz (++). In der Praxis hat sich allerdings gezeigt, daß die Adaptierbarkeit noch unzureichend und daher derzeit als gering (+) einzuschätzen ist. Zwar sei eine individuelle Anpassung durch den Benutzer selbst möglich, jedoch reichen diese Anpassungsmöglichkeiten nicht für einen effizienten Einsatz bei großen Benutzerzahlen aus: Um Portalsysteme in einer großen Transnationalen Unternehmung wie dem Siemens-Konzern flächendeckend so einzuführen, daß eine hinreichende Adaption an aufgaben- und landesbezogene Anforderungen gewährleistet werden kann, müssen Portalsysteme rollenbasiert vorkonfektionierbar sein. Diese Aspekte sind in der Praxis insbesondere bei der Planung und der Implementierung von Portalsystemen zu berücksichtigen. Mit der stetigen technischen Weiterentwicklung der verfügbaren Produkte ist jedoch damit zu rechnen, daß die Anpassungsmöglichkeiten und die Vorkonfektionierbarkeit in zukünftigen Produktversionen verfügbar sein wird [17]. Vor diesem Hintergrund kann die Adaptierbarkeit von Portalsystemen weiterhin als vollständig gegeben (++) angesehen werden.

Deutliche Diskrepanzen ergaben sich in der anforderungsorientierten Bewertung der Data-Warehouse- und Data-Mining-Technologien aus theoretischer und praktischer Perspektive. Betrachtet man diese in der Praxis

---

17 Diese Entwicklung ist insbesondere deshalb zu erwarten, weil Großkunden wie Siemens durch die von ihnen gestellten Anforderungen Einfluß auf die Produktentwicklung haben.

		Adaption	Integration	Koordination
Expertensysteme	I	+	0	0
	R	+	0	0
Führungsinforma-tionssysteme	I	+ +	+ +	+
	R	+ +	+ +	+
Entscheidungsunter-stützungssysteme	I	+	+	0
	R	+	+	0
Portalsysteme	I	+ +	+ +	+
	R	+	+ +	+
Data Warehouse	I	0	+ + +	+ +
	R	+	0	0
Data Mining	I	+ +	0	+ + +
	R	+	0	0
Elektronische Archivierung	I	+	+	0
	R	+	+	0
Dokumentenmana-gementsysteme	I	+ +	+ +	+ +
	R	+ +	+ +	+ +
Diskussionsforen	I	+ + +	+ +	+ + +
	R	+ +	+ +	+ + +
Pull- und Push-Technologien	I	+ + +	+	+
	R	+ + +	+	+
Groupware-Systeme	I	+ +	+ +	+ + +
	R	+ +	+ +	+ + +
Workflow-Manage-mentsysteme	I	+	+ +	+
	R	+ +	+ +	+ +

Tab. 4-32 Vergleichende Betrachtung von Idealprofil (I) und Realprofil (R) der Informationsversorgungsinstrumente

des Siemens-Konzerns, dann lassen sich die unterschiedlichen Ergebnisse erklären:

- Data Warehouse Systeme werden von Siemens zur Zeit überwiegend in Einzelfällen und Pilotprojekten eingesetzt.
- Ein geschäftsbereichübergreifender Datenaustausch im Sinne des Data Warehouse-Konzeptes findet nicht statt und wird aufgrund der unterschiedlichen Kunden- und Produktstrukturen auch nicht als notwendig erachtet.

Vor diesem Hintergrund wird deutlich, daß das Data Warehouse-Konzept im Falle des Siemens-Konzerns nicht die Potentiale aufweist, die der idealtypische Fall der Transnationalen Unternehmung voraussetzt. Allein die Etablierung einer Datenstruktur, die über die Geschäftsbereiche hinweg weltweit von Bestand ist, ist aus Aufwand- und Nutzenerwägungen schwer durchführbar. Der Aufbau eines zentralen Data Warehouse, welches die Daten des weltweiten Siemens-Netzwerkes integriert, erscheint somit aus praktischer Sicht als unrealistisch. Betrachtet man – wie Siemens – das Data Mining als Bestandteil des Data Warehouse-Konzeptes, dann ist die analoge Bewertung des Data Mining nur konsequent. Aus theoretischer Sicht bleiben Data Warehouse und Data Mining jedoch wichtige Bestandteile der **idealtypischen** Transnationalen Informationsversorgung: Auch wenn die Implementierung eines Data Warehouse in der Praxis mit großem Aufwand verbunden ist, so bleibt es doch das Instrument, welches die Integration weltweit verteilter Informationssysteme in ein länderübergreifendes Informationsversorgungssystem am stärksten unterstützt. Gerade die Komplexität des Data Warehouse begründet die Relevanz eines Instrumentes wie das des Data Mining: Das Data Mining ist in der Lage, in der Datenbasis Zusammenhänge zu entdecken und durch Kombination zur Koordination der weltweit verteilten Informationsressourcen beizutragen. Die anforderungsorientierte Bewertung dieser Technologien soll für das **idealtypische Instrumentenprofil** daher analog zum theoretisch erarbeiteten Idealprofil erfolgen. Für die praktische Umsetzung hingegen ist das empirische Ergebnis sehr bedeutsam: Bei der Planung und Implementierung eines Data Warehouse ist zu prüfen, wie weit eine Annäherung an das theoretisch Machbare sinnvoll ist, um ein optimales Aufwand-/Nutzen-Verhältnis gewährleisten zu können.

Hinsichtlich der **Diskussionsforen** unterscheidet sich die Bewertung aus theoretischer und praktischer Sicht in der Anforderung der Adaptierbarkeit. Der Unterschied beschränkt sich darauf, daß die Adaptierbarkeit aus theoretischer Perspektive als sehr hoch (+++) eingeschätzt werden kann, während der Erfüllungsgrad aus praktischer Sicht als hoch (++) bezeichnet wurde. Betrachtet man neben dieser Einschätzung das praktische Beispiel Sharenet als Diskussionsplattform des Siemens-Konzerns, dann wird hingegen deutlich, daß die Adaptierbarkeit auch in der Praxis als sehr hoch eingestuft werden kann:

- Sharenet erlaubt die Verwaltung von Rollen und den damit verbundenen Aufgaben und Zugriffsrechten
- Die Einrichtung neuer (Projekt-)Gruppen erfolgt flexibel und schnell.
- Die Diskussionsforen können aufgaben- und landesbezogen angelegt sein.
- Die Integration von Sharenet in ein Portalsystem ermöglicht die personenbezogene Adaption.

Die Adaptierbarkeit von Diskussionsforen wird daher im folgenden als sehr hoch (+++) eingestuft.

Die Bewertung von **Workflow-Managementsystemen** als Instrument der Transnationalen Informationsversorgung weist hinsichtlich der Adaptierbarkeit und der Koordinationsfähigkeit unterschiedliche Ergebnisse auf. Aus theoretischer Sicht wurde die Adaptierbarkeit von WfMS als gering (+) eingeschätzt: Einerseits beschränkt sich die Adaptierbarkeit auf die erste Phase – dem Prozeßdesign –, andererseits sind Mechanismen, die eine flexible Vorgangssteuerung oder Ad-hoc-Workflows unterstützen, in Transnationalen Unternehmungen nur schwer umsetzbar. Aus der empirischen Untersuchung hat sich jedoch ergeben, daß insbesondere der flexiblen Form des Workflow ein großes Potential zur Optimierung durch innovative Ansätze zugerechnet wird. Productive Workflows werden hingegen als unkritisch angesehen und durch statische Systeme abgewickelt. Da die Grenzen zwischen den Informationstechnologien zunehmend verwischen, steht in der Praxis mittlerweile ein großes Repertoire an Groupware-, Portal- und DMS-Produkten zur Verfügung, welche die Umsetzung von Ad-hoc-Workflows unterstützen. Vor diesem Hintergrund ist die Adaptierbarkeit von WfMS durch die zunehmende Unterstützung seitens verschiedener Produkte als vollständig gegeben (++) anzusehen. Auch hinsichtlich der Koordinationsfähigkeit wird das **idealtypische Instrumentenprofil** im folgenden dem Realprofil angeglichen: Moderne WfMS steuern nicht nur den statischen Ablauf eines Workflow, sondern sie unterstützen durch Werkzeuge zur prozeßbegleitenden Kommunikation auch die Koordination stärker als bisher angenommen.

Mit dieser Diskussion von Idealprofil und Realprofil läßt sich das idealtypische Instrumentenprofil der Transnationalen Informationsversorgung formulieren (vgl. Tabelle 4-33). Der sich nun anschließende Abschnitt 4.4.2 beleuchtet dieses Profil in seiner Gesamtheit.

4.4.2 Zusammenfassende Betrachtung – das idealtypische Instrumentenprofil

Tabelle 4-33 zeigt das idealtypische Instrumentenprofil, welches auf Grundlage der theoretisch abgeleiteten Anforderungen einer Transnationalen Unternehmung an die Informationsversorgung sowie den Ergebnissen der empirischen Untersuchung ermittelt wurde. Dabei zeigt sich zunächst, daß jedes der untersuchten Instrumente einen – wenn auch in einzelnen Fällen geringen – Beitrag zur Transnationalen Informationsversorgung leistet. Insgesamt sind die Erfüllungsgrade der Instrumente sehr **heterogen**.

In der Klasse der Systeme der **Anwendungs-Architektur** erfüllen lediglich zwei Instrumente die Anforderungen der Adaptierbarkeit und der Integrationsfähigkeit. Es gibt jedoch kein Instrument, das alle Anforderungen erfüllt oder gar zur Förderung der Transnationalen Informationsversorgung beiträgt. Als Grund hierfür ist anzunehmen, daß der Schwerpunkt der Anwendungssysteme auf der Interaktion mit dem Anwender liegt, wohingegen der Gesamtzusammenhang der weltweiten Informationsversorgung und die Vernetzung und damit Koordination und Integration in den Hintergrund tritt. Dennoch sind die Anwendungssysteme wichtige Instrumente, um den Informationsbedarf der Benutzer zu decken und die Schnittstelle zu ihnen zu optimieren. **Expertensysteme** und **Entscheidungsunterstützungssysteme** haben nur eine geringe Bedeutung für die Transnationale Informationsversorgung, da sie einen minimalen Beitrag leisten. Ihr Einsatz ist in Einzelfällen sinnvoll, genügt jedoch allein wegen ihrer Komplexität nicht den flexiblen und dynamischen Anforderungen der Transnationa-

	Adaption	Integration	Koordination
Expertensysteme	+	0	0
Führungsinformations- systeme	+ +	+ +	+
Entscheidungs- unterstützungssysteme	+	+	0
Portalsysteme	+ +	+ +	+
Data Warehouse	0	+ + +	+ +
Data Mining	+ +	0	+ + +
Elektronische Archivierung	+	+	0
Dokumenten- managementsysteme	+ +	+ +	+ +
Diskussionsforen	+ + +	+ +	+ + +
Pull- und Push- Technologien	+ + +	+	+
Groupware-Systeme	+ +	+ +	+ + +
Workflow-Management- systeme	+ +	+ +	+ +

Tab. 4-33 Das idealtypische Instrumentenprofil der Transnationalen Informationsversorgung

len Informationsversorgung. **Führungsinformationssysteme** sind als Anwendungssysteme hingegen wichtig, denn sie stellen einfach zu bedienende Informationsquellen für Führungskräfte dar und erfüllen die Anforderungen der Adaptierbarkeit und der Integrationsfähigkeit. Darüber hinaus leisten sie einen geringen Beitrag zur Koordination, indem sie eine vergleichbare Informationsbasis gewährleisten. **Portalsysteme** haben einen gleich hohen Stellenwert, jedoch liegt die Stärke hier in der Integration von Informationsquellen in eine Oberfläche, die optimal an die Bedürfnisse des Benutzers angepaßt werden kann.

In der Klasse der **Daten-Architektur** sind das Data Warehouse und das Data Mining hervorzuheben. Sie erfüllen nicht nur die Anforderungen der Transnationalen Informationsversorgung, sondern fördern sie in den Dimensionen Integration bzw. Koordination. Dabei ergänzen sich Data Warehouse und Data Mining: Das Data Warehouse trägt nicht zur Adaption der Transnationalen Informationsversorgung bei. Diese kann jedoch durch das Data Mining geleistet werden. Umgekehrt ist das Data Mining auf die integrierte Datenbasis des Data Warehouse angewiesen, da es selbst keinen Beitrag zur Integration leistet. Die Bedeutung des **Data Warehouse** liegt insbesondere darin, daß es in der Lage ist, die Daten weltweit verteilter Informationsquellen zentral zusammenzuführen und einer dezentralen Verarbeitung zur Verfügung zu stellen. Das **Data Mining** ist eines der Verarbeitungswerkzeuge, welche die Informationen, die im Data Warehouse vorgehalten werden, analysieren. Es zeichnet sich dadurch aus, daß es durch die Kombination der Informationsressourcen neues Wissen generiert. Der gemeinsame Einsatz von Data-Warehouse- und Data-Mining-Technologien stärkt somit die Transnationale Informationsversorgung in den Dimensionen Integration und Koordination. Einen hohen Stellenwert können auch **Dokumentenmanagementsysteme** einnehmen. Sie stellen relativ einfach zu implementierende Instrumente dar, welche die Anforderungen der Transnationalen Informationsversorgung erfüllen. **Elektronische Archivsysteme** sind aus transnationaler Perspektive hingegen eher von untergeordneter Bedeutung: Sie tragen nur minimal zur Adaption und Integration bei und gar nicht zur Koordination. Ihr Einsatz findet vorwiegend dezentral statt und muß den lokalen Bestimmungen genügen, die einen weltweit einheitlichen Einsatz verhindern.

Die Instrumente der **Kommunikations-Architektur** tragen am stärksten zu einer Transnationalen Informationsversorgung bei. Den **Diskussionsforen** kommt eine besondere Bedeutung zu, da sie die Transnationale Informationsversorgung in den Dimensionen der Adaption und Koordination fördern. Diskussionsforen lassen sich flexibel und schnell an neue Informationsbedarfe anpassen und sind Medien der formalen und informalen Kommunikation. Sie unterstützen damit die Koordination gleichermaßen wie die Explikation und den Transfer von Wissen. **Pull- und Push-Technologien** fördern die Transnationale Informationsversorgung in der Dimension der Adaption: Moderne Technologien wie Softwareagenten ermöglichen eine gezielte Informationsversorgung der Benutzer. Ihr Beitrag zur Integration und Koordination ist allerdings gering. **Groupware-Systeme** und **Workflow-Managementsysteme** sind ebenfalls wichtige Bestandteile der Transnationalen Informationsversorgung, denn sie erfüllen alle Anforderungen und stellen wichtige Werkzeuge der Kollaboration und Koordination dar. Hierbei ist insbesondere die Koordinationsfähigkeit der Groupware-Systeme hervorzuheben, welche die Transnationale Informationsversorgung fördern, indem sie speziell auf die Koordination ausgerichtet sind und entsprechende Werkzeuge zur Verfügung stellen.

Das **idealtypische Instrumentenprofil** dokumentiert somit für jedes Instrument den Erfüllungsgrad der Anforderungen an eine Transnationalen Informationsversorgung. Es zeigt damit auch, welchen Stellenwert die einzelnen Instrumente für die Transnationale Informationsversorgung in ihren Dimensionen Adaption, Integration und Koordination haben. Die heterogenen Erfüllungsgrade der Instrumente sind u. a. darauf zurückzuführen, daß sie unterschiedliche Zielsetzungen verfolgen, wie bspw. der Vergleich von

Führungsinformationssystemen und Portalsystemen zeigt (s.o.). Die Instrumente sind daher als **komplementär** anzusehen: Nicht eines der Instrumente kann alle Anforderungen in höchstem Maße erfüllen, sondern nur eine Kombination mehrerer Technologien. In der Praxis wird die Ausgestaltung dieser Kombination von dem Übereinstimmungsgrad der realen Unternehmung mit dem Idealtypus der Transnationalen Unternehmung abhängen.

Aus dem Gesamtbild des idealtypischen Instrumentenprofils lassen sich darüber hinaus weitere Erkenntnisse ableiten. So ist der Erfüllungsgrad der Instrumente der Anwendungs-Architektur insgesamt betrachtet nicht sehr hoch, d.h. ihr Stellenwert ist für die Transnationale Informationsversorgung nicht sehr groß. Wichtiger ist hingegen die Daten-Architektur, da Data Warehouse und Data Mining die Transnationale Informationsversorgung in den Dimensionen der Integration und der Koordination fördern. Am wichtigsten erscheint die Kommunikations-Architektur: Ihre Instrumente stärken die Transnationale Informationsversorgung in den Dimensionen der Adaption und Koordination. Diese Erkenntnis geht konform mit der Bedeutung der Kommunikation und der Koordination im Kontext der transnationalen Netzwerkorganisation.

Eine **Komplementarität** ist nicht nur bei den Instrumenten selbst, sondern auch bei den Instrumentenklassen festzustellen. Die Instrumente der Kommunikations-Architektur tragen nicht zur Förderung der Integration als Dimension der Transnationalen Unternehmung bei – diese wird allein durch die Instrumente der Daten-Architektur erbracht. Die Daten-Architektur leistet hingegen keinen Beitrag zur Förderung der Adaption – diese wird wiederum durch die Kommunikations-Architektur erbracht. Die Anwendungs-Architektur trägt zwar insgesamt nicht zur Stärkung der Transnationalen Informationsversorgung bei, jedoch ergänzt sie die übrigen Architekturen dadurch, daß sie den individuellen und interaktiven Zugang der Mitarbeiter zu den Informationsquellen sicherstellt.

Mit dieser Diskussion ist auch das letzte Konstrukt des Ausgangsbezugsrahmens konkretisiert worden (vgl. Abbildung 4-21). Das folgende Kapitel 5 faßt die Ergebnisse der vorliegenden Untersuchung noch einmal zusammen und stellt einen kurzen Ausblick zur Diskussion.

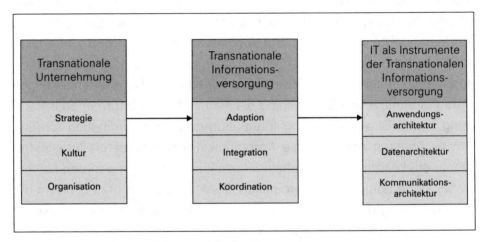

Abb. 4-21 Dritte Konktretisierungsstufe des Bezugsrahmens

5 Zusammenfassung und Ausblick

5.1 Zusammenfassung der zentralen Untersuchungsergebnisse

Als Ausgangspunkt der vorliegenden Untersuchung wurden in der Einführung (Abschnitt 1.1.1) zwei Fragen formuliert:

- Welche Anforderungen stellt eine international tätige Unternehmung an die Informationsversorgung?
- Wie gut erfüllen moderne Informationstechnologien diese Anforderungen?

Um sich der Beantwortung dieser Fragen anzunähern, wurde zunächst die **Problemstellung** genauer bestimmt: Der Einsatz von Informationstechnologien in international tätigen Unternehmungen muß sich an deren Anforderungen an die Informationsversorgung orientieren. Die Anforderungen einer international tätigen Unternehmung leiten sich aus ihrer Strategie, der Kultur und Organisation ab. Sie sind somit über technische Aspekte der Informationstechnologie hinaus zu betrachten. Zur fundierten Ableitung der Anforderungen an die Informationsversorgung bedarf es eines idealtypischen Modells der international tätigen Unternehmung. In den Fokus der vorliegenden Untersuchung wurde das Modell der Transnationalen Unternehmung gestellt, welches vielfältige Ansatzpunkte für die Definition spezifischer Anforderungen bietet.

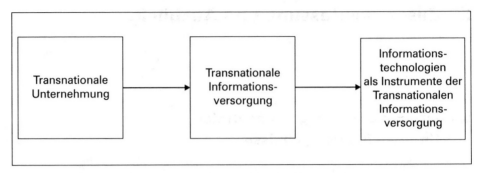

Abb. 5-1   Ausgangsbezugsrahmen der vorliegenden Untersuchung

Ausgehend von der Problemstellung, wurde im nächsten Schritt ein **wissenschaftliches Vorgehen** entwickelt, welches dieser angemessen erschien: Die zentralen Fragen der Problemstellung implizieren die Notwendigkeit, die grundlegenden Begriffe „Transnationale Unternehmung" und „Informationsversorgung" zu konkretisieren und Hypothesen über deren Beziehungen und Abhängigkeiten aufzustellen. Erst diese Konkretisierung ermöglichte es, die Eignung moderner Informationstechnologien für die Informationsversorgung Transnationaler Unternehmungen zu untersuchen. Der Schwerpunkt des Forschungsinteresses ist somit im **Entdeckungszusammenhang** zu sehen. Aus diesem Grunde wurde der Untersuchung eine **empirische Konstruktionsstrategie** zugrundegelegt. Als Instrument der Konstruktionstheorie wurde ein Ausgangsbezugsrahmen konstruiert, der die grundlegenden Elemente des Untersuchungsgegenstandes dokumentiert und systematisiert (vgl. Abbildung 5-1):

– Die Transnationale Unternehmung als idealtypisches Modell einer international tätigen Unternehmung,

– die Transnationale Informationsversorgung sowie

– die Betrachtung von Informationstechnologien als Instrumente der Transnationalen Informationsversorgung.

Ein wesentliches Problem des Untersuchungsgegenstandes war darin zu sehen, daß seine Kernelemente – Transnationale Unternehmung, Informationsversorgung und Informationstechnologien – unterschiedlichen wissenschaftlichen Themenkreisen entstammen und bislang nicht in einem gemeinsamen Kontext thematisiert worden waren. Daher bestand ein Ziel der Untersuchung darin, die unterschiedlichen Partialansätze, die zudem unterschiedlichen Forschungsdisziplinen entstammten, zu einem konsistenten Bild zusammenzuführen. Die Konstruktionsstrategie im Sinne der explorativen Forschung beschränkt sich jedoch nicht auf die theoretische Betrachtung, sondern reichert das theoretisch erarbeitete Wissen mit praktischem **Erfahrungswissen** an. Zu diesem Zweck erfolgte eine systematische Datenerhebung im Rahmen einer **Fallstudie**, deren Ergebnisse einen wesentlichen Beitrag zur Konkretisierung des Ausgangsbezugsrahmen leisteten. Der Verlauf der Untersuchung orientierte sich am Aufbau des Ausgangsbezugsrahmens, so daß eine schrittweise Konkretisierung erfolgte.

Der erste Schritt bestand in der **Konkretisierung des Idealtypus der Transnationalen Unternehmung**. In der Literatur ist bislang kein einheitliches und vollständiges Bild der Transnationalen Unternehmung festzustellen. Sie basiert vielmehr auf einzelnen Partialansätzen, welche Teilaspekte dieses idealtypischen Unternehmungsmodells thematisieren. Den Partialansätzen ist gemein, daß die Transnationale Unternehmung als diejenige Form einer international tätigen Unternehmung gilt, die eine weitestgehende Ausschöpfung internationaler Wettbewerbsvorteile ermöglicht. Daher erschien es zweckmäßig, zunächst die Entwicklung unterschiedlicher Ansätze des Internationalen Management zu untersuchen (Abschnitt 2.1.1.1) und daran anschließend die Transnationale Unternehmung in ihren einzelnen Dimensionen Strategie, Kultur und Organisation zu konkretisieren (Abschnitt 2.1.2). Hieraus ergaben sich folgende Merkmale, welche das idealtypische Modell einer Transnationalen Unternehmung bestimmen (vgl. Abbildung 5-2):

Die **Strategie** Transnationaler Unternehmungen ist durch zwei Dimensionen geprägt: Die individuelle Dimension der Strategie impliziert, daß für alle Teilbereiche der Unternehmung individuelle Strategien festgelegt werden, welche den Grad an Zentralisierung und Differenzierung bestimmen. Durch die holistische Dimension der Strategie wird sichergestellt, daß trotz individueller Strategien die Effizienz der Gesamtunternehmung bei jeder Entscheidung berücksichtigt wird. Erst die Kombination beider Dimensionen gewährleistet, daß das Ziel der Transnationalen Unternehmung, alle potentiellen Wettbewerbsvorteile der Internationalisierung gleichzeitig zu realisieren, erreicht werden kann.

Die **Kultur** der Transnationalen Unternehmung ist auf zwei Ebenen zu betrachten: Die Vielfalt der Landeskulturen der Transnationalen Unternehmung repräsentiert die pluralistische Ebene der Kultur. Sie ist eine wichtige Quelle für die individuelle Bearbeitung lokaler Märkte und damit die Realisierung von Differenzierungsvorteilen. Die universelle Ebene der Kultur stellt hingegen sicher, daß die Mitarbeiter trotz landeskulturell unterschiedlicher Hintergründe in eine gemeinsame Unternehmungskultur integriert werden bzw. daß sich eine gemeinsame Kultur entwickeln kann. Die Transnationale Unternehmung nutzt damit beide Ebenen der Kultur be-

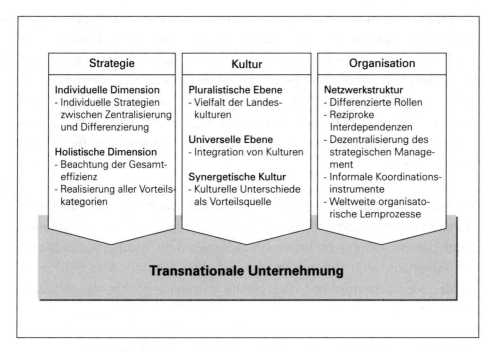

Abb. 5-2   Merkmale des Konstruktes „Transnationale Unternehmung"

wußt als Quelle von Wettbewerbsvorteilen, so daß von einer synergetischen Unternehmungskultur gesprochen werden kann.

Die **Organisation** der Transnationalen Unternehmung ist eine Netzwerkstruktur. In einem transnationalen Netzwerk nehmen die Teilbereiche der
Unternehmung als Netzwerkknoten differenzierte Rollen wahr. Zwischen
den Netzwerkknoten bestehen reziproke Interdependenzen durch materielle und immaterielle Ressourcentransfers, die durch die weltweite Konfiguration der Wertschöpfungsprozesse impliziert werden. Die Konfigurati-

on von Aktivitäten umfaßt auch das strategische Management: Die Aufgabe des strategischen Management wird dezentralisiert und von denjenigen Netzwerkknoten wahrgenommen, die am besten dafür geeignet sind. Durch diese Entwicklungen gewinnen informale Koordinationsinstrumente für die Steuerung der Transnationalen Unternehmung an Bedeutung. Das transnationale Netzwerk induziert darüber hinaus weltweite organisatorische Lernprozesse und setzt das vorhandene Know-how bewußt als Ressource ein.

Nach dieser theoretischen Untersuchung der Transnationalen Unternehmung wurde die **Siemens AG** als Fallbeispiel aus der Praxis vorgestellt. Durch die Darstellung der Parallelen zwischen dem idealtypischen Modell der Transnationalen Unternehmung und dem Siemens-Konzern konnte dieser als ein angemessenes Beispiel für das weitere Vorgehen eingestuft werden.

Mit der Konkretisierung der Transnationalen Unternehmung in Kapitel 2 wurde die Grundlage für den nächsten Schritt der Untersuchung geschaffen. In Kapitel 3 wurde zunächst eine Bestimmung der informationellen Begriffe sowie eine Einordnung der **Informationsversorgung** in einen betriebswirtschaftlichen Kontext vorgenommen. Ausgehend von dieser allgemeingültigen Auffassung der Informationsversorgung wurde danach die im Kontext dieser Untersuchung relevante Transnationale Informationsversorgung konkretisiert. Dazu wurden in Abschnitt 3.2 auf Basis der erarbeiteten Dimensionen Transnationaler Unternehmungen und in Abschnitt 3.3 auf Grundlage der empirisch erhobenen Daten die Anforderungen an die Informationsversorgung deduziert. Die theoretische und praktische Perspektive wurden im Anschluß (Abschnitt 3.4) systematisiert und kategorisiert. Aus dieser gedanklichen Faktorenanalyse ergaben sich die drei Anforderungskategorien:

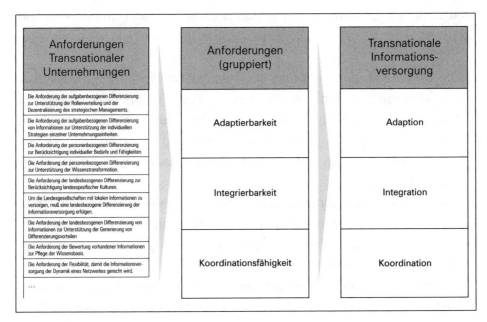

Abb. 5-3   Reinterpretation von Anforderungen als Dimensionen der Transnationalen Informationsversorgung

- Adaptierbarkeit
- Integrierbarkeit
- Koordinationsfähigkeit

Diese Gruppen fassen die Anforderungen zusammen, die sich in einer
Transnationalen Unternehmung an die Informationsversorgung stellen.
Durch die Reinterpretation der Anforderungsgruppen als Merkmale einer
Transnationalen Informationsversorgung (vgl. Abbildung 5-3) konnte die

Transnationale Unternehmung in drei grundlegenden Dimensionen konkretisiert werden:

- Die Dimension der **Adaption** der Transnationalen Informationsversorgung impliziert, daß diese die lokalen, kulturellen und individuellen Erfordernisse und die Dynamik der Netzwerkorganisation berücksichtigt. Der Adaptionsgrad der Informationsversorgung ist um so höher, je besser die Informationsversorgung an die transnationalen Erfordernisse angepaßt werden kann.
- Die **Integration** als Dimension der Transnationalen Informationsversorgung ist das Zusammenfügen der global verteilten Informationssysteme in ein übergreifendes Informationsversorgungssystem, welches weltweit allen Unternehmungseinheiten zur Verfügung steht. Je mehr Informationssysteme integriert werden und je weiter das Informationssystem geographisch verfügbar ist, desto höher ist der Integrationsgrad der Informationsversorgung.
- Die Dimension der **Koordination** der Transnationalen Unternehmung umfaßt die Fähigkeit, die „gegenseitige Abstimmung" von Systemen in der Transnationalen Unternehmung zu unterstützen. Diese Systeme können sowohl Unternehmungseinheiten und Individuen als auch Informationssysteme sein, die miteinander kombiniert werden. Je besser die Zusammenarbeit bzw. Kombination von Unternehmungseinheiten und Systemen unterstützt wird, desto höher ist der Koordinationsgrad der Informationsversorgung.

Durch die systematische und empirische Ableitung der Anforderungen Transnationaler Unternehmungen an die Informationsversorgung konnte im nächsten Schritt die Untersuchung von **modernen Informationstechnologien** hinsichtlich ihrer **Eignung als Instrumente** vorgenommen werden. In Kapitel 4 wurde zunächst eine geeignete Klassifizierung der zu betrachtenden Instrumente auf Basis der Informationssystem-Architektur nach Krcmar (1990) erarbeitet. Demnach wurde eine Auswahl moderner Informationstechnologien in Instrumente der

– Anwendungs-Architektur,
– der Daten-Architektur und
– der Kommunikations-Architektur

eingeteilt. Die Informationstechnologien wurden zunächst allgemein dargestellt und anschließend aus theoretischer Perspektive den erarbeiteten Anforderungen gegenübergestellt. Aus dieser Bewertung im Kontext der Anforderungen einer Transnationalen Unternehmung konnte ein Idealprofil abgeleitet werden, welches die Eignung der einzelnen Instrumente repräsentierte. Analog zu diesem Vorgehen wurde die Eignung der Informationstechnologien aus praktischer Perspektive im Rahmen von Expertengesprächen erhoben und als Realprofil festgehalten. Diese Sichtweise wurde vertieft durch die Betrachtung von drei Instrumenten aus der Praxis der Siemens AG:

– Das **Mitarbeiterportal** der Siemens AG – als Beispiel eines Informationssystems der Anwendungs-Architektur – bietet den Mitarbeitern einen weltweit standardisierten und gleichwohl individuell adaptierbaren Zugang zum weltweiten Informationsversorgungssystem.
– Das **Livelink** Dokumentenmanagementsystem – als Beispiel aus der Daten-Architektur – dient dem weltweiten Austausch von und Zugriff auf identische Informationen.
– Das **Sharenet** – als Beispiel eines Forensystems im Rahmen der Kommunikations-Architektur – ist Grundlage weltweiter formaler und informaler Kommunikation und fördert den Austausch von Informationen und Wissen.

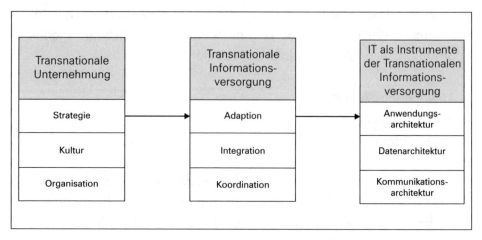

Abb. 5-4   Der konkretisierte Bezugsrahmen der Untersuchung

In Abschnitt 4.4 wurden Ideal- und Realprofil in einer vergleichenden Diskussion gegenübergestellt, so daß ein zusammenfassendes, idealtypisches Instrumentenprofil der Transnationalen Informationsversorgung abgeleitet werden konnte, welches auf theoretischen und praktischen Erkenntnissen basiert (vgl. Tabelle 5-1).

Mit dem dargestellten Vorgehen konnten der Ausgangsbezugsrahmen der Untersuchung konkretisiert (vgl. Abbildung 5-4) und ihre Ziele erreicht werden. Das erste theoretische Teilziel bestand darin, die zentralen Begriffe – Transnationale Unternehmung und Informationsversorgung – einer theoretischen Fundierung zu unterziehen. Dieses Ziel wurde mit der Konkretisierung der ersten beiden Konstrukte des Ausgangsbezugsrahmens erreicht. Mit der Konkretisierung der Transnationalen Informationsversor-

	Adaption	Integration	Koordination
Expertensysteme	+	0	0
Führungsinformations-systeme	+ +	+ +	+
Entscheidungs-unterstützungssysteme	+	+	0
Portalsysteme	+ +	+ +	+
Data Warehouse	0	+ + +	+ +
Data Mining	+ +	0	+ + +
Elektronische Archivierung	+	+	0
Dokumenten-managementsysteme	+ +	+ +	+ +
Diskussionsforen	+ + +	+ +	+ + +
Pull- und Push-Technologien	+ + +	+	+
Groupware-Systeme	+ +	+ +	+ + +
Workflow-Management-systeme	+ +	+ +	+ +

Tab. 5-1   Das idealtypische Instrumentenprofil der Transnationalen Informationsversorgung

gung wurde auch das zweite theoretische Teilziel – die Ermittlung der Anforderungen der Transnationalen Unternehmung an die Informationsversorgung – ermöglicht. Mit der anforderungsorientierten Bewertung moderner Informationstechnologien hinsichtlich ihrer Eignung für eine Transnationale Unternehmung konnte ein idealtypisches Portfolio von Informa-

tionsversorgungsinstrumenten erarbeitet werden, welches für die praktische Anwendung von Bedeutung ist. Zwar lassen sich die Anforderungen der idealtypischen Transnationalen Unternehmung nicht auf jede Unternehmung übertragen, jedoch ermöglicht die detaillierte Darstellung des systematischen Vorgehens eine Auswahl bzw. Anpassung der Erkenntnisse im Rahmen der praktischen Umsetzung. Neben dieser allgemeinen praktischen Relevanz der Untersuchung gibt sie außerdem Aufschluß über die idealtypische Gestaltung der Informationsversorgung zur Umsetzung transnationaler Unternehmungsstrategien. Das pragmatische Teilziel der Untersuchung konnte somit ebenfalls erreicht werden.

5.2 Implikationen für die weitere Forschung

Aus forschungstheoretischer Sicht ist der Beitrag des in der vorliegenden Untersuchung entwickelten Bezugsrahmens darin zu sehen, daß er die Merkmale der Transnationalen Unternehmung systematisiert und dokumentiert und aus diesen eine Transnationale Informationsversorgung deduziert. Er integriert darüber hinaus diese bislang nur unzureichend im Zusammenhang betrachteten Begriff und stellt ihre Beziehungen zueinander dar.

Die zugrundegelegte bezugsrahmengestüte Konstruktionsstrategie der empirischen Forschung widmet sich damit dem Entdeckungszusammenhang, d.h. sie dient der grundlegenden Begriffsbestimmung und der Aufstellung und Systematisierung von Vermutungen und Arbeitshypothesen. Vor diesem Hintergrund sind die Ergebnisse der vorliegenden Untersuchung als vorläufige Hypothese anzusehen. Die empirische Überprüfung der allgemeinen Gültigkeit der formulierten Hypothesen ist Gegenstand des Begründungszusammenhangs und bleibt damit anderen Untersuchungen vorbehalten.

Auf der Grundlage des erarbeiteten Bezugsrahmens bieten sich somit Ansätze für weiterführende empirische Untersuchungen: Die im ersten Kapitel deduzierten Dimensionen der Transnationalen Unternehmung wurden in der empirischen Forschung noch immer nicht in zufriedenstellendem Maße einer Überprüfung in der Praxis unterzogen. Die Integration der verschiedenen Partialansätze in dieser Untersuchung bietet eine Ausgangsbasis zur Überprüfung und Verfeinerung des idealtypischen Modells der Transnationalen Unternehmung in der Realität.

Die Ergebnisse der vorliegenden Untersuchung hinsichtlich der Anforderungen der Transnationalen Unternehmung an die Informationsversorgung stellen ein weiteres Feld zukünftiger Forschungsarbeiten dar. Zum einen bietet sich die empirische Überprüfung der formulierten Anforderungen in der Praxis durch Feldversuche an. Zum anderen könnte die gezielte und vertiefende Untersuchung einzelner Anforderungen und Anforderungsgruppen zu einer Verfeinerung der vorliegenden Ergebnisse führen. Auch im Zusammenhang mit den in Kapitel 4 erarbeiteten Ergebnissen lassen sich weitere Forschungsfragen hinsichtlich der Interdependenzen einzelner Anforderungen und Instrumente formulieren.

Das Konstrukt der Transnationalen Informationsversorgung bietet ein bislang nahezu unbeleuchtetes Forschungsfeld. Mit dem vorliegenden Bezugsrahmen steht eine Grundlage zur Verfügung, das Vorhandensein und die Ausgestaltung einer spezifischen Informationsversorgung in Transnationalen Unternehmungen näher zu untersuchen. So dürften nicht nur die Ausgestaltung der Transnationalen Informationsversorgung im Kontext der hier beschriebenen Anforderungen ein interessantes Forschungsfeld aufspannen, sondern auch die Umkehrung der Perspektive: Zu untersuchen sind die Auswirkungen der Informationsversorgung auf die Dimensionen der Transnationalen Unternehmung selbst. Hier sind im Sinne der „Enabler"-Funktion moderner Informationstechnologien Innovationen in der Strategie, der Kultur und der Organisation der Transnationalen Unternehmung zu erwarten.

Mit der vorliegenden Untersuchung wurde ein Beitrag zum Entdeckungszusammenhang hinsichtlich des Forschungsgegenstandes „Transnationale Informationsversorgung" geleistet. Eine forschungstheoretische Weiterentwicklung und die empirische Untersuchung im Hinblick auf den Begründungs- und Verwendungszusammenhang dieses Forschungsfeldes verspricht wichtige theoretische und praktische Erkenntnisse: Sowohl das Konzept der Transnationalen Unternehmung als auch der Bedeutungszuwachs moderner Informationstechnologien sind wichtige Aspekte einer globalisierten Weltwirtschaft.

Anhang

Fragebogen zur empirischen Untersuchung

1 Allgemeine Unternehmensinformationen

1.1 Bitte schildern Sie zunächst einige grundlegende Informationen zu Ihrem Unternehmen.
- Mitarbeiterzahl
- Umsatz
- Geschäftsfelder
- Internationales Engagement

1.2 Bitte beschreiben Sie kurz die Funktion Ihrer Abteilung sowie Ihrer Person.

1.3 Wie grenzt sich Ihre Abteilung von anderen Abteilungen (z. B. EDV-Abteilung und Controlling) ab?

2 Charakterisierung des Unternehmungsmodells

2.1 Besteht eine für die gesamte Unternehmung verbindliche Geschäftsstrategie? Wie läßt sich diese charakterisieren?

2.2 Besteht eine Konzentration auf bestimmte Wettbewerbsvorteile? Die-
ses können folgende Beispiele sein:
   – Differenzierungsvorteil
   – Skaleneffekte
   – Synergieeffekte
   – Verbundvorteile

2.3 Inwieweit verfügen Niederlassungen über strategische Eigenständigkeit?

2.4 Gibt es eine unternehmungsweite Kultur und wie wird diese gepflegt?

2.5 In welchem Verhältnis stehen lokal-kulturelle Besonderheiten zur Gesamtkultur?

2.6 Gibt es ein unternehmungsweites Organisationsmodell? Wie ist dieses zu charakterisieren?

2.7 Welche Parallelen gibt es zu einem Netzwerk?

2.8 Bestehen wechselseitige Interdependenzen (Zusammenarbeit der Niederlassungen)?

2.9 Gibt es eine Rollenverteilung im Sinn einer strategischen Dezentralisierung?

2.10 Welche Bedeutung haben informale Koordinationsmechanismen?

2.11 Welche Bedeutung haben Informationen bzw. Wissen für die Zusammenarbeit der Niederlassungen?

3 Anforderungen an die Informationsversorgung

3.1   Welche Anforderungen leiten Sie aus den oben genannten Aspekten an
      die Informationsversorgung ab?

3.1.1 Anforderungen hinsichtlich der Strategie

3.1.2 Anforderungen hinsichtlich der Kultur

3.1.3 Anforderungen hinsichtlich der Organisation

3.2 Werden diese Anforderungen explizit wahrgenommen und berücksichtigt?

4 Instrumente der Informationsversorgung

4.1   Welche Instrumente werden zur Informationsversorgung auf horizontaler Ebene angewandt bzw. sind in Planung?

4.2   In welchem geographischen Umfang findet der Einsatz statt?

4.3   Wie findet die Planung bzw. Auswahl der Instrumente statt? Werden dabei die oben genannten Anforderungen gezielt berücksichtigt?

4.4 Gibt es Fälle, die einen konkreten Nutzen dokumentieren?

5 Beurteilung von Instrumenten aus Praxissicht

Bitte beurteilen Sie die Instrumente hinsichtlich der folgenden Kriterien:

- Wird das Instrument der Anforderung der **Anpassung** gerecht? D.h. läßt sich das Instrument an lokale Besonderheiten, an Personen oder Aufgaben anpassen?
- Wird das Instrument der Anforderung der **Integration** gerecht? D.h. wird durch dieses Instrument die Integration der internationalen Niederlassungen, Mitarbeiter und Daten in ein weltweites Informationssystem unterstützt?
- Wird das Instrument der Anforderung der **Koordination** gerecht? D.h. unterstützt das Instrument die Zusammenarbeit von Mitarbeitern, die unter Umständen weltweit verstreut sind?
- Ist dieses Instrument in der Praxis für Ihr Unternehmen geeignet?

Damit ein einheitliches Verständnis der Instrumente zugrunde liegt, werden diese eingangs kurz erläutert. Außerdem sollte kurz erläutert werden, in welchem Maße die Instrumente bereits eingesetzt werden.

5.1   Instrumente der Anwendungs-Architektur

5.1.1 Expertensysteme

– Expertensysteme sind Softwaresysteme, die Lösungen für Probleme aus einem begrenzten Fachgebiet liefern.

– Bestandteile eines Expertensystems sind die Wissensbasis und die Problemlösungskomponente

– Die Wissensbasis dient der Integration von Expertenwissen. Dialogabfragen und Regeln ermöglichen die Nutzung des Expertensystems

– Beispiele: Diagnosesysteme, Beratungssysteme, Konfigurationssysteme

– Einsatz

– Anpassung

– Integration

– Koordination

– Eignung für Ihr Unternehmen

5.1.2 Führungsinformationssysteme/Executive Information Systems (EIS)
- Ein Executive Informations System ist ein einfach bedienbares Abfrage- und Berichtssystem für Führungskräfte.
- Es generiert standardisierte Kennzahlen aus operativen Systemen
- Es stellt einfache betriebswirtschaftliche und statistische Analysefunktionen zur Verfügung (z.B. Trendanalysen, Soll-Ist-Vergleiche)

- Einsatz

- Anpassung

- Integration

- Koordination

- Eignung für Ihr Unternehmen

5.1.3 Entscheidungsunterstützungssysteme/ Decision Support Systems
(DSS)

- Decision Support Systems sind Planungs- und Informationssystem für schlecht strukturierbare Probleme. Es unterstützt die Entscheidungs-vorbereitung durch Verdichtung entscheidungsrelevanter Informatio-nen und eine geeignete Darstellung (z.B. in Tabellen oder Grafiken).
- Es ermöglicht die Durchführung von Alternativrechnungen und Simula-tionen sowie die Berücksichtigung von Modellvarianten und -änderun-gen.

- Einsatz

- Anpassung

- Integration

- Koordination

- Eignung für Ihr Unternehmen

5.1.4 Portalsysteme
- Ein Portalsystem stellt dem Benutzer eine Website zur Verfügung, die als Einstiegsseite ins Internet bzw. Intranet dient.
- Diese Seite integriert Informationsquellen und Anwendungen.
- Sie ist anpaßbar durch den Benutzer

- Einsatz

- Anpassung

- Integration

- Koordination

- Eignung für Ihr Unternehmen

5.2   Instrumente der Daten-Architektur

5.2.1 Data Warehouse

- Ein Data Warehouse ist ein Datenbanksystem, das basierend auf einem definierten Datenmodell und nach festen Regeln Daten aus operativen Systemen extrahiert und zentral ablegt.
- Typische Ziele eines Data Warehouse sind: Integration heterogener IT-Landschaften, komplexe Datenanalysen getrennt von operativen Systemen, Erhöhung der Zugriffszeiten sowie Vereinheitlichung und Verdichtung von Daten.

- Einsatz

- Anpassung

- Integration

- Koordination

- Eignung für Ihr Unternehmen

5.2.2 Data Mining

- Data Mining erlaubt die Selektion mehrerer Dimensionen innerhalb der Datenbasis – i.d.R. im Data Warehouse – (z.B. Alter, Geschlecht, Ausbildung, Einkommen, Kauferverhalten).
- In dieser Selektion erfolgt die (automatische) Suche nach empirischen Zusammenhängen mit dem Ziel der Generierung von Hypothesen über die Planungsobjekte.

- Einsatz

- Anpassung

- Integration

- Koordination

- Eignung für Ihr Unternehmen

5.2.3 Elektronische Archivierung

- Ein Archiv dient der endgültigen, elektronischen Ablage von Dokumenten nach Bearbeitung, d.h. am Ende des Lebenszyklus eines Dokumentes.

- Einsatz

- Anpassung

- Integration

- Koordination

- Eignung für Ihr Unternehmen

5.2.4 Dokumentenmanagementsystem (DMS)

– Ein Dokumentenmanagementsystem unterstützt die Dokumentener-stellung und -verarbeitung während des gesamten Lebenszyklus eines Dokumentes.

– Es ermöglicht die automatische, papierlose Weiterleitung von Doku-menten an Empfänger (Postkorbfunktion).

– Es integriert Dokumentenmanagement und Archiv in eine Arbeitsum-gebung.

– Einsatz

– Anpassung

– Integration

– Koordination

– Eignung für Ihr Unternehmen

5.3   Instrumente der Kommunikations-Architektur

5.3.1 Diskussionsforen
- Diskussionsforen ermöglichen einen themenbezogenen Erfahrungs- und Meinungsaustausch.

- Einsatz

- Anpassung

- Integration

- Koordination

- Eignung für Ihr Unternehmen

5.3.2 Pull- und Push-Technologien

- Klassische Beispiele: Push = elektronische Newsletter, Pull = Informationsrecherche im Internet
- Bei Agenten bzw. Push-Strategien handelt es sich um moderne, z.T. selbständig arbeitende Technologien, die eine automatisierte Informationsversorgung nach individuellen Präferenzen ermöglicht.
- Beispiel: Festlegung eines Informationsprofils für bzw. durch einen Mitarbeiter und automatische Versorgung mit relevanten Daten.

- Einsatz

- Anpassung

- Integration

- Koordination

- Eignung für Ihr Unternehmen

5.3.3 Groupware-Systeme
- Groupware-Systeme beinhalten Informations- und Kommunikationstechnologien zur Unterstützung von Teamarbeit.
- Hierzu gehören gemeinsame Informationsräume/Diskussionsforen, Gruppenterminkalender und Kommunikationswerkzeuge.
- Groupware-Systeme können elektronische Sitzungen (Videokonferenz) oder die gemeinsamen Bearbeitung von Dokumenten unterstützen.

- Einsatz

- Anpassung

- Integration

- Koordination

- Eignung für Ihr Unternehmen

5.3.4 Workflow-Managementsystem

– Workflow-Managmentsysteme sind Softwaresysteme zur Unterstützung der Ablaufsteuerung von Arbeitsprozessen.
– Sie dienen damit der konsistenten Vorgangsbearbeitung, ermöglichen
kurze Durchlaufzeiten und die Transparenz von Prozessen.
– Bestandteile eines Workflow-Managementsystems sind die Modellierung, die Workflow-Engine und die Applikationskomponenten.

– Einsatz

– Anpassung

– Integration

– Koordination

– Eignung für Ihr Unternehmen

Literaturverzeichnis

ADELSON, A./JOYCE, W.: Siemens Achieves Efficiency with Livelink and SAP R/3 Integration. An IDC Case Study. Framingham 2002

AHARONI, Y.: The Foreign Direct Investment Decision Process. Boston 1966

AHITUV, N./NEUMANN, S.: Controlling the Information System Function. In: Journal of Systems Management, 33. Jg. 1982, Heft-Nr. 9, S. 10-15

AL-LAHAM, A.: Strategieprozesse in deutschen Unternehmungen. Verlauf, Struktur und Effizienz. Wiesbaden 1997

ALAVI, M./YOUNG, G.: Information Technology in an International Enterprise. An Organizing Framework. In: The global issues of information technology management, hrsg. v. Palvia, S./Palvia, P./Zigli, R. M., Harrisburg 1992, S. 495-517

ALBERT, H.: Marktsoziologie und Entscheidungslogik. Neuwied 1967

ALBERT, H. (HRSG): Theorie und Realität. Ausgewählte Aufsätze zur Wissenschaftslehre der Sozialwissenschaften. 2. Auflage, Tübingen 1972a

ALBERT, H.: Theorien in den Sozialwissenschaften. In: Theorie und Realität, hrsg. v. Albert, H., 2. Auflage, Tübingen 1972b, S. 3-25

ALBRECHT, F.: Strategisches Management der Unternehmensressource Wissen. Frankfurt am Main 1993

AMELINGMEYER, J.: Wissensmanagement. Analyse und Gestaltung der Wissensbasis von Unternehmen. 2. Auflage, Wiesbaden 2002

AMSHOFF, B.: Controlling in deutschen Unternehmungen: Realtypen, Kontext und Effizienz. 2. Auflage, Wiesbaden 1993

AMSHOFF, B.: Controlling in multinationalen Unternehmungen. Arbeitsbericht Nr. 23 des Lehrstuhls für Unternehmensführung der Universität Dortmund. Dortmund 1997

ANTONI, C. H./SOMMERLATTE, T. (HRSG): Report Wissensmanagement. Wie deutsche Firmen ihr Wissen profitabel machen. 2. Auflage, Düsseldorf 1999

AUGUSTIN, S.: Information als Wettbewerbsfaktor. Informationslogistik – Herausforderung an das Management. Köln 1990

BAKER, W.E.: The Network Organization in Theory and Practice. In: Networks and organizations: structure, form, and action, hrsg. v. Nohria, N./ Eccles, R.G., Boston 1995, S. 397-429

BAMBERGER, I./WRONA, T.: Der Ressourcenansatz im Rahmen des Strategischen Managements. In: Wirtschaftswissenschaftliches Studium, 25. Jg. 1996, Heft-Nr. 8, S. 386-391

BANKER, R.D./KAUFFMAN, R.J./MAHMOOD, M.A. (HRSG): Strategic Information Technology Management: Perspectives on Organizational Growth and Competitive Advantage. Harrisburg 1993

BARNEY, J.B.: Strategic Factor Markets. Expectations, Luck and Business Strategies. In: Management Science, 32. Jg. 1986, Heft-Nr. 10, S. 1231-1241

BARTLETT, C.A.: Aufbau und Management der transnationalen Unternehmung: Die neue organisatorische Herausforderung. In: Globaler Wettbewerb. Strategien der neuen Internationalisierung, hrsg. v. Porter, M.E., Wiesbaden 1989, S. 425-464

BARTLETT, C.A./GHOSHAL, S.: Arbeitsteilung bei der Globalisierung. In: Harvard Manager, 5. Jg. 1987, Heft-Nr. 2, S. 49-59

BARTLETT, C.A./GHOSHAL, S.: Internationale Unternehmensführung. Innovation, globale Effizienz, differenziertes Marketing. Frankfurt am Main 1990

BARTLETT, C.A./GHOSHAL, S. (HRSG): Transnational Management. Text, Cases, and Readings in Cross-Border Management. Homewood 1992

BARTLETT, C.A./DOZ, Y.L./HEDLUND, G. (HRSG): Managing the Global Firm. London-New York 1990

BAUER, H.: Unternehmensportale. Geschäftsmodelle, Design, Technologien. Bonn 2001

BÄURLE, I.: Internationalisierung als Prozessphänomen. Konzepte – Besonderheiten – Handhabung. Wiesbaden 1996

BECK, M./RALL, M.: Das betriebliche Informationssystem für unternehmerische Auslandsaktivitäten. In: Handbuch der Internationalen Unternehmenstätigkeit, hrsg. v. Kumar, B. N./Haussmann, H., München 1992, S. 326-340

BECKER, L./EHRHARDT, J. (HRSG): Business Netzwerke. Wie die Globale Informations-Infrastruktur neue Märkte erschließt. Stuttgart 1996

BECKERMANN, W.: Distance and the Pattern of Intra-European Trade. In: Review of Economics and Statistics., 38. Jg. 1956, S. 31-40

BENDT, A.: Wissenstransfer in multinationalen Unternehmen. Wiesbaden 2000

BERG, N./HOLTBRÜGGE, D.: Wettbewerbsfähigkeit von Nationen. Der „Diamant"-Ansatz von Porter. In: Wirtschaftswissenschaftliches Studium, 1997, Heft-Nr. 4, S. 199-201

BERTHEL, J.: Betriebliche Informationssysteme. Stuttgart 1975

BIETHAHN, J./HUCH, B.: Informationssysteme für das Controlling. Konzepte, Methoden und Instrumente zur Gestaltung von Controlling-Informationssystemen. Berlin 1994

BISSANTZ, N./HAGEDORN, J./MERTENS, P.: Data Mining. In: Das Data Warehouse-Konzept. Architektur – Datenmodelle – Anwendungen, hrsg. v. Mucksch, H./Behme, W., 4. Auflage, Wiesbaden 2000, S. 377-407

BISSANTZ, N./MERTENS, P.: Bislang unbekanntes Wissen finden. In: Client/Server Magazin, 1997, Heft-Nr. 3-4, S. 14-18

BÖTTCHER, R./WELGE, M.K.: Strategic information diagnosis in the global organization. In: Management International Review, 34. Jg. 1994, Heft-Nr. 1, S. 7-24

BOUDREAU, M.-C./LOCH, K.D./ROBEY, D./STRAUD, D.: Going Global: Using Information Technology to Advance the Competitiveness of the Virtual Transnational Organization. In: Academy of Management Executive, 12. Jg. 1998, Heft-Nr. 4, S. 120-128

BRENNER, W.: Konzepte des Informationssystem-Managements. Heidelberg 1994

BRÜCHER, H.: Dynamisches, agentenbasiertes Benutzerpotential im Wissensmanagement. Wiesbaden 2001

BUCKLEY, P.J./CASSON, M.: The Future of the Multinational Enterprise. New York 1976

BUCKLEY, P.J.: A Critical View of Theories of Multinational Enterprise. London 1985

BULLINGER, H.-J. (HRSG): Effizientes Informationsmanagement in dezentralen Organisationsstrukturen. Berlin 1999

BULLINGER, H.-J./BAUMANN, T./FRÖSCHLE, N./MACK, O./TRUNZER, T./WALTERT, J.: Business communities. Bonn 2002

BULLINGER, H.-J./ILG, R./ZINSER, S.: Turbulente Zeiten erfordern kreative Köpfe – Neue Impulse für das Management von Unternehmen. In: Organisationsstrukturen und Informationssysteme auf dem Prüfstand. 18. Saarbrücker Arbeitstagung 1997 für Industrie, Dienstleistung und Verwaltung, hrsg. v. Scheer, A.-W., Heidelberg 1997, S. 33-50

CARBON, M.: Folgen der Dezentralisierung – Anforderungen an das Informationsmanagement. In: Effizientes Informationsmanagement in dezentralen Organisationsstrukturen, hrsg. v. Bullinger, H.-J., Berlin 1999, S. 43-71

CAVES, R.: Industrial Economics of Foreign Investment. The Case of the International Corporation. In: Journal of World Trade Law, 1971, S. 303-314

CHMIELEWICZ, K.: Forschungskonzeptionen der Wirtschaftswissenschaften. 2. Auflage, 1979

COASE, R. H.: The Nature of the Firm. In: Economica, 4. Jg. 1937, November, S. 386-405

COLLIS, D.: A Resource-Based Analysis of Global Competition: The Case of Bearnings Industry. In: Strategic Management Journal, 12. Jg. 1991, Special Issue, S. 49-68

CORDEN, W. M.: The Theory of Internatioanl Trade. In: Economic Analysis and the Multinational Enterprise, hrsg. v. Dunning, J. H., London 1974, S. 184-210

CORSTEN, H./REISS, M. (HRSG): Handbuch Unternehmensführung. Konzepte – Instrumente – Schnittstellen. Wiesbaden 1995

CYERT, R.M./MARCH, J.G.: A behavioral theory of the firm. Englewood Cliffs 1963

DAVENPORT, T./PROBST, G. (HRSG): Knowledge Management Case Book. 2. Auflage, München 2002

DEUTSCHE BUNDESBANK.: Die deutschen Direktinvestitionen im Ausland. In: Monatsberichte der Deutschen Bundesbank, 17. Jg. 1965, Heft-Nr. 12, S.19-27

DOZ, Y.L.: Strategic Management in Multinational Companies. In: Sloan Management Review, 21. Jg. 1980, Winter, S.27-46

DOZ, Y.L.: Strategic Management in multinational companies. Nachdruck, Oxford 1990

DÜLFER, E.: Internationales Management in unterschiedlichen Kulturbereichen. 6. Auflage, München 2001

DUNNING, J.H. (HRSG): Economic Analysis and the Multinational Enterprise. London 1974

DUNNING, J.H.: Explaining Changing Patterns of International Production. In Defence of the Eclectic Theory. In: Oxford Bulletin of Economics and Statistic, 41. Jg. 1979, S.269-295

DUNNING, J.H.: Towards an Eclectic Theory of International Production: Some Empirical Tests. In: Journal of International Business Studies, 1980, S.9-31

DUNNING, J.H.: The Eclectic Paradigm of Theory of International Production: A Restatement and Some Possible Extensions. In: Journal of International Business Studies, 1988, S. 1-31

DUNNING, J.H.: Multinational Enterprises and the Global Economy. Nachdruck, Harlow 1998

EGELHOFF, W.G.: Information-processing theory and the multinational corporation. In: Organization theory and the multinational corporation, hrsg. v. Ghoshal, S./Westney, D.E., New York 1993, S. 182-210

EHRHARDT, J.: Welt-Markt. Oder: die Emergenz der praktischen Globalität. In: Business Netzwerke. Wie die Globale Informations-Infrastruktur neue Märkte erschließt, hrsg. v. Becker, L./Ehrhardt, J., Stuttgart 1996, S. 1-17

ENGELHARD, J./OECHSLER, W.A.. (HRSG): Internationales Management. Wiesbaden 1999

ENKEL, E./HEINOLD, P./HOFER-ALFEIS, J./WICKI, Y.: The power of communities: How to build Knowledge Management on a corporate level using a bottom-up approach. In: Knowledge Management Case Book, hrsg. v. Davenport, T./Probst, G., 2. Auflage, München 2002, S. 108-127

ETZIONI, A.: The Active Society. New York 1971

ETZIONI, A.: A Comparative Analysis of Complex Organizations. New York 1975

EULGEM, S.: Die Nutzung des unternehmensinternen Wissens. Frankfurt am Main 1998

FAYERWEATHER, J. (HRSG): Management of International Operations. New York 1960

FAYERWEATHER, J.: International Business Management: A Conceptual Framework. New York 1969

FAYERWEATHER, J.: International Marketing. 2. Auflage, Englewood Cliffs 1970

FAYERWEATHER, J.: Internationale Unternehmensführung. Ein Begriffssystem. Berlin 1975

FAYERWEATHER, J.: International Business Strategy and Administration. 2. Auflage, Cambridge 1982

FRANZ, M./FREUDENTHALER, K./KAMENY, M./SCHOEN, S.: The development of the Siemens Knowledge Community Support. In: Knowledge Management Case Book, hrsg. v. Davenport, T./ Probst, G., 2. Auflage, München 2002, S. 147-159

FRIEDRICHS, J.: Methoden empirischer Sozialforschung. 14. Auflage, Opladen 1990

GÄNG, H.: Informationsbeschaffung im Web: Die Bewältigung und Verteilung von Überfluß. In: Digitale Wertschöpfung. Multimedia und Internet als Chance für den Mittelstand, hrsg. v. Haasis, K./Zerfaß, A., Heidelberg 1999, S. 63-72

GHOSHAL, S.: Global Strategy. An Organizing Framework. In: Strategic Management Journal, 8. Jg. 1987, S. 425-440

GHOSHAL, S./WESTNEY, D.E. (HRSG): Organization theory and the multinational corporation. New York 1993

GIBBERT, M./JENZOWSKY, S./JONCZYK, C./THIEL, M./VÖLPEL, S.: Sharenet – the next generation knowledge management. In: Knowledge Management Case Book, hrsg. v. Davenport, T./Probst, G., 2. Auflage, München 2002, S. 42-59

GIESEL, F./GLAUM, M. (HRSG): Globalisierung. Herausforderung an die Unternehmensführung zu Beginn des 21. Jahrhunderts. Festschrift für Prof. Dr. Ehrenfried Pausenberger. München 1999

GISSLER, A.: Wissensmanagement. Steigerung der Entwicklungseffizienz durch eine modellbasierte Vorgehensweise zur Umsetzung von Wissensmanagement in der Produktentwicklung. 1999

GLUCHOWSKI, P./GABRIEL, R./CHAMONI, P.: Management-Support-Systeme: computergestützte Informationssysteme für Führungskräfte und Entscheidungsträger. Berlin 1997

GOLLER, A./KLEIBER, B./SCHOEN, S.: Knowledge Management for the e-business transformation. In: Knowledge Management Case Book, hrsg. v. Davenport, T./Probst, G., 2. Auflage, München 2002, S. 291-310

GRAHAM, E.M.: Transatlantic Investment by Multinational Firms: A Rivalistic Phenomenon? In: Journal of Post Keynesian Economics, 1. Jg. 1978, Heft-Nr. 1, S. 82-99

GRANT, R.M.: Porters Competitive Advantage of Nations. An Assessment. In: Strategic Management Journal, 12. Jg. 1991, S.535-548

GRIESE, J.: Die Bedeutung von Informationssystemen im internationalen Wettbewerb. In: Wirtschaftsinformatik, 32. Jg. 1990, Heft-Nr. 2, S.136-140

GRIESE, J.: Management von Informations- und Kommunikationssystemen in international tätigen Unternehmen. In: Wirtschaftsinformatik '93. Innovative Anwendungen. Technologie. Integration, hrsg. v. Kurbel, K., Heidelberg 1993, S.84-94

GROB, H.L./ BENSBERG, F.: Das Data-Mining Konzept. Arbeitsbericht Nr. 8 des Instituts für Wirtschaftsinformatiker der westfälischen Wilhelms-Universität Münster. Münster 1999

GROCHLA, E.: Einführung in die Organisationstheorie. Stuttgart 1978

GROCHLA, E.: Unternehmungsorganisation. 7. Auflage, Hamburg 1978

GROCHLA, E. (HRSG): Handwörterbuch der Organisation. 2. Auflage, Stuttgart 1980

GRUDOWSKI, S.: Informationsmanagement und Unternehmenskultur. Untersuchung der wechselseitigen Beziehung des betrieblichen Informationsmanagements und der Unternehmenskultur. Berlin 1995

HAASIS, K./ZERFASS, A. (HRSG): Digitale Wertschöpfung. Multimedia und Internet als Chance für den Mittelstand. Heidelberg 1999

HABERSTOCK, P.: Executive information systems und groupware im Controlling. Wiesbaden 2000

HAHN, D./ HUNGENBERG, H.: Planung und Kontrolle. 6. Auflage, Wiesbaden 2001

HALLER, M./BRAUCHLIN, E./WUNDERER, R./BLEICHER, K./PLEITNER, H.-J./ZÜND, A. (HRSG): Globalisierung der Wirtschaft – Einwirkungen auf die Betriebswirtschaftslehre. 54. Wissenschaftliche Jahrestagung des Verbandes der Hochschullehrer für Betriebswirtschaft e. V. vom 9.-13. Juni 1992 in St. Gallen. Stuttgart 1993.

HAMEL, G./PRAHALAD, C.K.: Managing Strategic Responsibility in the MNC. In: Strategic Management Journal, 4. Jg. 1993, S.341-351

HANFT, A.: Organisationales Lernen und Macht – Über den Zusammenhang von Wissen, Lernen, Macht und Struktur. In: Managementforschung 6: Wissensmanagement, hrsg. v. Schreyögg, G./Conrad, P., Berlin 1996, S.133-162

HANSEN, H.R./NEUMANN, G.: Wirtschaftsinformatik I. Grundlagen betrieblicher Informationsverarbeitung. 8. Auflage, Stuttgart 2001

HARZING, A.-W.: An Empirical Analysis and Extension of the Bartlett and Ghoshal Typology of Multinational Companies. In: Journal of International Business Studies, 31. Jg. 2000, Heft-Nr. 1, S.101-120

HASENKAMP, U.: Internationale Aspekte des Informationsmanagements. In: Internationales Management. Beiträge zur Zusammenarbeit, hrsg. v. Schiemenz, B./ Wurl, H.-J., Wiesbaden 1994, S.147-159

HASENKAMP, U. /SYRING, M.: Konzepte und Einsatzmöglichkeiten von Workflow-Management-Systemen. In: Wirtschaftsinformatik '93. Innovative Anwendungen. Technologie. Integration, hrsg. v. Kurbel, K., Heidelberg 1993, S.405-422

HAUFS, P.: DV Controlling. Konzeption eines operativen Instrumentariums aus Budgets – Verrechnungspreisen – Kennzahlen. Heidelberg 1989

HECKSCHER, E.F.: The Effect of Foreign Trade on the Distribution of Income. In: Economisk Tidskrift, 1919, Heft-Nr. 21, S.497-512

HEDLUND, G.: The Hypermodern MNC – A Heterarchy. In: Human Ressource Management, 25. Jg. 1986, Heft-Nr. 1, S.9-35

HEDLUND, G.: Assumptions of hierarchy and heterarchy, with applications to the management of multinational corporation. In: Organization theory and the multinational corporation, hrsg. v. Ghoshal, S./Westney, D. E., New York 1993, S.211-236

HEENAN, D.A./PERLMUTTER, H.V.: Multinational Organization Development. Reading, Mass. 1979

HEINRICH, L.J.: Informationsmanagement. Planung, Überwachung und Steuerung der Informationsinfrastruktur. 5. Auflage, München 1996

HENZLER, H./RALL, W.: Aufbruch in den Weltmarkt. In: Managermagazin, 15. Jg. 1985, Heft-Nr. 9, S.176-190

HENZLER, H.A.: Unternehmen als Weltbürger: So lokal wie nötig, so global wie möglich. S.V-VI. In: Globales Management – erfolgreiche Strategien für den Weltmarkt, hrsg. v. Welge, M.K., Stuttgart 1990, S.V-VI

HESS, T./HERWIG, V.: Portale im Internet. In: Wirtschaftsinformatik, 41. Jg. 1999, Heft-Nr. 6, S.551-553

HILDEBRAND, K.: Informationsmanagement: wettbewerbsorientierte Informationsverarbeitung mit Standard-Software und Internet. 2. Auflage, München 2001

HOFSTEDE, G.: Die Bedeutung von Kultur und ihren Dimensionen im Internationalen Management. In: Globalisierung der Wirtschaft – Einwirkungen auf die Betriebswirtschaftslehre, hrsg. v. Haller et al., Stuttgart 1993, S.127-148

HOLZMÜLLER, H.H./BERG, N.: Handhabung der kulturellen Heterogenität zur Erzielung von Wettbewerbsvorteilen in internationalen Unternehmen. In: Handbuch Internationales Management, hrsg. v. Macharzina, K., 2. Auflage, Wiesbaden 2002, S.881-907

HORNUNG, K./REICHMANN, T./BAUMÖL, U.: Informationsversorgungsstrategien für einen multinationalen Konzern. Risikomanagement mit Hilfe innovativer Informationssysteme. In: Controlling, 1997, Heft-Nr. 1, S.38-45

HORST, T.: The Theory of the Firm. In: Economic Analysis and the Multinational Enterprise, hrsg. v. Dunning, J.H., London 1974, S.31-46

HORSTMANN, R./TIMM, U.J.: Pull-/Push-Technologie. In: Wirtschaftsinformatik, 40. Jg. 1998, Heft-Nr. 3, S.242-244

HORVÁTH, P.: Controlling. 8. Auflage, München 2002

HYMER, S.: The International Operations of National Firms. Cambridge 1976

JAHRREISS, W.: Zur Theorie der Direktinvestitionen im Ausland. Berlin 1984

JOHANSON, J./VAHLNE, J.-E.: The Internationalization Process of the Firm. In: Journal of International Business Studies, 8. Jg. 1977, Heft-Nr. 1, S. 23-32

JOHANSON, J./VAHLNE, J.-E.: The Mechanism of Internationalization. In: International Marketing Review, 7. Jg. 1990, Heft-Nr. 4, S. 11-24

JOHNSON, H. G.: The Efficency and Welfare Implications of the International Corporation. In: The International Corporation, hrsg. v. Kindleberger, C.P., Boston 1972, S. 33-56

JUNG, R./WINTER, R. (HRSG): Data Warehousing Strategie. Erfahrungen, Methoden, Visionen. Berlin 2000a

JUNG, R./WINTER, R.: Data Warehousing: Nutzungsaspekte, Referenzarchitektur und Vorgehensmodell. In: Data Warehousing Strategie, hrsg. v. Jung, R./Winter, R., Berlin 2000b, S. 3-20

KAPPICH, L.: Theorie der internationalen Unternehmenstätigkeit. Betrachtung der Grundformen des internationalen Engagements aus kooperationskostentheoretischer Perspektive. München 1989

KARAGIANNIS, D./TELESKO, R.: Wissensmanagement. München 2001

KARGL, H.: Controlling im DV-Bereich. 3. Auflage, München 1996

KARIMI, J./KONSYNSKI, B.R.: Globalization and Information Management Strategies In: Journal of Management Information Systems, 7. Jg. 1991, Heft-Nr. 4, S. 7-26

KELEMIS, A./GÜNZEL, C.: Die Ressource Wissen im Unternehmen. In: DV-Management, 1997, Heft-Nr. 2, S. 51-54

KINDLEBERGER, C.P.: American Business Abroad: Six Lectures on Direct Investment. 4. Auflage, New Haven 1972

KINDLEBERGER, C.P. (HRSG): The International Corporation. 4. Auflage Cambridge 1974

KINDLEBERGER, C.P./AUDRETSCH, D.B. (HRSG): The Multinational Corporation in the 1980's. London 1983

KIRSCH, W.: Über den Sinn der empirischen Forschung in der angewandten Betriebswirtschaftslehre. In: Der praktische Nutzen empirischer Forschung, hrsg. v. Witte, E., Tübingen 1981, S. 189-229

KNICKERBOCKER, F.T.: Oligopolistic Reaction und Multinational Enterprise. Boston 1973

KOGUT, B.: Foreign Direct Investment as a Sequential Process. In: The Multinational Corporation in the 1980's, hrsg. v. Kindleberger, C.P./Audretsch, D.B., London 1983, S. 38-56

KOGUT, B.: Designing Global Strategies. Profiting from Operational Flexibility. In: Sloan Management Review, 27. Jg. 1985, Heft-Nr. 1, S. 27-38

KOGUT, B.: Research Notes and Communications – a Note on Global Strategies. In: Strategic Management Journal, 10. Jg. 1989, S. 383-389

KÖHLER, R. (HRSG): Empirische und handlungstheoritische Forschungskonzeptionen in der Betriebswirtschaftslehre. Stuttgart 1977

KOJIMA, K.: A Macroeconomic Approach to Direct Foreign Investment. In: Hitotsubashi Journal of Economics, 1973, Heft-Nr. 14, S. 1-21

KOJIMA, K.: Direct Foreign Investment. London 1978

KOSIOL, E.: Betriebswirtschaftslehre und Unternehmensforschung. In: Zeitschrift für Betriebswirtschaft, 34. Jg. 1964, Heft-Nr. 12, S. 743-762

KOSIOL, E.: Einführung in die Betriebswirtschaftslehre. Wiesbaden 1968

KOSIOL, E./SZYPERSKI, N./CHMIELEWICZ, K.: Zum Standort der Systemforschung im Rahmen der Wissenschaften. In: Zeitschrift für betriebswirtschaftliche Forschung, 17. Jg. 1965, S. 337-378

KRCMAR, H.: Bedeutung und Ziele von Informationssystem-Architekturen. In: Wirtschaftsinformatik, 32. Jg. 1990, Heft-Nr. 5, S. 395-402

KRCMAR, H.: Informationsverarbeitungs-Controlling – Instrument des Informationsmanagements. In: Rechnungswesen und EDV. 13.Saarbrücker Arbeitstagung 1992, hrsg. v. Scheer, A. W., Heidelberg 1992a, S. 58-84

KRCMAR, H.: Informationsverarbeitungs-Controlling in der Praxis. In: Information Management, 7. Jg. 1992b, Heft-Nr. 2, S.6-18

KRCMAR, H.: Computerunterstützung für die Gruppenarbeit – Computer Aided Team (CA Team). In: Wirtschaftsinformatik '93. Innovative Anwendungen. Technologie. Integration, hrsg. v. Kurbel, K., Heidelberg 1993, S.423-435

KRCMAR, H.: Informationsmanagement. 2. Auflage, Berlin-Heidelberg-New York 2000

KRETSCHMANN, J.: Die Diffusion des kritischen Rationalismus in der Betriebswirtschaftslehre. Stuttgart 1990

KRYSTEK, U. /ZUR, E. (HRSG): Internationalisierung. Eine Herausforderung für die Unternehmensführung. Berlin 1997

KUBICEK, H.: Heuristische Bezugsrahmen und heuristisch angelegte Forschungsdesigns als Elemente einer Konstruktionsstrategie empirischer Forschung. In: Empirische und handlungstheoretische Forschungskonzeptionen in der Betriebswirtschaftslehre, hrsg. v. Köhler, R., Stuttgart 1977, S.3-36

KUBICEK, H.: Empirische Organisationsforschung. Konzepte und Methodik. Stuttgart 1975

KUMAR, B./HAUSSMANN, H. (HRSG): Handbuch der internationalen Unternehmenstätigkeit. München 1992

KUNOW, K./SCHWICKERT, A.C.: Intranet-basiertes Workgroup Computing. Arbeitspapier 3 des Lehrstuhls für allgemeine Betriebswirtschaftslehre und Wirtschaftsinformatik der Universität Mainz. Mainz 1999

KURBEL, K. (HRSG): Wirtschaftsinformatik '93. Innovative Anwendungen. Technologie. Integration. Heidelberg 1993

KURBEL, K./STRUNZ, H. (HRSG): Handbuch Wirtschaftsinformatik. Stuttgart 1990

KUTSCHKER, M.: Konzepte und Strategien der Internationalisierung. In: Handbuch Unternehmensführung. Konzepte – Instrumente – Schnittstellen, hrsg. v. Corsten, H./Reiß, M., Wiesbaden 1995, S.647-660

KUTSCHKER, M. (HRSG): Perspektiven der internationalen Wirtschaft. Wiesbaden 1999

KUTSCHKER, M./SCHMID, S.: Organisationsstrukturen internationaler Unternehmungen. In: Perspektiven der internationalen Wirtschaft, hrsg. v. Kutschker, M., Wiesbaden 1999, S.361-411

LEE, S./LEIFER, R.P.: A framework for linking the structure of information systems with organizational requirements for information sharing. In: Journal of Management Information Systems, 8. Jg. 1992, Heft-Nr. 4, S.27-44

LEONG, S.M./TAN, C.T.: Managing Across Borders: An Empirical Test of the Bartlett and Goshal [1989] Organizational Theory. In: Journal of International Business Studies, 1993, Heft-Nr. 3, S.449-464

LEONTIADES, J.: Multinational corporate strategy. Lexington 1985

LEONTIEF, W.: Factor Proportions and the Structure of American Trade. Further Theoretical and Empirical Analysis. In: Review of Economics and Statistics., 11. Jg. 1956, Heft-Nr. 52, S. 628-637

LINK, W.: Erfolgspotentiale für die Internationalisierung. Gedankliche Vorbereitung – Empirische Relevanz. Wiesbaden 1997

LORANGE, P./CHARKRAVARTHY, B./ROOS, J./VAN DE VEN, A.: Implementing Strategic Processes: Change, Learning and Cooperation. Cornwall 1993

LÜCK, W./TROMMSDORF, V.: Internationalisierung der Unternehmen als Problem der Betriebswirtschaftslehre. Berlin 1982

MACHARZINA, K./OESTERLE, M.J. (HRSG): Handbuch Internationales Management. Grundlagen – Instrumente – Perspektiven. Wiesbaden 1997a

MACHARZINA, K./OESTERLE, M.J.: Das Konzept der Internationalisierung im Spannungsfeld zwischen praktischer Relevanz und theoretischer Unschärfe. In: Handbuch Internationales Management: Grundlagen – Instrumente – Perspektiven, hrsg. v. Macharzina, K./Oesterle, M.J., Wiesbaden 1997b, S. 3-21

MACHARZINA, K.: Unternehmensführung. Das internationale Managementwissen. Konzepte – Methoden – Praxis. 3. Auflage, Wiesbaden 1999

MACHARZINA, K./WELGE, M.K. (HRSG): Handwörterbuch Export und internationale Unternehmung. Stuttgart 1989

MACHARZINA, K. (HRSG): Handbuch internationales Management. 2. Auflage, Wiesbaden 2002.

MARTINEZ, J.I./JARILLO, J.C.: The Evolution of Research on Coordination Mechanisms in Multinational Cooperations. In: Journal of International Business Studies, 1989, Heft-Nr. 3, S.489-514

MARTINEZ, J.I./JARILLO, J.C.: Coordination Demands of International Strategies. In: Journal of International Business Studies, 1991, Heft-Nr. 3, S.429-444

MCKEEN, J.D./SMITH, H.A.: The Relationship Between Information Technology Use and Organizational Performance. In: Strategic Information Technology Management: Perspectives on Organizational Growth and Competitive Advantage, hrsg. v. Banker, R.D./Kauffman, R.J./Mahmood, M.A., Harrisburg 1993, S.405-444

MEAD, R.: International management. Cross-Cultural Dimensions. 2. Auflage (Nachdruck), Oxford 2002

MECKL, R./ROSENBERG, C.: Neue Ansätze zur Erklärung internationaler Wettbewerbsfähigkeit. In: Zeitschrift für Wirtschafts- und Sozialwissenschaften, 1995, Heft-Nr. 115, S.211-230

MEFFERT, H.: Marketing im Spannungsfeld von weltweitem Wettbewerb und nationalen Bedürfnissen. In: Zeitschrift für Betriebswirtschaft, 56. Jg. 1986, Heft-Nr. 8, S.689-712

MEFFERT, H.: Marketingstrategien, globale. In: Handwörterbuch Export und internationale Unternehmung, hrsg. v. Macharzina, K./ Welge, M.K., Stuttgart 1989, Sp. 1412-1427

MEFFERT, H.: Wettbewerbsstrategie. Aspekte der Globalisierung – Status und Perspektiven der länderübergreifenden Integration. In: Globalisierung der Wirtschaft – Einwirkungen auf die Betriebswirtschaftslehre, hrsg. v. Haller et al., Stuttgart 1993, S.23-47

MEFFERT, H./BOLZ, J.: Internationales Marketing-Management. 3. Auflage, Stuttgart 1998

MEISSNER, H.-G.: Interkulturelle Marktforschung. In: Internationales Management. Auswirkungen globaler Veränderungen auf Wettbewerb, Unternehmensstrategie und Märkte, hrsg. v. Engelhard, J./Oechsler, W.A., Wiesbaden 1999, S.353-366

MERTENS, P./BISSANTZ, N./HAGEDORN, J.: Computergestützte Analysemethoden für das Kosten- und Erfolgs-Controlling. In: Handbuch Kosten- und Erfolgs-Controlling, hrsg. v. Reichmann, T., München 1997a, S.230-251

MERTENS, P./BISSANTZ, N./HAGEDORN, J.: Data Mining im Controlling. Überblick und erste Praxiserfahrungen. In: Zeitschrift für Betriebswirtschaft, 67. Jg. 1997b, Heft-Nr. 2, S.179-201

MERTENS, P./BODENDORF, F./KÖNIG, W./PICOT, A./SCHUMANN, M.: Lexikon der Wirtschaftsinformatik. 4. Auflage, Berlin 2001

MIROW, M.: Das strategische Planungs- und Kontrollsystem der Siemens AG. In: Praxis des Strategischen Managements, hrsg. v. Welge, M.K./Al-Laham, A./Kajüter, P., Wiesbaden 2000, S.347-361

MUCKSCH, H./BEHME, W. (HRSG): Das Data-Warehouse-Konzept. Architektur – Datenmodelle – Anwendungen. 4. Auflage, Wiesbaden 2000a

MUCKSCH, H./BEHME, W.: Das Data Warehouse-Konzept als Basis einer unternehmensweiten Informationslogistik. In: Das Data Warehouse-Konzept. Architektur – Datenmodelle – Anwendungen, hrsg. v. Mucksch, H./Behme, W., 4. Auflage, Wiesbaden 2000b, S.3-80

MÜLLER, E.: Aufstellungsmöglichkeiten konsolidierter Bilanzen internationaler Unternehmungen. Düsseldorf 1974

NEUBÜRGER, H.-J./SEN, M.: Wertorientierte Unternehmens- und Geschäftsführung im Siemens Konzern In: Planung und Kontrolle, hrsg. v. Hahn, D./ Hungenberg, H., 6. Auflage, Wiesbaden 2001, S.1037-1102

NOHRIA, N.: Introduction: Is a Network Perspective a Useful Way of Studying Organizations? In: Networks and organization: structure, form, and action, hrsg. v. Nohria, N./Eccles, R.G., Nachdruck, Boston1995, S.1-22

NOHRIA, N./ECCLES, R.G. (HRSG): Networks and organizations: structure, form, and action. Nachdruck, Bosteon 1995

NÖLKEN, D.: OLAP-gestütztes Controlling: Umsetzungserfahrungen in einem Handels- und Dienstleistungsunternehmen. In: Controlling: Jetzt in die Zukunft denken. 13. Deutscher Controlling Congress DCC, hrsg. v. Reichmann, T., Dortmund 1998, S.117-135

NONAKA, I.: Managing Globalization as a Self-Renewing Process: Experiences of Japanese MNCs. In: Managing the Global Firm, hrsg. v. Bartlett, C. A./Doz, Y. L./Hedlund, G., London-New York 1990, S.69-94

NONAKA, I./TAKEUCHI, H.: Die Organisation des Wissens. Wie japanische Unternehmen eine brachliegende Ressource nutzbar machen. Frankfurt am Main 1997

OHLIN, B.: Interregional and International Trade. Cambridge 1933

OPPELT, R.U.G.: Computerunterstützung für das Management: Neue Möglichkeiten der computerbasierten Informationsunterstützung oberster Führungskräfte auf dem Weg von MIS zu EIS? München 1995

ÖSTERLE, H.: Business networking. 2. Auflage, Berlin 2001

ÖSTERLE, H./BRENNER, W./HILBERS, K.: Unternehmensführung und Informationssystem: Der Ansatz des St. Gallener Informationssystem-Managements. 2. Auflage, Stuttgart 1991

PALVIA, S./PALVIA, P./ZIGLI, R. (HRSG): The Global Issues of Information Technology Management. Harrisburg 1992

PAUL, T.: Globales Management von Wertschöpfungsfunktionen. Wiesbaden 1998

PEEMÖLLER, V.H.: Controlling. Grundlagen und Einsatzgebiete. Herne/Berlin 1990

PENROSE, E.T.: The Theory of the Growth of the Firm. Oxford 1959

PERLITZ, M.: Internationales Management. 4. Auflage, Stuttgart 2000

PERLMUTTER, H.V.: The Tortous Evolution of the Multinational Corporation. In: Transnational Management. Text, Cases, and Readings in Cross-Border Management, hrsg. v. Bartlett, C.A./Ghoshal, S., Homewood 1992, S.93-103

PETZOLD, J.: Standardisierung als Instrument zur Gestaltung offener Informations- und Kommunikationssysteme großer Unternehmen. In: Internationales Management. Beiträge zur Zusammenarbeit, hrsg. v. Schiemenz, B./Wurl, H.-J., Wiesbaden 1994, S.161-178

PICOT, A./SENNEWALD, N.: Die Internet-Technologie als betriebswirtschaftliches Informations- und Kommunikationsmedium. In: Globale Datennetze. Innovative Potentiale für Informationsmanagement und Controlling, hrsg. v. Reichmann, T., München 1998, S.59-90

PIECHOTA, S.: Die Informationsversorgung der Unternehmensleitung in multinationalen Unternehmen als Aufgabe des Controlling. Göttingen 1990

POLANYI, M.: Implizites Wissen. Frankfurt am Main 1985

POPPER, K.R.: Logik der Forschung. 9. Auflage, Tübingen 1989

PORTER, M.E. (HRSG): Globaler Wettbewerb. Strategien der neuen Internationalisierung. Wiesbaden 1989

PORTER, M.E.: Nationale Wettbewerbsvorteile. Erfolgreich konkurrieren auf dem Weltmarkt. München 1991

PORTER, M.E.: Wettbewerbsvorteile. Spitzenleistungen erreichen und behaupten. 3. Auflage, Frankfurt am Main 1992

PRAHALAD, C.K./DOZ, Y.L.: The Multinational Mission. Balancing Local Demands and Global Vision. New York 1987

RAFFÉE, H./ABEL, B. (HRSG): Wissenschaftstheoretische Grundfragen der Wirtschaftswissenschaften. 1979a

RAFFÉE, H./ABEL, B.: Aufgaben und aktuelle Tendenzen der Wissenschaftstheorie in den Wirtschaftswissenschaften. In: Wissenschaftstheorische Grundfragen der Wirtschaftswissenschaften, hrsg. v. Raffée, H./ Abel, B., München 1979b, S. 1-10

RALL, W.: Der Netzwerkansatz als Alternative zum zentralen und hierarchisch gestützten Management der Mutter-Tochter-Beziehungen. In: Handbuch Internationales Management. Grundlagen – Instrumente – Perspektiven, hrsg. v. Macharzina, K./Österle, M.-J., Wiesbaden 1997, S. 326-340

RASCHE, C./WOLFRUM, B.: Ressourcenorientierte Unternehmensführung. In: Die Betriebswirtschaft, 54. Jg. 1994, Heft-Nr. 4, S. 501-517

REDEL, W.: Einfluß der Informationstechnologie auf die Organisationstruktur internationaler Unternehmen. In: Jahrbuch für Betriebswirte, 1991, S. 279-290

REHÄUSER, J./KRCMAR, H.: Wissensmanagement im Unternehmen. In: Managementforschung 6: Wissensmanagement, hrsg. v. Schreyögg, G./ Conrad, P., Berlin 1996, S. 1-40

REICHMANN, T. (HRSG): DV-gestütztes Unternehmens-Controlling: internationale Trends und Entwicklungen in Theorie und Praxis. München 1993a

REICHMANN, T.: Trends und Entwicklungen im Euro-Controlling. In: DV-gestütztes Unternehmens-Controlling, hrsg. v. Reichmann, T., München 1993b, S.1-15

REICHMANN, T. (HRSG): Handbuch Kosten- und Erfolgs-Controlling. München 1997

REICHMANN, T. (HRSG): Controlling: Jetzt in die Zukunft denken. 13. Deutscher Controlling Congress DCC. Dortmund 1998

REICHMANN, T. (HRSG): Globale Datennetze. Innovative Potentiale für Informationsmanagement und Controlling. München 1998

REICHMANN, T.: Controlling mit Kennzahlen und Managementberichten. 6. Auflage, München 2001

REICHMANN, T./BAUMÖL, U.: Die Potentiale globaler Datennetze aus der Sicht des Unternehmens-Controlling. In: Globale Datennetze. Innovative Potentiale für Informationsmanagement und Controlling, hrsg. v. Reichmann, T., München 1998, S.1-20

RIGGERT, W.: Betriebliche Informationskonzepte. Braunschweig 2000

RÖMER, M.: Strategisches IT-Management in internationalen Unternehmungen. Wiesbaden 1997

RÖSSL, D.: Die Entwicklung eines Bezugsrahmens und seine Stellung im Forschungsprozeß. In: Journal für Betriebswirtschaft, 1990, Heft-Nr. 2, S.99-111

ROXIN, J.: Internationale Wettbewerbsanalyse und Wettbewerbsstrategie. Wiesbaden 1992

RUGMAN, A.M.: Diamond in the Rough. In: Business Quarterly, 55. Jg. 1991, Heft-Nr. 3, S.61-64

RUGMAN, A.M.: Porter takes the wrong Turn. In: Business Quarterly, 56. Jg. 1992, Heft-Nr. 3, S.59-65

RUMELT, R.P.: Strategy, structure, and economic performance. 2. Auflage, Boston 1986

SCHANZ, G.: Methodologie für Betriebswirte. 2. Auflage, 1988

SCHEER, A.W. (HRSG): Rechnungswesen und EDV. 13. Saarbrücker Arbeitstagung 1992. Heidelberg 1992

SCHEER, A.W. (HRSG): Organisationsstrukturen und Informationssysteme auf dem Prüfstand. 18. Saarbrücker Arbeitstagung 1997 für Industrie, Dienstleistung und Verwaltung. Heidelberg 1997

SCHEER, A.W.: Wirtschaftsinformatik. Referenzmodelle für industrielle Geschäftsprozesse. Studienausgabe. 2. Auflage, Berlin 1998

SCHEIN, E.H.: Coming to a New Awareness of Organizational Culture. In: Sloan Management Review, 25. Jg. 1984, Heft-Nr. 2, S.3-16

SCHIEMENZ, B./WURL, H.-J. (HRSG): Internationales Management. Beiträge zur Zusammenarbeit. Wiesbaden 1994

SCHINZER, H.: Marktüberblick OLAP- und Data Mining-Werkzeuge. In: Das Data Warehouse-Konzept. Architektur – Datenmodelle – Anwendungen, hrsg. v. Mucksch, H./Behme, W., 4. Auflage, Wiesbaden 2000, S.409-436

SCHMID, S.: Multikulturalität in der internationalen Unternehmung. Konzepte – Reflexionen – Implikationen. Wiesbaden 1996

SCHNEIDER, U. (HRSG): Wissensmanagement. Die Aktivierung des intellektuellen Kapitals. Frankfurt am Main 1996

SCHNELL, R./HILL, P.B./ESSER, E.: Methoden der empirischen Sozialforschung. 6. Auflage, München 1999

SCHOBER, F.: Interdependenzen von Unternehmensstrategien und Informations- und Kommunikationsstrategien. In: Zeitschrift für Betriebswirtschaft, 66. Jg. 1996, Heft-Nr. 1, S.29-48

SCHOLL, R.F.: Internationalisierungsstrategien. In: Handwörterbuch Export und internationale Unternehmung, hrsg. v. Macharzina, K./Welge, M.K., Stuttgart 1989, S.983-1001

SCHOLZ, C.: Strategische Organisation: Prinzipien zur Vitalisierung und Virtualisierung. Landsberg a. L. 1997

SCHOPPE, G. S. (HRSG): Kompendium der internationalen Betriebswirtschaftslehre. 4. Auflage, München 1998

SCHREYÖGG, G.: Unternehmensstrategie. Berlin 1984

SCHREYÖGG, G.: Unternehmenskultur in multinationalen Unternehmen. In: Betriebswirtschaftliche Forschung und Praxis, 42. Jg. 1990, Heft-Nr. 5, S. 379-390

SCHREYÖGG, G.: Unternehmenskultur. In: Handbuch Unternehmensführung. Konzepte – Instrumente – Schnittstellen, hrsg. v. Corsten, H./Reiß, M., Wiesbaden 1995, S. 111-121

SCHREYÖGG, G.: Unternehmenskultur zwischen Globalisierung und Regionalisierung. In: Globalisierung der Wirtschaft – Einwirkungen auf die Betriebswirtschaftslehre, hrsg. v. Haller et al., Stuttgart 1993, S. 149-170

SCHREYÖGG, G./CONRAD, P. (HRSG): Managementforschung 6: Wissensmanagement. Berlin 1996

SCHÜPPEL, J.: Wissensmanagement. Organisatorisches Lernen im Spannungsfeld von Wissens- und Lernbarrieren. Wiesbaden 1996

SCHWARZE, J.: Einführung in die Wirtschaftsinformatik. 2000

SCHWARZER, B.: Prozeßorientiertes Informationsmanagement in multinationalen Unternehmen. Eine empirische Untersuchung in der Pharmaindustrie. Wiesbaden 1994

SCHWINN, K./DIPPOLD, R./RINGGENBERG, A./SCHNIDER, W.: Unternehmensweites Datenmanagement. Von der Datenbankadministration bis zum modernen Informationsmanagement. 2. Auflage, Wiesbaden 1999

SEUFERT, A.: Groupware enabled Date Warehouse. Management Support für die Professionelle Know-how Organisation Prüfungs- und Beratungsgesellschaft, St. Gallen 1997

SIEMENS: Geschäftsbericht 2001. München 2001

STAHLKNECHT, P./HASENKAMP, U.: Einführung in die Wirtschaftsinformatik. 8. Auflage, Berlin 1997

STAHR, G.K.R./BACKES, S.: Informationsbeschaffung im In- und Ausland – Voraussetzung für Erfolg im Auslandsgeschäft. In: Handbuch der Internationalen Unternehmenstätigkeit. Erfolgs- und Risikofaktoren – Märkte – Export-, Kooperations- und Niederlassungs-Management, hrsg. v. Kumar, B.N./Haussmann, H., München 1992, S.386-401

STEHN, J.: Ausländische Direktinvestitionen in Industrieländern. Theoretische Erklärungsansätze und empirische Relevanz. Tübingen 1992

STEIN, I.: Die Theorien der Multinationalen Unternehmung. In: Kompendium der internationalen Betriebswirtschaftslehre, hrsg. v. Schoppe, S. G., 4. Auflage, München 1998, S.35-153

STEINBOCK, H.J.: Potentiale der Informationstechnik. State-of-the-Art und Trends aus Anwendersicht. Stuttgart 1994

STEINMANN, H./SCHREYÖGG, G.: Management. Grundlagen der Unternehmensführung. Konzepte – Funktionen – Fallstudien. 4. Auflage, Wiesbaden 1997

STEINMÜLLER, W.: Informationstechnologie und Gesellschaft. Einführung in die Angewandte Informatik. Darmstadt 1993

STOFFEL, K.: Controllership im internationalen Vergleich. Wiesbaden 1995

TALLMAN, S.: Strategic Management Models and Resource-Based Strategies Among MNEs in a Host Market. In: Strategic Management Journal, 12. Jg. 1991, Special Issue, S. 69-82

TESCH, P.: Die Bestimmungsgründe des internationalen Handels und der Direktinvestition. Berlin 1980

THOMPSON, J. D.: Organizations in Action. New York 1967

THUROW, L. C.: Competing Nations. Survival of the fittest. In: Sloan Management Review, 1990, Heft-Nr. Fall, S. 95-97

TRACTINSKY, N./JARVENPAA, S. L.: Information Systems Design Decisions in a Global Versus Domestic Context. In: MIS Quarterly, 19. Jg. 1995, Heft-Nr. 4, S. 507-534

ULRICH, P./HILL, W.: Wissenschaftstheoretische Grundlagen der Betriebswirtschaftslehre. In: Wissenschaftstheorische Grundfragen der Wirtschaftswissenschaften, hrsg. v. Raffée, H./Abel, B., München 1979, S. 161-190

VERNON, R.: International Investment and International Trade in the Product Cycle. In: Quarterly Journal of Economics, 1966, Heft-Nr. 80, S. 190-207

VOSS, S./GUTENSCHWAGER, K.: Informationsmanagement. Berlin 2001

WEBER, J.: Einführung in das Controlling. 9. Auflage, Stuttgart 2002

WELGE, M.K.: Management in deutschen multinationalen Unternehmungen. Stuttgart 1980

WELGE, M.K.: Das Konzept der globalen Rationalisierung. In: Internationalisierung der Unternehmung als Problem der Betriebswirtschaftslehre, hrsg. v. Lück, W./Trommsdorff, V., Berlin 1982 a, S. 171-189

WELGE, M.K.: Unternehmensführung. Band 2: Organisation. Stuttgart 1987

WELGE, M.K.: Unternehmensführung. Band 3: Controlling. Stuttgart 1988

WELGE, M.K. (HRSG): Globales Management – erfolgreiche Strategien für den Weltmarkt. Stuttgart 1990a

WELGE, M.K.: Globales Management. In: Globales Management – erfolgreiche Strategien für den Weltmarkt, hrsg. v. Welge, M.K., Stuttgart 1990b, S. 1-16

WELGE, M.K.: Strategien für den internationalen Wettbewerb zwischen Globalisierung und lokaler Anpassung. In: Handbuch der Internationalen Unternehmenstätigkeit. Erfolgs- und Risikofaktoren – Märkte – Export-, Kooperations- und Niederlassungs-Management, hrsg. v. Kumar, B. N./ Haussmann, H., München 1992, S. 569-589

WELGE, M.K.: Strukturen für weltweit tätige Unternehmungen. In: Handbuch Unternehmensführung. Konzepte – Instrumente – Schnittstellen, hrsg. v. Corsten, H./Reiß, M., Wiesbaden 1995, S. 661-671

WELGE, M.K.: Globales Netzwerkmanagement. In: Globalisierung. Herausforderung an die Unternehmensführung zu Beginn des 21.Jahrhunderts. Festschrift für Prof. Dr. Ehrenfried Pausenberger, hrsg. v. Giesel, F./Glaum, M., München 1999a, S. 117-134

WELGE, M.K.: Informale Steuerungsmechanismen zur Optimierung globaler Geschäfte. In: Management verteilter Kompetenzen in multinationalen Unternehmen, hrsg. v. Kutschker, M., Wiesbaden 1999b, S. 1-24

WELGE, M.K.: Transnationale Strategien. In: Praxis des Strategischen Managements, hrsg. v. Welge, M.K./Al-Laham, A./Kajüter, P., Wiesbaden 2000, S. 167-189

WELGE, M.K. /BÖTTCHER, R./PAUL, T.: Das Management globaler Geschäfte: Grundlagen, Analysen, Handlungsempfehlungen. München 1998

WELGE, M.K./ AMSHOFF, B.: Ziele des Controlling. Arbeitsbericht Nr. 3 des Lehrstuhls für Unternehmensführung der Universität Dortmund. Dortmund 1987

WELGE, M.K./AL-LAHAM, A.: Planung: Prozesse – Strategien – Maßnahmen. Wiesbaden 1992

WELGE, M.K./AL-LAHAM, A.: Strategisches Management: Grundlagen – Prozess – Implementierung. 3. Auflage, Wiesbaden 2001

WELGE, M.K./AL-LAHAM, A./KAJÜTER, P. (HRSG): Praxis des Strategischen Managements. Konzepte – Erfahrungen – Perspektiven. Wiesbaden 2000a

WELGE, M.K./AL-LAHAM, A./KAJÜTER, P.: Der Prozess des strategischen Managements. Ein Überblick über die empirische Strategieprozessforschung. In: Praxis des Strategischen Managements, hrsg. v. Welge, M.K./ Al-Laham, A./Kajüter, P., Wiesbaden 2000b, S.3-16

WELGE, M.K./HOLTBRÜGGE, D.: Theoretische Erklärungsansätze globaler Unternehmenstätigkeit. In: Das Wirtschaftsstudium, 1997, Heft-Nr. 11, S.1054-1060

WELGE, M.K./HOLTBRÜGGE, D.: Internationales Management. Landsberg a. L. 1998

WELGE, M.K./HOLTBRÜGGE, D.: Internationales Management. 2. Auflage, Landsberg a. L. 2001

WELGE, M.K./HOLTBRÜGGE, D.: Internationales Management. 3. Auflage, Stuttgart 2003

WERNERFELT, B.: A resource-based view of the firm. In: Strategic Management Journal, 5. Jg. 1984, S.171-180

WHITE, R.E./POYNTER, T.A.: Organizing for World-Wide Advantage. In: Managing the Global Firm, hrsg. v. Bartlett, C.A./Doz, Y./Hedlund, G., London-New York 1990, S.95-113

WIEGAND, M.: Prozesse Organisationalen Lernens. Nachdruck, Wiesbaden 1998

WILLIAMSON, O.E,: Markets and Hierarchies: Analysis and Antitrust Implications. New York 1975

WILLKE, H.: Systemtheorie entwickelter Gesellschaften. Dynamik und Riskanz moderner gesellschaftlicher Selbstorganisation. Weinheim 1989

WILLKE, H.: Dimensionen des Wissensmanagements – Zum Zusammenhang von gesellschaftlicher und organisationaler Wissensbasierung. In: Managementforschung 6: Wissensmanagement, hrsg. v. Schreyögg, G./ Conrad, P., Berlin 1996, S.263-304

WITTE, E. (HRSG): Der praktische Nutzen empirischer Forschung. Tübingen 1981

WITTMANN, W.: Unternehmung und unvollkommene Information. Köln 1959

WOLLNIK, M.: Die explorative Verwendung systematischen Erfahrungswissens. In: Empirische und handlungstheoretische Forschungskonzeptionen in der Betriebswirtschaftslehre, hrsg. v. Köhler, R., Stuttgart 1977, S.37-64

ZARNEKOW, R.: Softwareagenten und elektronische Kaufprozesse. Referenzmodelle zur Integration. Wiesbaden 1999

Stichwortverzeichnis

F

G

K

L

N

M

O

U

V

W

X

Z

Management International Review

Neuerscheinungen

Doris Lindner
**Einflussfaktoren
des erfolgreichen
Auslandseinsatzes**
Konzeptionelle Grundlagen –
Bestimmungsgrößen – Ansatzpunkte
zur Verbesserung
2002
XX, 341 S. mit 38 Abb., 21 Tab.,
(mir-Edition),
Br. € 59,–
ISBN 3-409-11952-3

Tobias Specker
**Postmerger-Management in den
ost- und mitteleuropäischen
Transformationsstaaten**
2002
XX, 431 S. mit 60 Abb., 28 Tab.,
(mir-Edition),
Br. € 64,–
ISBN 3-409-12010-6

Jörg Frehse
**Internationale
Dienstleistungskompetenzen**
Erfolgsstrategien für die europäische
Hotellerie
2002
XXVI, 353 S. mit 48 Abb.,
(mir-Edition),
Br. € 59,–
ISBN 3-409-12349-0

Anja Schulte
**Das Phänomen
der Rückverlagerung**
Internationale Standortent-
scheidungen kleiner und mittlerer
Unternehmen
2002
XXII, 315 S. mit 17 Abb., 2 Tab.,
(mir-Edition),
Br. € 59,–
ISBN 3-409-12375-X

Andreas Wald
**Netzwerkstrukturen und
-effekte in Organisationen**
Eine Netzwerkanalyse
in internationalen Unternehmen
2003
XVIII, 238 S. mit 19 Abb., 61 Tab.,
(mir-Edition),
Br. € 49,90
ISBN 3-409-12395-4

Nicola Berg
Public Affairs Management
Ergebnisse einer empirischen
Untersuchung in Multinationalen
Unternehmungen
2003
XXXIV, 471 S. mit 20 Abb., 67 Tab.
(mir-Edition),
Br. € 64,–
ISBN 3-409-12387-3

Betriebswirtschaftlicher Verlag Dr. Th. Gabler, Abraham-Lincoln-Str. 46, 65189 Wiesbaden